EDUCAÇÃO NA ERA DIGITAL

Sobre o autor

Espanhol nascido em Valladolid, Ángel I. Pérez Gómez é Doutor em Pedagogia pela Universidade Complutense de Madrid e Professor Titular da Faculdade de Ciências da Educação da Universidade de Málaga.

Atua em colaboração permanente com professores de diferentes níveis de ensino, articulando formação inicial com educação continuada, pesquisa e inovação. É coordenador da Comissão de Inovação da Docência das Universidades Andaluzas e da Comissão de Ensino Virtual de Andaluzia. É membro do conselho de redação e assessor de revistas como *Coperación Educativa*, *Educational Action Research*, *Cuadernos de Pedagogia*, *Investigación en la Escuela* e *International Journal of Learning And Lessons Studies*. Recebeu numerosos prêmios e condecorações, entre eles a Medalha de Ouro do Ateneu de Málaga ao mérito docente, em 2005.

P438e   Pérez Gómez, Ángel I.
            Educação na era digital : a escola educativa / Ángel I. Pérez Gómez ; tradução : Marisa Guedes ; revisão técnica: Bartira Costa Neves. – Porto Alegre : Penso, 2015.
            192 p. ; 25 cm.

            ISBN 978-85-8429-023-9
            1. Sociologia da educação. I. Título.

CDU 316:37

Catalogação na publicação: Poliana Sanchez de Araujo – CRB 10/2094

ÁNGEL I. PÉREZ GÓMEZ

EDUCAÇÃO NA ERA DIGITAL

A escola educativa

Tradução
Marisa Guedes

Revisão técnica
Bartira Costa Neves
Especialista em Psicopedagogia pelo Centro Universitário do Norte Paulista

2015

Obra originalmente publicada em espanhol sob o título
Educarse en la era digital

Copyright Editorial Morata SL

Gerente editorial: *Letícia Bispo de Lima*

Colaboraram nesta edição

Editora: *Priscila Zigunovas*

Capa: *Ângela Fayet | Illuminura Design*

Imagens da capa: *@thinkstockphotos.com/art_of_sun,
Abstract colorful shining circle tunnel background*

Preparação de original: *Bartira Costa Neves*

Leitura final: *Cristine Henderson Severo*

Editoração eletrônica: *Formato Artes Gráficas*

Reservados todos os direitos de publicação, em língua portuguesa, à
PENSO EDITORA LTDA., uma empresa do GRUPO A EDUCAÇÃO S.A.
Av. Jerônimo de Ornelas, 670 – Santana
90040-340 – Porto Alegre – RS
Fone: (51) 3027-7000 Fax: (51) 3027-7070

É proibida a duplicação ou reprodução deste volume, no todo ou em parte,
sob quaisquer formas ou por quaisquer meios (eletrônico, mecânico, gravação,
fotocópia, distribuição na Web e outros), sem permissão expressa da Editora.

Unidade São Paulo
Av. Embaixador Macedo Soares, 10.735 – Pavilhão 5 – Cond. Espace Center
Vila Anastácio – 05095-035 – São Paulo – SP
Fone: (11) 3665-1100 Fax: (11) 3667-1333

SAC 0800 703-3444 – www.grupoa.com.br

IMPRESSO NO BRASIL
PRINTED IN BRAZIL

A *Encarna, María* e *Pablo*
Desfruto, em seu sorriso, a tão esperada
alegria de outro mundo possível.

Um agradecimento especial à professora Angélica Hoffler por sua contribuição sem ônus na leitura desta obra, nos beneficiando de seu valioso conhecimento de causa.

Sumário

PRÓLOGO – É possível uma escola educativa?
Aprender e ensinar a se educar 11

Parte I
Aprender a se educar na era digital

1 A era digital: novos desafios educacionais 14

2 Insatisfação escolar: a escola sobrecarregada 31

3 A construção da personalidade: aprender a se educar 47

4 Uma nova racionalidade para a escola: aprender a se educar 71

Parte II
Ajudar a se educar

5 Uma nova cultura curricular: relevância e profundidade 100

6 Novas formas de ensinar e aprender 111

7 Avaliar para aprender 131

8 A natureza tutorial da função docente: ajudar a se educar 141

9 Novos cenários e ambientes de aprendizagem 155

Epílogo 179

Referências 180

Prólogo
É possível uma escola educativa? Aprender e ensinar a se educar

Este estudo é o fruto de uma necessidade pessoal, suponho que compartilhada, de parar para pensar, esclarecer e redescobrir o sentido nas turbulências que cercam a minha vida profissional como docente e pesquisador de educação. Sem dúvida, é um reflexo do preocupante panorama político, econômico e social que devasta as vidas dos cidadãos contemporâneos na complexa, surpreendente, rica, incerta, mutante e desigual era digital, especialmente evidente nestes imprevisíveis e inqualificáveis primeiros anos do século XXI. O que significa formar uma personalidade educada, capaz de enfrentar com certa autonomia o vendaval de possibilidades, confusão, riscos e desafios deste mundo globalizado, acelerado e incerto?

Tenho a impressão de que estou me movendo sobre uma plataforma um tanto instável, sem forma, irregular e mutável, mas, de qualquer modo, bipolar; por isso não é fácil manter o equilíbrio. Um dos meus pés se encontra no território das ideias e práticas inovadoras, nas pesquisas em e sobre educação, psicologia, sociologia e neurociência cognitiva, assim como nas experiências pedagógicas cheias de esperança e sentido, marcando uma orientação e uma tendência complexa, porém rastreável, de otimismo com relação às surpreendentes possibilidades que se abrem para o desenvolvimento criativo e solidário de todos e cada um dos seres humanos. O outro pé se apoia em um território mais rochoso, firme, embora com rachaduras, de uma realidade escolar obsoleta, superada e criticada por todos, mas resistente à mudança e aferrada na defesa das tradições e dos modelos pedagógicos que, se alguma vez tiveram sentido, para mim pelo menos, questionável, certamente hoje já não têm. Políticos, administradores, docentes, alunos e famílias, majoritariamente, parecem defender a permanência desse território trincado mas resistente que as propostas mais inovadoras e excelentes recusaram há muito tempo e que a pesquisa em educação e em ciências sociais despojou, na atualidade, de seu manto venerável.

Como me manter em equilíbrio quando percebo, a cada dia de forma mais intensa, essa bipolaridade, com tal clareza que as minhas pernas parecem se apoiar em dois continentes diferentes e distantes? A escola que vivenciei como aluno e como professor, a que agora vivem os meus filhos e a universidade onde trabalho pertencem a um território tão distante do cenário desejável vislumbrado pela pesquisa e pela inovação pedagógicas, e que defendo nas minhas atividades profissionais, que dificilmente parecem mundos conciliáveis, comunicáveis, compreensíveis e mensuráveis, não tanto no nível do discurso e das teorias proclamadas, mas no das práticas e teorias em uso. Essa dicotomia entre o ser e o dever ser invade todos os territórios da vida social, contudo dificilmente podem ser encontrados exemplos tão extremos disso como na educação. As descobertas e os resultados, obviamente provisórios e parciais, das investigações em ciências da educação não parecem nem ao menos inspirar e iluminar as práticas pedagógicas convencionais. A inovação educacional sempre é minoritária, marginal e efêmera. Por conseguinte, a instituição escolar permanece basicamente a mesma desde a sua extensão à população em geral, no final do século XIX, quando o resto da sociedade e as suas instituições se transformaram tão radicalmente que são quase irreconhecíveis desde então.

Cansado e entediado com discursos grandiloquentes sem prática, as minhas preocupações, já há algum tempo, concentram-se agora no que chamo de epistemologia da ação. Do que se nutre a ação humana? Como se configura a racionalidade da ação? Por que sustentamos, frequentemente e sem inquietudes, as contradições entre o que dizemos que pensamos e o que fazemos? Quais são os sistemas conscientes ou tácitos que condicionam o nosso modo de perceber, tomar decisões e agir? Como superar o vazio de um conhecimento retórico que não serve para orientar a ação? É possível ter uma escola verdadeiramente educativa, que ajude cada indivíduo a se construir de maneira autônoma, sábia e solidária?

Chegar a essas interrogações significou estabelecer um diálogo com vários autores, teorias, experiências e propostas que dividi em duas partes. Na primeira, capítulos 1 a 4, tentei esclarecer – ou pelo menos apontar, tanto as perguntas quanto o compartilhamento do conhecimento –, para mim e para aqueles que quiserem me acompanhar, o que significa aprender a se educar no complexo contexto contemporâneo. Como aprendemos a viver, pensar, decidir e agir na atmosfera densa e mutante da era digital global? Que papel está ocupando a escola convencional nesse processo? Na segunda parte, dos capítulos 5 a 9, ofereço a minha visão particular sobre o que considero uma escola educativa, ou seja, um espaço público para ajudar cada um dos cidadãos a se construir como pessoa "educada", escolher e desenvolver o seu próprio e singular projeto de vida nos âmbitos pessoal, social e profissional.

PARTE I

Aprender a se educar na era digital

1

A era digital: novos desafios educacionais

Onde está a sabedoria que perdemos no conhecimento?
Onde está o conhecimento que perdemos na informação?
(ELLIOT, 1939, tradução nossa)

UMA NOVA ÉPOCA

Quando os alunos contemporâneos abandonam a escola todos os dias, eles se introduzem em um cenário de aprendizagem organizado de maneira radicalmente diferente. Na era globalizada da informação digitalizada, o acesso ao conhecimento é relativamente fácil, imediato, onipresente e acessível. Uma pessoa pode acessar na rede a informação necessária, o debate correspondente, seguir a linha de pesquisa que lhe pareça mais oportuna, sem o controle de alguém denominado professor; e, se quiser, pode criar ou participar de várias redes de pessoas e grupos que compartilham interesses, informações, projetos e atividades, sem restrições temporais, institucionais ou geográficas. Em que mundo vivemos? Qual seria o sentido da escola que conhecemos nesse cenário?

Vivemos na aldeia global e na era da informação, uma época de rápidas mudanças, de aumento sem precedentes de interdependência e complexidade, o que está causando uma mudança radical na nossa forma de comunicar, agir, pensar e expressar.

Ainda que tenha uma aparência simplista, parece-me esclarecedora, útil e intuitiva a classificação que faz Riegle (2007) ao distinguir quatro períodos principais no desenvolvimento da humanidade do ponto de vista socioeconômico:

– a idade da pedra, de aproximadamente 1.000.000 de anos até 6.000 anos antes da nossa era, em que as atividades principais dos hominídeos e dos humanos foram a caça, a pesca e a conservação dos alimentos;
– a época agrícola, desde 6.000 anos A.C. até o século XVIII, em que as atividades principais dos humanos eram a agricultura, a pecuária e o intercâmbio comercial;
– a era industrial, do século XVIII até o último quarto do século XX, em que a atividade fundamental dos seres humanos nos países mais desenvolvidos tinha a ver com o trabalho nas fábricas; e

– a era da informação, de 1975 até os dias atuais, em que a atividade principal dos seres humanos tem a ver com a aquisição, o processamento, a análise, a recriação e a comunicação da informação.

É surpreendente observar a aceleração exponencial da mudança e da evolução do ser humano: a hominização durou vários milhões de anos; a pré-história nômade, quase um milhão de anos; a época agrícola e pecuária, já sedentária, cerca de sete mil anos; a era industrial não chega aos 300 anos; e da era digital ainda temos apenas quatro décadas. O desenvolvimento simbólico e a gestão da informação são os responsáveis por este efeito exponencial e acumulativo da evolução dos seres humanos. A força física humana foi substituída pela força física animal; esta, por sua vez, pela energia; e a última pela gestão digital da informação como fonte de satisfação de necessidades, desenvolvimento, sobrevivência e poder.

A era da informação, em que vivemos atualmente, é caracterizada, como defende Castell, pela primazia do valor da informação sobre o valor das matérias-primas, do trabalho e do esforço físico. É ilustrativo o exemplo oferecido por Riegle (2007),

> [...] no automóvel, protótipo da era industrial, 60% do custo é devido ao custo da matéria-prima e do trabalho físico que se dedica à sua produção. No entanto, no computador, protótipo da era da informação, apenas 2% do custo se deve à matéria-prima e ao trabalho físico empregado na sua produção.

Parece evidente que, na nova sociedade digital, o eixo da atenção econômica, política e social é transferido da gestão de matérias-primas para o gerenciamento da informação.

Globalização

Parece óbvio que vivemos imersos em contextos complexos, de supercomplexidade, como esclarecem Barnett (2000) e Wagner (2010), caracterizados por integração e desintegração dos mercados, ameaça global ao meio ambiente, instabilidade dos estados, emergência de entidades políticas supranacionais, frágeis e apagadas, migração em massa das populações e onipresença das novas tecnologias de comunicação, uma nova era globalizada de interdependência principalmente urbana, em que vivem, justapostos, grupos humanos diferentes e frequentemente discrepantes, na qual se celebra a complexidade e se enfatiza a diversidade e o anonimato.

Transformações substanciais ocorreram em três áreas fundamentais da vida social: o âmbito da produção/consumo (economia), o âmbito do poder (político) e o âmbito da experiência cotidiana (sociedade e cultura). As mudanças que afetaram a estrutura substantiva dessas três áreas são tão importantes que Castells (1994) não hesita em sugerir que estamos diante de uma mudança de época, não apenas em um momento de transformações. As confluências de mudanças tão significativas e radicais estão moldando um novo metacontexto que modifica as instituições, os Estados e a vida cotidiana dos cidadãos dentro de uma era de globalização e interdependência.

Por problemas de espaço, não vou me deter nas duas primeiras estruturas, ainda que sejam fundamentais para a compreensão da terceira (BURBULES et al., 2005; CASTELL, 1994; PÉREZ GÓMEZ, 1998). Só convém destacar que, no âmbito das estruturas de poder, mudaram substancialmente as relações políticas e econômicas do estado-nação que regeu, pelo menos, durante dois ou três séculos a convivência da maioria dos povos colonialistas e colonizados. A vida política começa a deslizar na direção de instituições multi e supraestatais (União Europeia [UE], Mercosul, Banco Interamericano de Desenvolvimento [BID], Fundo Monetário Internacional [FMI], Organização para a Cooperação e Desenvolvimento Econômico [OCDE], G6, G8, G20, etc.), que são as que, de alguma forma, condicionam, modificam e determinam os graus de liberdade que tem o poder político de nível estatal. Por outro lado, é necessário considerar que a supremacia da economia sobre a política, da economia financeira sobre a economia produtiva, da rentabilidade sobre a produtividade, como denunciam não só os intelectuais como Saramago, mas também as mobilizações populares como as da "15M" na Espanha, o movimento de indignados na Europa, e Wall Street, em Nova York, está provocando a deterioração das democracias representativas, o aumento da corrupção política e o enfraquecimento das instâncias representativas de caráter internacional (Organização das Nações Unidas [ONU]). Como afirma Elzo (2011)

> [...] é intolerável que o sistema financeiro esteja sob o comando do mundo, porque transformamos o dinheiro no nosso deus, as bolsas, particularmente de Wall Street, nas suas igrejas, e as agências de *ranking*, na nova Inquisição. Se isto continuar assim, e tudo indica que assim o será, talvez estejamos nos estertores de uma civilização.

Este processo está causando um aumento cada vez mais incompreensível e injustificável da desigualdade social.

Também não vou me deter nas mudanças que ocorreram na estrutura de produção, mas cabe afirmar que estamos na era do capitalismo pós-industrial, financeiro e globalizado, em que o intercâmbio digital, a globalização financeira e comercial, a livre circulação de produtos e de capitais, a primazia da rentabilidade sobre a produtividade, a busca do lucro a qualquer preço, a especulação financeira descontrolada, a realocação espacial do trabalho e a produção situam a informação, a flexibilidade, a incerteza, a desregulamentação, a fluidez e a inovação como os eixos dos comportamentos humanos individuais e grupais nos processos de produção, distribuição e consumo.

A globalização mudou a maneira como trabalhamos, comunicamo-nos e, definitivamente, como vivemos, o que implica, sem dúvida, uma força de mudança, com potencial catalítico, tanto positivo como negativo, de possibilidades e ameaças (DARLING-HAMMOND, 2010). Embora a conexão, a interdependência e o intercâmbio global não precisem destruir a diversidade, a forma como se pratica a globalização a serviço do lucro a qualquer preço representa uma ameaça constante para os modos de vida de cada grupo humano, independentemente das suas raízes históricas. Não convém esquecer, portanto, como afirma Tedesco (2000), a tendência da atual globalização comercial em busca do lucro máximo de destruir os compromissos locais e as formas habituais de solidariedade e coesão com os nossos semelhantes.

As mudanças nas relações de poder e relações de produção provocam transformações substanciais no campo das relações de experiência que singularizam a vida dos cidadãos da era da informação e que tem a ver com a transformação dos cenários de socialização próximos. A família, o grupo de iguais, a vila ou bairro, a escola e a empresa sofreram modificações significativas tanto na sua configuração interna como, especialmente, na sua posição relativa e na sua função de plataformas de socialização das novas gerações. O século XXI é um século urbano, no qual as grandes cidades, no que diz respeito à justaposição de diferenças, à celebração da complexidade, ao anonimato, à diversidade e à acumulação de possibilidades e riscos são atrativos relevantes para o cidadão global. O cenário social, local e global se transformou tão radicalmente que os seres humanos, como cidadãos, enfrentam um clima de insegurança, incerteza e medo, tanto como de possibilidades, aspirações e oportunidades imprevistas, em um mundo de fluxos globais, cujos valores, interesses, códigos e aspirações ultrapassam amplamente os padrões culturais familiares e as possibilidades de que os adultos próximos se constituam em exemplos úteis.

A informação digital

A mudança que, na minha opinião, melhor se identifica com a transformação substancial da vida cotidiana se refere à onipresença da informação como entorno simbólico da socialização. Vivemos em um ambiente essencialmente simbólico. Como afirma Castells (1994), na economia contemporânea, o trabalho não qualificado e as matérias-primas deixaram de ocupar um papel tão estratégico como no passado. A crescente importância do setor de serviços exalta a extrema relevância da informação e do conhecimento de tal forma que se torna um elemento substancial da cultura atual. A distinta posição dos indivíduos no que diz respeito à informação define o seu potencial produtivo, social e cultural, e até mesmo chega a determinar a exclusão social daqueles que não são capazes de entendê-la e processá-la. A capacidade para usar a tecnologia da informação é cada dia mais decisiva, pois muitos dos serviços, do trabalho e dos intercâmbios estão e estarão cada vez mais acessíveis apenas por meio da rede. Por isso, aparece com maior clareza e urgência a necessidade de formação de novos cidadãos para viver em um novo ambiente digital de possibilidades e riscos desconhecidos.

Por outro lado, não podemos deixar de considerar que atualmente as informações são produzidas, distribuídas, consumidas e abandonadas a um ritmo frenético. A velocidade, cada vez mais acelerada, que define o ciclo de informação determina a imagem de fragilidade e precariedade da vida dos seres humanos (CHOMSKY; RAMONET, 1995).

O que isso significa para a vida cotidiana dos cidadãos?

Vejamos os fatos a seguir.

– Em dois anos, é produzida mais informação que em toda a história anterior da humanidade. Fontcuberta (2010) assinala que "[...] em 2008 foram realizadas mais de 31 bilhões de buscas por mês no Google; em 2006 esse número foi de apenas 2,7 bilhões". O volume de informações que começou ser calculado em Kb, em poucos anos, teve de ser contabilizado em dimensões vertiginosas: mega, giga, tera, peta, exabyte, zettabyte e yottabyte.

– A internet é a tecnologia que mais rapidamente se infiltrou na sociedade na história da humanidade. O telefone necessitou de 75 anos; o rádio precisou de 38 anos para chegar a 50 milhões usuários; a televisão, 15 anos; o computador, sete; e a internet, quatro (RIEGLE, 2007).

– A informação duplica a cada 18 meses e cada vez mais rapidamente, de acordo com estudos da American Society of Training and Documentation (ASTD). Até 100 anos atrás, a informação que o ser humano utilizava na

vida cotidiana permanecia, basicamente, a mesma por várias gerações.
- A informação fornecida, por exemplo, pelo jornal *New York Times* a cada dia é maior do que toda aquela que uma pessoa poderia encontrar, no século XVII, durante toda a sua vida.
- Oitenta por cento dos novos postos de trabalho requerem habilidades sofisticadas de tratamento da informação.
- Os trabalhos que requerem o uso da internet pagam cerca de 50% mais do que aqueles que não utilizam a internet.
- Nos próximos cinco anos, 80% dos trabalhadores estarão executando o seu trabalho de maneira diferente daquela como o vinham desenvolvendo ao longo dos últimos 50 anos ou estarão realizando outros trabalhos (RIEGLE, 2007).

Robinson (2011), em uma alarmante previsão, chega a afirmar que, de alguma forma, os computadores logo alcançarão a consciência; que até 2020 será possível comprar um computador pessoal com o mesmo poder de processamento do cérebro humano de um adulto; e que a interação da genética, da neurociência e da nanotecnologia permitirá o enriquecimento da nossa inteligência misturando fisicamente os artifícios da computação com o nosso cérebro. Citando Ray Kurzweil, o autor considera plausível que em duas décadas os seres humanos recriem o *design* computacional do cérebro em avançados computadores neurais.

Por outro lado, como afirmam repetidamente Thomas e Brown (2011), a tecnologia já não pode mais ser considerada apenas uma maneira de transportar a informação de um lugar para outro. A tecnologia da informação se converteu em um meio de participação, provocando a emergência de um ambiente que se modifica e se reconfigura constantemente em consequência da própria participação que nele ocorre. Uma vez que a informação é produzida, consumida, atualizada e alterada constantemente, novas práticas de leitura, escrita, aprendizagem e pensamento, por exemplo, evoluem com ela. Os seres humanos desenvolvem o *software*, as plataformas e as redes que eventualmente programam e configuram as suas próprias vidas.

Outra consequência desse ritmo acelerado e exponencial de produção e consumo de informação fragmentada e complexa é o volume infinito dela, que produz nos indivíduos saturação, desconcerto e, paradoxalmente, desinformação. Quando a menina ou o menino contemporâneo tem acesso ilimitado a uma enorme quantidade de informações fragmentadas que vão além da sua capacidade de organização em esquemas compreensivos, dispersam a sua atenção e saturam a sua memória, o mosaico de dados não produz formação, e, sim, perplexidade e desorientação. A saturação de informação gera dois efeitos aparentemente paradoxais, mas na verdade convergentes: a superinformação e a desinformação. Parece claro que o exagero de informações fragmentárias causa indigestão e dificilmente provoca o conhecimento estruturado e útil.

Portanto, é fácil compreender a tendência do cidadão saturado e perplexo que se deixa seduzir pelo que, por ainda não compreender, se lhe apresenta como atrativo, pelas proclamações e pelos modelos de interpretação difundidos pela mídia e que invadem o senso comum. A serviço da economia de mercado, que domina os meios de comunicação de massa, a informação frequentemente se transforma em publicidade comercial e em propaganda política. A lógica do espetáculo, da publicidade e do mercado invade todas as áreas da vida dos cidadãos: a produção, o trabalho, o consumo, a política e até mesmo o mundo das relações sentimentais. Por isso, é conveniente destacar, como afirma Gergen (2001), que, na era da informação, o mais importante não é o controle dos meios de produção, mas o controle dos meios de comunicação. O poder é exercido principalmente a partir da produção e da difusão de códigos culturais, atitudes, valores e conteúdos de informação difundidos pelos onipresentes meios de comunicação, na maioria das vezes, de forma latente, camuflados em estilos de vida bem-sucedidos.

Por outro lado, a televisão, ou melhor, as diferentes telas, os *videogames* e as redes sociais virtuais foram se constituindo, nas sociedades contemporâneas, como o mais influente contexto de socialização, o cenário próximo que rodeia o desenvolvimento e o crescimento dos indivíduos e que condiciona fortemente a perseverança na formação das suas opiniões, crenças, interesses e tendências, especialmente na fase da adolescência. Cada indivíduo, por meio da tela, das múltiplas telas pelas quais transita durante o dia, pode se comunicar, navegando na *web*, com os lugares mais inacessíveis, com as culturas mais exóticas e distantes, com as mercadorias mais estranhas, com os objetos menos usuais no seu meio próximo, com ideias e criações intelectuais mais diferentes e inovadoras e também com as opiniões mais triviais e os preconceitos mais arcaicos, as modas, os mecanismos e os modos de interação mais atrativos. Os meios de comunicação e, em particular, a tela multipresente, constituem o esqueleto da nova sociedade. Tudo o que tem alguma relevância estará na tela, o que provoca, frequentemente, a contemplação passiva da maioria dos cidadãos, ou poderá ser encontrado nas plataformas digitais ou em redes sociais que permitem e induzem a interação, expressão pessoal e até mesmo a mobilização coletiva (BROWN; DUGUID, 2000; CHOMSKY; RAMONET, 1995).

É evidente que a facilidade de decodificação da comunicação audiovisual, que nem sequer exige a técnica de leitura, a linguagem escrita e articulada, permitiu que as pessoas, não importando em qual canto isolado do planeta estejam, acessem as informações e os produtos culturais oriundos das culturas mais distantes e das mais diferentes experiências. É necessário reconhecer, portanto, o extraordinário potencial instrutor e inclusive formador oferecido pela revolução eletrônica ao permitir a comunicação intercultural e possibilitar que os indivíduos e os grupos sociais não fiquem centrados apenas nos seus próprios e limitados contextos. No entanto, a serviço da economia de mercado, os intercâmbios de informação são regidos por interesses e objetivos bem diferentes dos formativos e se transformam em transações comerciais, com a finalidade principal de produzir lucro, saturando o consumidor com informações sedutoras de questionável valor formativo e educativo.

No que diz respeito à televisão, pode-se dizer que ela mudou, também, a natureza da opinião política. Mais do que gerar uma opinião baseada na avaliação intelectual apoiada nas proposições dos textos e contextos, induz respostas intuitivas e emocionais à apresentação de imagens, às afirmações espetaculares, aos textos curtos, às manchetes chamativas, ao ruído do espetáculo e à ausência de uma argumentação fundamentada (TEDESCO, 1995).

Convém lembrar que as exigências do mercado, a tirania dos índices de audiência e os requisitos da publicidade transformam, cada vez mais, a televisão comercial em um meio trivial, vazio, dominado pelo epetáculo, pelo sucesso de "programas-lixo", pela primazia das formas sobre o conteúdo, da sintaxe sobre a semântica, do continente sobre o conteúdo, das sensações sobre a reflexão (FERRES, 1994). Tudo está subordinado ao efeito surpresa, espetacular, emotivo que envolve os espectadores independentemente da força dos argumentos e da lógica da razão. O mundo da comunicação global a serviço do mercado induz à cultura do espetáculo, ao escândalo, à fofoca, à notoriedade, invadindo a privacidade e banalizando os acontecimentos e intercâmbios humanos. A cultura como cultivo do pensamento, pelo contrário, tem um caráter eminentemente problematizador, pois interrogamos e exploramos o sentido do óbvio e do oculto, experimentamos e intercambiamos alternativas de forma tranquila e rigorosa.

Tanto pela quantidade de tempo gasto pelos cidadãos em interação com as telas quanto pela qualidade e intensidade do poder de sugestão e fascínio que elas possuem, a maioria dos pesquisadores conclui que a televisão e outras telas condicionam a organização do espaço, do tempo e das relações intersubjetivas, a natureza do conteúdo da vida psíquica, bem como os instrumentos e códigos de percepção, expressão e o intercâmbio dos indivíduos e da coletividade. Neil Postman (1999) adverte que, atualmente, a televisão comercial, os *videogames*, as redes sociais e os intercâmbios digitais são, significantemente, as mais constantes fontes de valores ao alcance de meninos, meninas e jovens. Desde os posicionamentos mais extremos entre os depreciadores da televisão e das telas, adverte-se sobre o perigo de que a imagem termine substituindo completamente a palavra e transformando assim o *homo sapiens*, produtor e produto, dos últimos séculos da cultura escrita, em *homo videns* ou *homo sentiens*. (ETCHEVERRY, 1999; FERRAROTTI, 2002; SARTORI, 1999).

Pode-se afirmar com Carr (2010) e Thomas e Brown (2011) que, depois de 550 anos, a imprensa escrita e os seus produtos estão sendo arrastados do centro da vida intelectual para as margens. A internet inclui os textos, mas não os trata de maneira muito diferente. O mundo da tela é muito diferente do mundo da página escrita, requer uma vida intelectual, perceptiva, associativa e reativa muito distinta. Nasce uma nova ética intelectual que define, de forma diferenciada, o que consideramos conhecimento válido, assim como as suas formas de aquisição, distribuição e consumo. Como diz Carr (2010), vivemos imersos em um ecossistema, a internet, de tecnologias de interupeção em oposição à tecnologia do livro impresso que favorecia a concentração. Como esses processos estão afetando o desenvolvimento cognitivo, afetivo e moral dos cidadãos? Já se pode pensar em uma separação tão radical entre os componentes emotivos e racionais?

Redes e telas

Por outro lado, deve-se lembrar, conforme Alessandro Baricco (2008), que a internet e os provedores de busca estão produzindo o que ele chama de "mutação cultural" desta época. Na *web*, o valor de uma informação se baseia no número de páginas que direcionam a ela e, por conseguinte, na velocidade com que aquele que a procura consegue encontrá-la.

A mutação está na perda de valor da profundidade como fonte de conhecimento:

> [...] a ideia de que entender e saber significa penetrar profundamente no que estamos estudando, até alcançar a sua essência, é uma bela ideia que está morrendo: está sendo substituída pela instintiva convicção de que a essência das coisas não é um ponto, mas um caminho, de que ela não está escondida no fundo, e, sim, espalhada na superfície, de que não reside nas coisas, mas se dissolve fora delas, onde realmente começam, ou seja, em todos os lugares. (BARICCO, 2008, p. 111).

A internet, as plataformas digitais e as redes sociais merecem uma consideração especial como instâncias de comunicação e intercâmbio que favorecem a interação e a participação dos interlocutores como receptores e transmissores de intercâmbios virtuais humanos. Com mais de 2 bilhões de internautas no ano de 2011, a rede se tornou o ambiente de comunicação mais importante da história. É importante, portanto, destacar claramente que a internet nos permite sair da comunidade local que constitui o cenário vital de cada indivíduo, porém não apenas como um mero espectador passivo de acontecimentos alheios que ocorrem distantes no espaço e no tempo. Como adverte Burbules e Callister (2001), a internet permite explorar, conhecer e até mesmo participar de comunidades alheias, talvez próximas e talvez distantes, das concepções culturais que compartilham e, assim, entrar em um cenário de socialização mais plural, que pode servir para contrastar a nossa cultura vivencial e também, por vezes, incompatível com as próprias pressuposições, valores e propósitos.

A internet, portanto, não é só um depósito inesgotável de informações e uma base mais ou menos ordenada ou caótica base de dados, conceitos e teorias, uma biblioteca excelente e viva ao alcance de todos e todas, mas, sobretudo, é um espaço para a interpretação e a ação, um poderoso meio de comunicação, uma plataforma de intercâmbio para o encontro, a colaboração em projetos conjuntos, a criação de novas comunidades virtuais, a interação entre iguais próximos ou distantes, o projeto compartilhado e a organização de mobilizações globais, bem como para a expressão individual e coletiva dos próprios talentos, sentimentos, desejos e projetos.

Como advertem Castells, Putman, Carnoy, Echeverria, Brown, Negroponte e Zuckeverg – para citar apenas os críticos mais positivos – sobre a plataforma da rede das redes, pode estar se configurando uma nova estrutura social, a sociedade em rede que permite a interligação das comunidades virtuais concebidas como redes de laços interpessoais que proporcionam sociabilidade, apoio, informação, um sentimento de pertencimento e de uma identidade social. Para participar desta nova estrutura social, é preciso passar por uma uma nova alfabetização. Aprender a "linguagem da tela", das "tecnologias da interrupção" chega a ser tão necessário como a alfabetização relacionada com a leitura e a escritura verbais. Consequentemente, preparar os cidadãos não só para ler e escrever nas plataformas multimídia, mas para que se envolvam com esse mundo compreendendo a natureza intrincada, conectada, da vida contemporânea, torna-se um imperativo ético e também uma necessidade técnica.

À medida que se vai construindo este novo tecido de intercâmbios simbólicos, aparecem novas oportunidades, novos riscos e incertezas. A internet, a rede de redes, como plataforma universal, aberta e flexível, também pode ser considerada um agente facilitador de intercâmbio democrático, porque torna a informação acessível a mais pessoas do que nunca em toda a história da humanidade.

Por outro lado, não podemos nos esquecer de que a internet é uma valiosa e expansiva rede de informação, cujo conteúdo não está regulamentado e que se misturam, sem ordem ou acordo, verdades, meias verdades e mentiras. Além de informações valiosas, também inclui lixo tendencioso e material ética e politicamente questionável e inclusive desprezível que surge, muitas vezes, inesperadamente, sem aviso prévio. Da mesma forma que há complexidade na sociedade cara a cara, também a experiência de intercâmbio das possibilidades virtuais oferecida pela internet abre um mundo de possibilidades, bem como de riscos, para os quais o indivíduo deve se preparar e se formar.

Por outro lado, esses avanços tecnológicos que produzem a extensão e a universalização das redes telemáticas, das comunicações digitais, das plataformas virtuais e das redes sociais têm produzido uma mudança radical na forma de nos relacionarmos, quebrado as barreiras de espaço e de tempo e permitido que mantenhamos relações, diretas ou indiretas, presenciais ou virtuais, com um círculo cada vez mais vasto de indivíduos, atingindo o que Gergen (1992) já adiantava com a denominação "saturação social do eu". O aumento acelerado e exponencial de estímulos sociais provoca a transformação das nossas experiências e concepções, assim como uma crescente perplexidade diante da multiplicidade e da aceleração de realidades e discursos, uma fragmentação do eu e das suas concepções (DEL RIO, ÁLVAREZ; DEL RIO, 2004; GERGEN, 1992, 1998) como consequência da multiplicidade de relações, também incoerentes e desconectadas, que nos empurram em mil direções diferentes, incentivando-nos a desempenhar uma variedade tão grande de funções que o próprio conceito de eu autêntico, dotado de características reconhecíveis, desaparece. Com o passar dos anos, o eu de cada um absorve cada vez mais o carácter de todos os outros, coloniza-se. À medida que a saturação social avança, corremos o risco de acabar nos convertendo em pastiches, em imitações baratas dos demais.

OS EFEITOS NA SOCIALIZAÇÃO E OS DESAFIOS EDUCACIONAIS NA ERA DIGITAL

O primeiro resultado destas mudanças significativas em instituições sociais e nas relações de experiência dentro da aldeia global digital é que também foram modificados de maneira importante, nos conteúdos, nas formas e nos códigos, os processos de socialização das novas gerações e, portanto, as demandas e exigências educacionais na instituição escolar. Neste complexo, inovador e acelerado contexto social e simbólico, acontece a socialização da maioria dos indivíduos das sociedades contemporâneas; e, de acordo com as influências que recebem, desenvolvem-se as suas competências, conhecimentos, esquemas de pensamento, atitudes, afetos e formas de comportamento.

Desenvolvimento e conhecimento na era digital

A vida cotidiana de crianças, jovens e adultos se encontra profundamente alterada pela ininterrupta e poderosa penetração social das novas tecnologias da informação e da comunicação e oferece as seguintes e inovadoras peculiaridades para o conhecimento e a experiência dos seres humanos:

– Cabe considerar, em primeiro lugar, a expansão das ferramentas digitais como extensão dos recursos e das possibilidades de conhecimento e ação. As ferramentas digitais evoluíram executando múltiplas e sucessivamente mais complexas funções sociais: calculadoras aritméticas; processadores de texto; gestores de informação; canais de comunicação; meios de expressão; experimentação simulada e interpretação; plataformas de relações e mobilizações grupais e coletivas. Como bem adverte Inés Dussel (2011):

As tecnologias digitais criaram um novo cenário para o pensamento, a aprendizagem e a comunicação humana, transformaram a natureza das ferramentas disponíveis para pensar, agir e se expressar [...] A cultura digital significa [...] uma reestruturação do que entendemos por conhecimento, das fontes e dos critérios de verdade, bem como dos sujeitos autorizados e reconhecidos como produtores de conhecimento [...] (DUSSEL, 2011, tradução nossa)

– Por exemplo, as amplas e inovadoras iniciativas de código aberto, de acesso livre, de publicação aberta e de livre aquisição fazem parte de uma nova ecologia do conhecimento que determinará o futuro dos recursos educativos da escola, do ensino e da difusão do conhecimento, mudando as regras do jogo do comércio e da publicidade e levantando questões importantes sobre a sustentabilidade e o desenvolvimento do próprio conhecimento acadêmico. Como indica repetidamente Peters (2011), o objetivo fundamental de todas estas tecnologias (incluindo a geospacial, a *web* semântica 3D, a realidade aumentada) é melhorar um serviço universal e enriquecer as experiências dos cidadãos.

– Em segundo lugar, vale a pena mencionar o *caráter distribuído do conhecimento* (THOMAS; BROWN, 2011). Na era da informação global-digital, a cognição, tanto conteúdos como os processos, encontra-se distribuída e dispersa entre mentes humanas, meios digitais, grupos de pessoas, espaços e tempos. Os tipos de representação acessíveis na interação mediada (mapas não lineares, realidade aumentada) são cada vez mais ricos e variados (ITO, 2010; STIGLER; THOMPSON, 2009). Não podemos esquecer que, a serviço do mercado, a noção de verdade importa menos do que a popularidade ou a intensidade da experiência emocional que se propõe. A ideia de uma cultura moldada pelos "usuários", que circula pelas redes que são muito difíceis de controlar, censurar ou recortar, certamente desafia o modo de definir o conhecimento valioso na escola e abre um debate sobre o seu caráter mais ou menos democrático com relação à hierarquia e à centralização do conhecimento escolar, que foi criticado por excluir e reproduzir as desigualdades sociais e culturais desde a década de 1970 (BOURDIEU; PASSERON, 1977; DUSSEL, 2011; GEE, 2007; JENKINS, 2011).

– Em terceiro lugar, vale a pena salientar a possibilidade de confiar algumas tarefas, funções e atividades às máquinas. O tipo de tarefas e trabalhos desenvolvidos pelos seres humanos, ao contrário dos que realizam as máquinas, está mudando constantemente, à medida que as máquinas se aperfeiçoam para fazer tarefas tradicionais humanas. O trabalho e as tarefas dos seres humanos nos dias atuais são substituídos pelo afazeres que envolvem o pensamento especializado e a comunicação complexa, a tomada de decisões, a resolução de problemas e a criação de cenários e situações alternativas, deixando nas mãos das máquinas as tarefas que consistem principalmente em rotinas cognitivas e rotinas manuais de caráter reprodutor e algorítmico, que os computadores executam facilmente, de maneira fiel e rigorosa (LEVY; MURNANE, 2004). O relatório McKinsey & Co. (MANYIKA; ROXBURGH, 2011) estima que nos Estados Unidos apenas 30% dos novos trabalhos exigem procedimentos algorítmicos, enquanto 70% requerem procedimentos heurísticos. No mesmo sentido, é interessante destacar, conforme Pink (2009), a transferência do foco educativo, do trabalho rotineiro que pode ser automatizado e, portanto, externalizado, para as tarefas cognitivas de ordem superior, criativas, artísticas e de atenção e de cuidado humano, não rotineiro, que envolvem a criação e as relações sociais que, normalmente, não podem ser automatizadas ou externalizadas.

– Em quarto lugar, a era digital requer *aprendizagens de ordem superior* que ajudem *a* viver na incerteza e na complexidade. A memorização já não é apreciada tanto quanto a capacidade de organizar as ideias em favor de um pensamento independente, fundamentado e contextualizado. A era digital exige o desenvolvimento de hábitos intelectuais que preparem para um futuro em que quase tudo é mais acessível, complexo, global, flexível e mutável. As tarefas rotineiras respondem bem à motivação extrínseca de recompensas e punições, mas as tarefas heurísticas não. Fields, no seu interessante trabalho publicado em 2011, destaca, com relação à importância crítica na sociedade contemporânea, a capacidade de lidar com altos níveis de "ambiguidade criativa", a capacidade de arriscar e amar os erros e de se desenvolver na ambiguidade e na incerteza como condição para o desenvolvimento criativo das pessoas e dos grupos humanos. Para criar algo realmente extraordinário, é necessário viver a incerteza e o risco de se perder no processo.

– Em quinto lugar, convêm destacar a *cooperação como exigência do conhecimento e da ação* na era da informação. Nunca se destacará suficientemente a importância decisiva da interação e do trabalho em equipe, a complementaridade de papéis e conhecimentos dispersos para lidar com a complexidade das funções na vida social, política e profissional contemporânea. Em qualquer lugar, seja em jogos *on-line*, na escrita de ficção, no desenvolvimento de programas de *software* abertos ou nas mobilizações sociais por meio da rede, os participantes, independentemente da idade, da experiência ou do conhecimento, iniciantes ou avançados, compartilham um mesmo espaço virtual e estão envolvidos em uma mesma tarefa virtual, contrastam opiniões, transferem informação entre si, propõem alternativas e tentam resolver problemas. A comunicação é horizontal e a liderança porosa e inconstante. As posições podem ser intercambiáveis, e quem agora é um especialista, amanhã pode ser um novato (GEE, 2007). O intercâmbio e a cooperação horizontal são muito mais amplos, ágeis, flexíveis, onipresentes e presentes na era digital do que em toda a história da humanidade.

- Em sexto lugar, deve-se destacar a *mudança na concepção da natureza e da funcionalidade da informação e do conhecimento*. Na contemporaneidade, parece cada vez mais óbvio que o conhecimento não é nem verdadeiro nem definitivo, mas verossímil, melhor ou pior com base em argumentos e evidências, parcial e provisório. Ao mesmo tempo, a comunidade digital costuma compartilhar a ideia controversa do caráter gratuito e democrático do conhecimento, rejeita a propriedade privada e questiona os direitos autorais individuais, apostando fortemente na autoria coletiva que abre espaço para as licenças, como as *creative commons*, as produções musicais ou audiovisuais ou de *software* aberto, compartilhadas, misturadas ou reconstruídas continuamente pelas partes interessadas, cujo expoente mais claro é a Wikipédia (DOUEIHI, 2010; DUSSEL, 2011).[1] O problema não resolvido e a pergunta ainda sem resposta é: como compensar os criadores pelo seu trabalho na era digital? Como sobreviverá a criação cultural sem a compensação correspondente? A Wikipédia inaugura uma nova forma de construir o conhecimento compartilhado, chamada *crowdsourcing*, que significa uma forma aberta, flexível e alterável de convidar um grupo para colaborar na busca de soluções para problemas comuns. Essa disposição para a abertura é um dos requisitos básicos do desenvolvimento do conhecimento. Neste mesmo sentido, Davidson (2011) propõe seis princípios para o desenvolvimento de uma ciência aberta: abertura à experiência, à crítica, à interpretação, à cooperação com os outros, à ambiguidade criativa e à comunicação multimídia.

- Em último lugar, cabe ressaltar a necessidade de *abordagens holísticas*. Para lidar com a complexidade e a incerteza, é preciso integração da compreensão e atuação baseadas na integração de conhecimentos, atitudes e competências mais do que aprendizagem isolada e fragmentada de conhecimentos, de um lado, e habilidades, de outro. Na internet, tudo está relacionado ou pode se relacionar a tudo, e tudo está disponível ao mesmo tempo. É uma rede de redes interconectadas, sem centros ou hierarquias que controlem e filtrem o intercâmbio. A internet pode estar antecipando uma nova forma de pensar baseada mais nos processos do que nos produtos, na necessidade imperativa de sintetizar a vasta e diversificada morfologia atual da informação.

O impacto da era digital nas novas gerações

É possível afirmar que a vida cotidiana das novas gerações, sobretudo dos jovens, configura-se mediada pelas redes sociais virtuais, que induzem novos estilos de vida, de processamento de informação, de intercâmbio, de expressão e de ação. Passou pouco tempo, e tudo avança muito rapidamente, para poder oferecer sugestões baseadas na pesquisa sobre os efeitos dessas mudanças no desenvolvimento das qualidades humanas das novas gerações, mas todos os indícios apontam para mudanças importantes.

Ninguém dúvida mais que os jovens, por exemplo, permanentemente conectados à rede, saturados de informação e exigidos por múltiplas demandas de redes sociais pluralistas – Facebook, Tuenty, Twitter, Chat, Whatsapp –, estão se acostumando a dispersar e ocupar a sua atenção com diferentes tarefas simultâneas, as multitarefas. Eles raramente fazem uma só coisa por vez; assistem à televisão, com o computador em cima dos joelhos ou com o telefone, os bate-papos ou as redes ativadas, dedicando uma atenção parcial a cada uma das tarefas e demandando comunicação e gratificação instantâneas, o que pode minar a sua paciência e aumentar a sua ansiedade diante da carência do hábito de esperar ou da demora (WAGNER, 2010; CARR, 2010; THOMAS; BROWN, 2011).

No entanto, a multitarefa não ajuda a construir o mesmo conhecimento que a atenção concentrada em um único foco; a atenção parcial contínua pode ser um comportamento muito funcional em curto prazo, talvez a melhor estratégia para atender aos múltiplos fatores e variáveis que, em uma determinada situação, afetam simultaneamente o desenvolvimento da ação, mas em doses elevadas favorece um estilo de vida governado pelo estresse, que compromete a qualidade do pensamento e a tomada de decisões tranquila (ROSEN, 2010). Devemos começar a pensar que, quando indivíduos humanos se deparam com a ação das melhores ferramentas, os melhores recursos têm a ver com a capacidade para despertar a atenção para os mais diferentes aspectos e indicadores, centrais e periféricos, que a condicionam. A multitarefa forma uma plataforma adequada ao conhecimento na ação, enquanto a atenção concentrada, sequencial e a reflexão lógica, calma e dedutiva são, ao contrário, a ferramenta certa para a reflexão sobre a ação, para preparar e planejar a ação e para avaliar as consequências, os resultados e a qualidade dos processos que desencadeamos. A dispersão, a interrupção, a pluralidade e a multidimensionalidade de perspectivas podem abrir o conhecimento para a captação da complexidade, induzindo a ruptura com a unidirecionalidade das tapadeiras que impõem os nossos hábitos estabelecidos, mas não pode substituir a necessidade de reflexão tranquila, a concentração em um foco de análise que serve como um fio condutor para o raciocínio prévio e posterior à ação, a necessidade de ir além das aparências, dos traços epidérmicos que saturam a compreensão simultanea, imediata, em curto prazo.

Por outro lado, o extraordinário potencial dos dispositivos digitais a serviço dos indivíduos desde a infância, para registrar, coletar, reproduzir, intercambiar e recriar conteúdos abre horizontes inimaginados até o presente para o desenvolvimento das qualidades que compõem a sua identidade pessoal. Por exemplo, como expõe Fontcuberta (2010, p. 31):

> [...] a possibilidade de contar com câmeras digitais muito baratas democratizou a possibilidade de construir a própria memória visual ... As fotos que os adolescentes intercambiam de modo compulsivo reúnem um amplo espectro de códigos de relacionamento, desde simples gestos de saudação [...] até expressões mais sofisticadas que traduzem afeto, simpatia, cordialidade, encanto ou sedução. Transmitir e compartilhar fotos funciona assim como um novo sistema de comunicação social. (FONTCUBERTA, 2010, p. 31, tradução nossa).

Esse estilo de vida saturado de relações sociais virtuais e de interações mais ou menos lúdicas com a tela também pode ajudar os jovens a aprenderem em contextos complexos, incertos, multidimensionais, a navegarem na incerteza, a aprenderem descobrindo, questionando, resolvendo problemas de forma autônoma, adquirindo rapidamente complexas habilidades técnicas e compartilhando com os outros riscos, tarefas e objetivos, como ocorre na maioria dos jogos em rede que tanto os entusiasmam. Como afirmam Thomas e Brown (2011), a navegação também pode se converter na principal forma de alfabetização cultural do cidadão das próximas décadas, a *web* 2.0 é um amplo leque flexível e abrangente de criatividade pessoal e autoexpressão.

Além disso, convém advertir sobre outra característica relevante deste processo de socialização digital. Estamos diante da primeira geração que domina as poderosas ferramentas digitais que são utilizadas para acessar e processar a informação que interfere na vida econômica, política e social, e ela faz isso melhor do que os mais velhos: pais, mães e professores. Este fato, embora não saibamos ainda em que sentido, obviamente, muda claramente a vida social familiar e escolar, ao converter os alunos em especialistas digitais e os adultos em aprendizes em tempo parcial dos nossos jovens peritos digitais. Essa inversão de posições questiona em princípio a forma tradicional de compreender a influência socializadora e formadora da família e também da escola sobre o aprendiz, bem como o conceito clássico de autoridade geracional (DEL RIO, 2005; DEDE, 2007).

Essas formas de viver e de se relacionar na aldeia global por meio da participação ativa em diferentes redes sociais digitais estão provocando nas novas gerações o desenvolvimento de atitudes e expectativas diferenciadas com relação à gerações anteriores, entre as quais cabe destacar, de acordo com Dede (2007), as seguintes:
- liberdade para escolher o que consideram adequado para eles e para expressar as suas próprias opiniões;
- personalização e adaptação do que os rodeia, para atender as suas próprias necessidades;
- controle e análise detalhados das situações;
- integridade e abertura nas suas interações com outros indivíduos, grupos e instituições;
- integração de trabalho e diversão;
- multitarefa e velocidade de comunicação;
- colaboração e interação; e
- inovação e criação de produtos e serviços.

As novas gerações têm ao seu alcance a possibilidade de consumir, buscar, comparar, processar, avaliar, selecionar e criar informações, por meio das suas múltiplas relações e contatos nas redes sociais. Por esta razão, não podemos esquecer que se convertem, em certa medida, em produtoras de conteúdo, comunicadoras de sucessos e experiências, usando a palavra, a imagem, o movimento, o hipertexto, etc.

Por tudo isso, é possível afirmar que o déficit das novas gerações, de modo geral, não se deve à carência de informação e de dados, mas de organização significativa e relevante das informações fragmentadas e tendenciosas que recebem nos seus contatos espontâneos com múltiplas telas e diversas redes. Frequentemente, o indivíduo não pode processar a quantidade de informação que recebe e consequentemente se enche de "ruídos", de elementos isolados, de maior ou menor destaque, que não podem integrar os esquemas de pensamento para compreender melhor a realidade e a sua atuação sobre ela. Em especial, o déficit dos processos atuais de socialização se situa fundamentalmente no território dos sentimentos, valores e comportamentos. É muito difícil que as novas gerações encontrem, neste cenário global, acelerado, cheio de estímulos e possibilidades, anônimo, diversificado e caótico, uma maneira racional e autônoma de governar os seus sentimentos e comportamentos. Trata-se, assim, de um déficit fundamentalmente de orientação e organização de sentimentos e comportamentos, de elaboração dos modos de interpretar e de fazer.

Os desafios escolares na era digital

Este novo cenário social também exige mudanças substanciais na formação de futuros cidadãos e, portanto, apresenta desafios inevitáveis para os sistemas educacionais, as escolas, o currículo, os processos de ensino e aprendizagem e, claro, para os professores. As transformações na prática educacional devem ser tão significativas que é conveniente falar sobre uma mudança na maneira de enxergar, sobre reinventar a escola. As reformas parciais sem um sentido global já não são suficientes. A explosão exponencial e acelerada da informação na era digital requer reconsiderar de maneira substancial o conceito de aprendizagem e os processos de ensino. Muitos docentes parecem ignorar a extrema importância desta nova exigência na sua tarefa profissional.

O desafio da escola contemporânea reside na dificuldade e na necessidade de transformar a enxurrada desorganizada e fragmentada de informações em conhecimento, ou seja, em corpos organizados de proposições, modelos, esquemas e mapas mentais que ajudem a entender melhor a realidade, bem como na dificuldade para transformar esse conhecimento em pensamento e sabedoria.[2]

Nesta sociedade global, baseada em informação, principalmente digital, é necessário considerar seriamente o papel das novas ferramentas e plataformas pelas que trafegam a informação, porque constituem, sem dúvida, o fator central na mudança. Isso quer dizer que a escola como uma organização responsável, na história recente da humanidade, pelo desenvolvimento educacional das novas gerações deixou de ter sentido e será em breve substituída pelas redes virtuais?

Prever é sempre uma tarefa arriscada e frequentemente estéril, mas ao menos parece evidente que já não se pode entender os processos de ensino e aprendizagem, nos quais as pessoas se colocam em contato com a informação e o conhecimento disponível, sem a presença poderosa e amigável das tecnologias da informação e comunicação (TICs) e, em especial, da rede de redes. A proliferação de computadores e de outros artefatos tecnológicos utilizados permanentemente fora e dentro das escolas mudou e vai mudar a definição da sala de aula como um espaço pedagógico, o conceito de currículo e o sentido dos processos de interação do aprendiz com o conhecimento e com os docentes. O ensino frontal, simultâneo e homogêneo é incompatível com esta nova estrutura e exigirá dos professores o desenvolvimento de uma metodologia muito mais flexível e plural, bem como uma atenção mais personalizada aos estudantes.

Modernizar a escola, no entanto, não significa simplesmente introduzir equipamentos e infraestruturas que permitem a comunicação em rede. É algo mais do que simplesmente utilizar as novas ferramentas para desenvolver as tarefas antigas de maneira mais rápida, econômica e eficaz. Por outro lado, a fronteira entre o escolar e o não escolar já não é definida pelos limites do espaço e do tempo da escola, existe muito de "não escola" no horário escolar e há muito "de escola" no espaço e no tempo posterior ao horário escolar. Na interação do aluno com a informação e com o conhecimento já não há um único eixo de interação controlado pelo professor, mas uma comunicação múltipla, que exige muito mais atenção e capacidade de resposta imediata a diversos interlocutores (CUBAN, 2012; DUSSEL, 2011).

Em qualquer caso, o que deveria, sim, estar claro e não está para a grande maioria de nós como professores é que as novas exigências e condições da sociedade baseada na informação removem drasticamente os fundamentos da escola clássica e das suas formas de entender o conhecimento, bem como a formação pessoal, social e profissional dos cidadãos contemporâneos.

É óbvio que o sistema educacional deve preparar os alunos para que gerenciem e resolvam situações no futuro, bem diferentes, em geral, daquelas em que vivem no presente. Tais situações são, em grande parte, desconhecidas e ainda mais imprevisíveis quanto maior, mais rápida, intensa e extensa é a mudança econômica, social e cultural do cenário. Para lidar com situações desconhecidas nos campos pessoais, sociais ou profissionais em contextos abertos, cambiantes e incertos, os indivíduos precisam ter capacidades de aprendizagem de segunda ordem, *aprender a aprender e aprender como autorregular a própria aprendizagem*.

Se as escolas insistem nas práticas convencionais obsoletas, que definem a maioria das instituições de ensino atuais, distantes e ignorantes do fluxo de vida que transborda à sua volta, correm o risco de se tornarem irrelevantes. É o momento de redefinir o fluxo de informações na escola. Nós, docentes, devemos nos dar conta de que não é aconselhável apenas fornecer informação aos alunos, temos que ensiná-los como utilizar de forma eficaz essa informação que rodeia e enche as suas vidas, como acessá-la e avaliá-la criticamente, analisá-la, organizá-la, recriá-la e compartilhá-la. As escolas devem se transformar em poderosos cenários de aprendizagem, onde os alunos investigam, compartilham, aplicam e refletem. Apesar do seu hábito multitarefa ser generalizado e útil, os aprendizes precisam compreender que a quantidade infinita e interminável de informação exige uma intensa tarefa de seleção, foco e concentração, se não quiserem naufragar em uma tempestade contínua de ruído informacional e dispersão. Há momentos, lugares e situações que agradecem a atenção dispersa e o desenvolvimento da multitarefa e outros nos quais se requer a concentração, a análise e a reflexão focada e profunda.

A escola, como sintetiza Dussel (2011), é uma instituição de transmissão cultural, organizada em determinado momento histórico – a modernidade do final do século XVIII e início do XIX – em torno de uma ideia de cultura pública e na qual predominava o pensamento racional, reflexivo e argumentativo, que respondia às exigências do mundo laboral, em grande parte, organizado ao redor de uma fábrica e de uma linha de montagem. No entanto, as exigências de formação dos cidadãos contemporâneos são de tal natureza que é preciso reinventar a escola, para que ela seja capaz de estimular o desenvolvimento de conhecimentos, habilidades, atitudes, valores e emoções que são necessários para conviver em contextos sociais, heterogêneos, variáveis, incertos e saturados de informação e contextos caracterizados pela supercomplexidade. Como ajudar os indivíduos a desenvolverem uma identidade pessoal com autonomia suficiente para enfrentar as demandas da sociedade contemporânea? Como contribuir para a compensação das enormes e crescentes desigualdades de origem que geram uma sociedade na qual as diferenças entre ricos e pobres são cada vez mais importantes e onde quem perde o rápido trem da informação ficará excluído das interações mais relevantes?

Consequentemente, a educação não pode continuar se orientando por mais tempo para a trasmissão e o aprendizado de peças e fragmentos discretos e isolados de informação, memorizada e acumulada em armazéns estáveis de informação, para ser utilizada quando for necessário (esse é o modelo de educação bancária criticada por Freire, ou pedagogia do camelo, como ironiza Meirieu), mas, sim, para o desenvolvimento em cada indivíduo de conceitos básicos e fundamentais para aprender a pensar e aprender de maneira disciplinada, prática, crítica e criativa, de modo que ele possa utilizar o conhecimento e o método de compreensão em novas situações que aparecem no mundo da informação inconstante (DARLINGHAM-MOND, 2010).

No mesmo sentido se pronuncia Elmore (2011) quando propõe um cenário para o desenvolvimento satisfatório da escola na era digital, denominado "aprendizagem de código aberto". Este cenário coloca a escola em um território aberto, competindo com outros serviços e instituições pelo interesse dos alunos e das famílias, sem o papel determinante na definição do que constitui a aprendizagem e o conhecimento válidos, tampouco na definição do ritmo, da sequência e da estrutura de programas de estudos fechados. Neste cenário aberto, saturado de possibilidades, o aprendiz, com a ajuda dos docentes que atuam como tutores, defende o seu próprio currículo de acordo com os seus interesses e propósitos e, ao mesmo tempo, configura progressivamente a singularidade do seu próprio projeto pessoal, social e profissional. Por exemplo, um aluno pode escolher dedicar seis meses ao aprendizado intensivo de um idioma ou a uma expedição de pesquisa biológica. Os alunos acumulariam no seu portfólio digital a sua história e os seus produtos de aprendizagem mais significativos, como evidências e impressões vivas da história do seu próprio projeto de vida. De acordo com aqueles autores, as escolas, como nós as conhecemos hoje, desaparecerão gradualmente e serão substituídas por redes sociais organizadas em torno de objetivos e propósitos dos alunos e das suas famílias.

Talvez não convenha avançar tão rapidamente. Talvez devamos nos deter no que significam estes novos desafios para a escola contemporânea, ter moderação suficiente para separar o joio do trigo, questionar e debater quais são as novas finalidades e propósitos que a escola deve satisfazer para preparar os cidadãos da era digital.

NOTAS

[1] Davidson (2011) considera que a Wikipédia, que nasceu com o nome de Nupedia em 2000 e se tornou a Wikipédia em 2001, é o maior esforço de colaboração intelectual da humanidade e que o atual desafio é torná-la cada dia mais forte, rigorosa, flexível e aberta à descoberta e às criações cooperativas. Em menos de uma década, isso deixou de ser um sonho impossível para se tornar uma referência indispensável, com meio bilhão de consultas mensais.

[2] Entendo a sabedoria como a capacidade de navegar na incerteza, a capacidade do sujeito para aplicar as melhores ferramentas e recursos cognitivos disponíveis para orientar e governar o seu próprio projeto de vida, no incerto, complexo e mutável cenário em que vive.

2
Insatisfação escolar: a escola sobrecarregada

A leitura, a escrita e a aritmética podem ser aprendidas em 100 horas se os aprendizes estiverem motivados... O que é que se aprende de verdadeiramente útil nos milhares de horas restantes da vida escolar?

(GATTO, 2005, tradução nossa)

AS PECULIARIDADES DOS SISTEMAS EDUCACIONAIS NA SOCIEDADE NEOLIBERAL

Diante da impressão generalizada de fracasso e obsolescência do sistema educacional, a partir da década de 1990, quase todos os países desenvolvidos e em vias de desenvolvimento promoveram reformas, de maior ou menor proporção, dos seus sistemas educacionais. Não é difícil reconhecer tendências, padrões e características semelhantes, apesar de eles pretenderem responder a situações e circunstâncias econômicas, sociais e culturais notavelmente diferentes. Assim convém destacar que as exigências da economia global atual, as demandas do sistema produtivo definido pelo capitalismo financeiro, digital e deslocalizado, as fórmulas e interesses da sociedade de consumo em um mundo global, interdependente e digitalizado, já discutidos no Capítulo 1, estão impondo modelos semelhantes em todos os países, que não são quase nada compatíveis, na minha opinião, com as exigências éticas e políticas das sociedades democráticas e com as suas concretizações pedagógicas.

Os conceitos centrais no discurso de política educativa atual, comuns a todos esses processos de reforma, são: qualidade, eficiência e igualdade. Também são similares as políticas e as estratégias privilegiadas no desenvolvimento dessas reformas: ampliação da escolaridade obrigatória, exigências de renovação curricular, incorporação das TICs, preocupação com a profissionalização docente, mudanças na estrutura acadêmica dos sistemas, novas formas de governo e de gestão do sistema e dos centros escolares, instalação de mecanismos de avaliação, prestação de contas e controle de qualidade, tendência à descentralização do sistema e à concessão de algum grau de autonomia às escolas. É possível detectar também uma agenda mais ou menos oculta em alguns países e centros de decisão nacionais e internacionais com orientações claramente neoliberais, decididamente voltadas para a privatização do serviço público que por suposição é oferecido pela escola e para a gestão da educação como mais uma mercadoria que pode ser regulada por meio do livre intercâmbio da oferta e da demanda.

É importante ressaltar, no entanto, que, ao mesmo tempo em que surgem tendências neoliberais, a maioria das escolas segue ancorada em rotinas, estruturas e programas muito antigos. Com lamentável frequência, a vida na instituição escolar continua sendo guiada pela uniformidade, pela predominância da disciplina formal, pela autoridade arbitrária, pela imposição de uma cultura homogênea, eurocêntrica e abstrata, pela proliferação de rituais já desprovidos de sentido, pelo fortalecimento da aprendizagem acadêmica e disciplinar de conhecimentos fragmentados, inclusive memorístico e sem sentido, distanciados dos problemas reais que, logicamente, provocaram o tédio, a preguiça e até mesmo fobia à escola e à aprendizagem (WAGNER, 2010; WILLINGHAM, 2009). Além disso, é necessário considerar, conforme Willis (1990), que a escola provoca um importante fracasso escolar pelo seu caráter refratário à cultura de origem das camadas mais marginalizadas e desfavorecidas, e que este efeito, a princípio não desejado, pode ser um objetivo não confessado que favorece a classificação e a estratificação social da população. O fracasso escolar orienta "voluntariamente" uma parte importante dos jovens mais desfavorecidos para o trabalho manual que, "casualmente", ocupa um *status* social mais baixo e corresponde às expectativas do seu meio social.

Nas últimas décadas do século XX, a maioria das propostas e iniciativas de reforma do sistema escolar não está motivada, tanto pela consciência das deficiências qualitativas do sistema e por não facilitar o desenvolvimento educacional dos cidadãos independentes, quanto pelas exigências imperiosas e inevitáveis da economia de mercado. As políticas neoliberais propõem o desmantelamento do estado de bem-estar social e a concepção de educação não como um serviço público, mas como uma mercadoria de valor notável submetida, logicamente, à regulação das relações entre a oferta e a demanda.

Um dos exemplos mais evidentes desta interessada utilização equivocada dos termos, com clara ressonância humanista para promover políticas que favorecem a economia de mercado, é a utilização indiferenciada e confusa dos termos autonomia, descentralização e desregulamentação do sistema. É evidente que a autonomia profissional dos docentes e a autonomia das escolas são antigas reivindicações pedagógicas apoiadas nas requisições das teorias de aprendizagem significativa e relevante e nas propostas construtivistas de um currículo aberto e contextualizado (Stenhouse, Freinet, Freire, Gardner, Taba, Bruner...).

Além disso, a rotina, a preguiça e, acima de tudo, a excessiva burocratização do dispositivo escolar, em particular no contexto espanhol constituído pelo caráter de funcionalismo público vitalício dos professores, deram origem a uma cultura escolar estática, reprodutiva e resistente às mudanças, pouco preparada para responder com agilidade e eficácia às exigências e desafios da era da informação, à permanente transformação, à inovação e à incerteza.

Esses fatos inegáveis são utilizados para justificar teoricamente a política educativa neoliberal que fomenta a descentralização e a concorrência entre as instituições educacionais como estratégia fundamental para aumentar a produtividade das escolas, a melhoria dos resultados em termos de desempenho acadêmico e reduzir custos, ao mesmo tempo em que garante a permissão aos pais para exercerem o seu direito à liberdade de escolha do centro educativo. Em síntese, a privatização das instituições ou pelo menos dos seus serviços e a consideração e o tratamento da educação como mais uma mercadoria no cenário competitivo do mercado livre podem constituir os primeiros passos no caminho da desregulamentação do sistema educativo.

No entanto, deve-se destacar, desde já, que as instituições encolares abandonadas ao livre jogo do mercado não podem, na minha opinião, cumprir a sua função educativa por duas razões fundamentais:

- em primeiro lugar, no mercado, a lei da oferta e da procura, em situações de desigualdade, reproduz e aumenta, pretendendo ou não, as desigualdades de origem, de modo que as crianças de classes privilegiadas terão condições e recursos incomparavelmente melhores para o seu desenvolvimento intelectual, em instituições de primeira categoria e com uma segunda escola complementar paga pela família, e os alunos de classes desfavorecidas serão condenados à discriminação, à marginalização e até mesmo à exclusão do sistema em casos mais extremos, ou seja, as desigualdades de origem se tornarão as desigualdades pessoais e profissionais definitivas; e
- em segundo lugar, porque as exigências do mercado não reparam precisamente em valores éticos e educativos, mas, sim, na obtenção da rentabilidade como uma meta prioritária. Assim, a conquista do benefício palpável e em curto prazo se converterá no objetivo central das instituições escolares, em aberta e implacável concorrência, à custa dos valores educativos de desenvolvimento autônomo das capacidades de pensar, sentir e agir, que demandam cooperação e cujos efeitos se manifestam em longo prazo e de forma, em parte, imprevisível.

As políticas de descentralização ou desregulamentação, a menos que sejam acompanhadas por medidas que forneçam os recursos humanos e materiais, bem como por programas de formação e estratégias de coordenação necessárias para evitar a desigualdade e tornar viável a autonomia, não significaram mais do que o abandono das instituições ao jogo dos interesses comerciais, alheios aos objetivos educativos.

Incentivar a qualidade do serviço público que é oferecido no sistema educacional requer exatamente uma atenção mais intensa aos centros correspondentes às regiões e grupos sociais mais desfavorecidos e, aparentemente, menos rentáveis e o apoio e incentivo às experiências de inovação e experimentação colaborativa.

INSATISFAÇÃO, FRACASSO E OBSOLESCÊNCIA

A insatisfação generalizada com relação à qualidade dos sistemas de ensino para enfrentar os complexos e incertos cenários atuais está gerando uma busca por alternativas e reformas que não parecem produzir os efeitos desejados (PÉREZ GÓMEZ, 2003, 2007). A escola contemporânea parece uma instituição mais acomodada às exigências do século XIX do que aos desafios do século XXI. Como afirmam Oakes e Saunders (2008), uma pedagogia obsoleta, escolas segregadas, classes lotadas, alunos entediados e desinteressados e professores esgotados são características que definem a vida da maioria das escolas contemporâneas.

Na minha opinião, são três os indicadores mais preocupantes do deficiente desempenho do atual dispositivo escolar:

Fracasso e abandono escolar

Os dados estatísticos dos últimos 20 anos denunciam, com pequenas variações, um índice elevado de fracasso e abandono precoce da escola em muitos países. Na Espanha, por exemplo, 30% dos jovens ou não concluem a etapa obrigatória ou não continuam nenhum tipo de estudo nem de formação a partir dela. O termo fracasso escolar esconde múltiplos significados, desde a insuficiente formação nos cidadãos das capacidades exigidas pela sociedade até o absentismo e abandono prematuro dos estudos sem qualificações e títulos básicos ou as reincidentes suspensões e reprovações de ano escolar.

Na reunião de Lisboa do ano 2000, a União Europeia definiu o fracasso escolar como "o número de jovens entre 18 e 24 anos, com os níveis mais baixos de ensino médio, que não permanece em programas de educação ou formação".

No mesmo sentido, convém comentar o fenômeno controverso e arraigado no contexto espanhol da repetição de ano. Na Espanha, 40% dos alunos repetiram pelo menos um ano escolar ao atingir a idade de 15 anos (ORGANIZACIÓN PARA LA COOPERACIÓN Y EL DESARROLLO ECONÓMICO; PROGRAMME FOR INTERNATIONAL STUDENT ASSESSMENT, 2011).

Como comenta Feito (2005), citando Aletta Grisay, o caso da Bélgica é exemplar. Neste país, coexistem três sistemas educacionais: o holandês, o alemão e o francês. Neste último, há uma maior probabilidade de suspensões e reprovações. Nos outros dois, a aprovação é automática: passa-se de ano por atingir a idade correspondente. Contudo, em todas as avaliações – nacionais e internacionais – estes dois sistemas estão em melhor situação do que o francês (no qual quase um quarto dos alunos que completam o ensino fundamental repetem pelo menos um ano escolar).

Na verdade, há vários países, cujos desempenhos escolares são claramente superiores aos da Espanha, que optaram pela aprovação automática ou quase automática. É o caso da Finlândia, Noruega, Suécia, Dinamarca, Reino Unido, Irlanda e Japão.

Andreas Schleichter, coordenador do relatório do Programme for International Student Assessment (PISA, Programa Internacional de Avaliação de Estudantes), e a OCDE, em um relatório recente (ORGANIZACIÓN PARA LA COOPERACIÓN Y EL DESARROLLO ECONÓMICO, 2012), desaconselham a reprovação por considerá-la um caminho muito caro e ineficaz, que mais facilita que o professor apoie outros colegas do que a soluciona o problema. É óbvio que a mera reprovação, ou seja, repetir o mesmo tratamento fracassado anteriormente, não pode ser uma estratégia recomendável. Isso não propõe um tratamento adequado aos problemas e dificuldades de cada um, não oferece nem apoio nem atenção especiais e, sem dúvida, gera na maioria dos alunos afetados mais problemas relacionados com a sua autoestima, pelo fato de se considerarem fracassados e excluídos do grupo que lhes corresponde.

De qualquer modo, é surpreendente admitir um fracasso ou abandono em torno de 30% de cada faixa etária ao finalizar a etapa obrigatória e gratuita da educação formal, cuja finalidade não é a formação de profissionais ou especialistas, mas a formação das capacidades gerais de que o cidadão contemporâneo necessita para se desenvolver na sua vida pessoal e social. Como mostra a maioria das pesquisas, os benefícios sociais e pessoais de uma educação prolongada e satisfatória vão muito além da significativa taxa de retorno econômico que ela gera, inclui decisivos e importantes efeitos em termos de saúde, prolongamento da vida, redução da violência e da criminalidade e aumento da participação democrática (CUTLER; LLERAS-MUNEY, 2006; MEGHIR; PALME, 2005). Consequentemente, todos os esforços para evitar o abandono precoce e o fracasso escolar devem ser considerados como o melhor investimento econômico, político e social.

Fracasso parcial da função compensatória

As formações sociais democráticas em todo o território da geografia mundial têm considerado a escola gratuita e obrigatória como um serviço público essencial, pois a formação de todos os cidadãos em uma mesma instituição e um currículo comum abrangente é considerada pré-requisito imprescindível para garantir uma igualdade mínima de oportunidade que legitime ou compense a "inevitável", embora frequentemente escandalosa, distribuição desigual de recursos econômicos e culturais. No entanto, apesar da influência satisfatória da escolarização na formação da maioria dos cidadãos, numerosas pesquisas e relatórios (BERNSTEIN, 1990; BORMAN; DOWLING, 2010; COLEMAN, 1966; GOODSON, 1988; INSTITUTO NACIONAL DE CALIDAD Y EVALUACIÓN, 1997; ORGANIZACIÓN PARA LA COOPERACIÓN Y EL DESARROLLO ECONÓMICO; PROGRAMME FOR INTERNATIONAL STUDENT ASSESSMENT, 2011; PÉREZ GÓMEZ; GIMENO SACRISTÁN, 1993; RIST, 1977) revelaram que o fator que explica e prevê atualmente de modo mais significativo as diferenças no desempenho acadêmico dos alunos é configurado pelas desigualdades socioculturais do contexto familiar. Onde está então a função compensatória da escola se as diferenças socioculturais de origem explicam grande parte das diferenças de desempenho dos alunos quando acaba a etapa escolar obrigatória?

Cuban (2011, p. 25) afirmou recentemente que, apesar das reformas que marcaram o último século, o modelo escolar herdado do período industrial é incapaz de promover a compensação das desigualdades sociais e econômicas de origem.

> Eu pensava que as escolas públicas eram veículos para reformar a sociedade. Agora acho que, enquanto os bons professores e as boas escolas podem promover uma mudança intelectual, comportamental e social positiva nas crianças e adolescentes, as escolas são e têm sido incapazes de alterar as desigualdades sociais. (CUBAN, 2011, p. 25, tradução nossa).

É óbvio que os ambientes menos favorecidos do ponto de vista econômico, social e cultural oferecem aos alunos recursos educacionais muito inferiores e incentivam atitudes e expectativas muito mais pobres com relação à escola e ao estudo.

De um modo concreto, na Espanha, 14% dos filhos de trabalhadores manuais concluíram o ensino superior em comparação com os 70% dos filhos de pais de categoria profissional alta (CALERO; ESCARDÍBUL, 2005).

É possível afirmar que, apesar da expansão da escolaridade, as desigualdades relacionadas às oportunidades educacionais entre as diferentes classes sociais permaneceram mais ou menos estáveis. Porém, o que é ainda mais grave é que o relato moderno encobre tais discriminações. Os professores e a sociedade como um todo não veem classes sociais, minorias étnicas ou diferenças de gênero, mas, sim, consideram que as diferenças se devem às distintas capacidades, atitudes, expectativas e graus de motivação que são de responsabilidade exclusiva de cada indivíduo, quando não, hereditárias. A escola converte as ilegítimas diferenças de origem externas ao indivíduo em legítimas e aceitáveis diferenças individuais.

No entanto, essas constatações não podem conduzir necessariamente a um fatalismo socioeconômico ou sociocultural. É verdade que a influência de tais variáveis é decisiva, mas existem muitas experiências nacionais e internacionais que demonstram o valor compensatório de boas escolas, bons docentes e boas práticas escolares. Hanushek e Lindseth (2009) e os seus colaboradores publicaram um extenso estudo no qual se comprova o poder de escolas e docentes excelentes na compensação dessas diferenças. Por exemplo, somente 15% dos alunos do Tennessee que no 4º ano tiveram um rendimento acadêmico muito baixo e que tiveram uma série de professores medíocres até o 9º ano foram aprovados no exame no final do 9º ano, enquanto que os outros alunos, originalmente situados no mesmo grupo de rendimento, que tiveram bons professores superaram a prova com uma porcentagem superior a 60%.

No mesmo sentido, Linda Darling--Hammond (2010) confirma que o ensino baseado na pesquisa produz aumentos significativos no rendimento acadêmico capazes de compensar as desigualdades de origem. Ao contrário, insistir em manter o currículo academicista e a orientação para os testes e provas objetivas que inundam a escola em geral, mas de modo muito especial as escolas dos Estados Unidos, lança para fora do sistema um volume importante de talentos humanos, principalmente, dos grupos sociais e culturais mais desfavorecidos. De fato, é possível constatar um profundo abismo entre o potencial intelectual desses alunos e o seu rendimento acadêmico atual, porque, muito cedo, eles começam a não acompanhar o ritmo da aula, que nem lhes interessa nem os entende, e ficam expostos a uma cultura escolar, uma pedagogia e um currículo estranhos, incompreensíveis e irrelevantes para as suas perspectivas, seus interesses e suas expectativas.

Irrelevância do conhecimento que se estuda e se aprende na escola

É algo já comprovado pela experiência e pela pesquisa que a escola tem dificuldades para desenvolver o conhecimento aplicado, o conhecimento crítico, as capacidades criativas, especificamente o conhecimento que organiza os modos de sentir, pensar e atuar dos cidadãos, bem como para ajudar na gestão educacional das emoções, atitudes e valores. Em suma, parece que a escola atual, academicista, é apenas moderadamente eficaz na aquisição, fundamentalmente repetitiva, dos conteúdos instrumentais (leitura, escrita, operações matemáticas básicas) e na aprendizagem baseada na reprodução de dados, datas, classificações e algoritmos memorizados.

As escolas não mudaram significativamente nem a sua estrutura nem o seu funcionamento desde a sua constituição como instituições de massa no final do século XIX. Parece evidente, como mostra Dede (2007), que a escola atual funciona com um calendário agrícola: férias no verão para permitir a colheita, um horário industrial (períodos de 50 minutos de aula) e uma lista de conteúdos curriculares inventados na Idade Média (o *trivium* e o *quadrivium*). No entanto, a sociedade global contemporânea, como vimos no Capítulo 1, transformou-se de maneira substancial, rápida e radical. Mais do que fracassadas, as escolas convencionais devem ser consideradas obsoletas, pois enfatizam a linearidade, a conformidade e a uniformidade e são incapazes de responder à diversidade e à mudança.

A maioria dos autores mais críticos com relação ao funcionamento atual da escola explica a resistência à mudança radical no modelo escolar com duas fortes razões básicas: a concepção epistemológica cartesiana que governa os nossos modos de entender o conhecimento e a racionalidade humanos e a conservação da estrutura organizacional do dispositivo escolar criado por e para as exigências do período industrial.

Os conceitos de conhecimento e racionalismo cartesianos

As nossas mais profundas convicções epistemológicas, como professores e cidadãos, arraigadas em hábitos fundamentalmente inconscientes de interpretação, valorização e tomada de decisões, são os vestígios poderosos da concepção cartesiana que alimenta o pensamento iluminista no qual crescemos e nos formamos desde a Revolução Francesa até os dias atuais, na maioria das sociedades ocidentais contemporâneas.

Agradecendo sinceramente o impulso gigantesco que representou, na sua época, para o desenvolvimento do ser humano contemporâneo o *cogito ergo sum* ("penso, logo existo") de Descartes, que nos distanciou da abusiva e escura presença da religião, já é a hora de denunciarmos corajosamente as decisivas e prejudiciais consequências de uma concepção tão estreita, linear, reducionista e etnocêntrica da racionalidade. Entre tais consequências, interessa-me destacar as seguintes:

– a contumaz separação entre as emoções e a razão, a mente e o corpo, a identificação da mente com a consciência e a subestimação da experiência; e
– a consideração da racionalidade como uma instância universal, consciente, lógica, linear, descontaminada, neutra, objetiva, sem contradições e separada das paixões humanas.

É fato que a filosofia pós-moderna representou a ruptura com estas estreitas posições epistemológicas em todas as áreas do conhecimento, mas não é menos certo que, no território da educação, a ruptura pós-moderna não cruzou a porta da escola e se refugiou, quase que exclusivamente, no espaço do discurso acadêmico. Na escola, como nos recorda Meadows (2008), desde a revolução industrial, priorizaram-se a ciência, a lógica e o reducionismo sobre a intuição, o holismo e a criatividade, foi imposta uma cultura acadêmica que hierarquiza os campos do conhecimento: primeiro a matemática e as ciências naturais; depois, as ciências sociais e humanas; e, por último, as artes. No entanto, na era digital já não faz sentido nem a dissociação nem a hierarquização disciplinar. Em uma época em que o mundo é confuso, misturado, mutável, inovador, interconectado, massificado e interdependente, a mistura de perspectivas cognitivas, de campos interdisciplinares e a relevância do projeto, da inovação e da criatividade tornam obsoletos esses pressupostos modernistas.

Essa concepção epistemológica resultou em um dos defeitos, na minha opinião, mais relevantes, pelo seu caráter tácito, universal e persistente dentro da escola convencional: o academicismo. A tendência de igualar a inteligência com uma forma de atividade acadêmica que prima pelo pensamento verbal e matemático, desconsiderando as múltiplas formas de inteligência possíveis, especialmente as artísticas, que priorizam a abstração e o conhecimento proposicional, a discussão verbal sobre o conhecimento aplicado, a inovação e o raciocínio hipotético-dedutivo sobre a indução, a analogia e a intuição, a análise sobre a ação, o discurso sobre a prática, para contrapor a vida racional à vida afetiva. Fazer música, pintura, teatro, poesia, romance, dança, etc. não é considerado atividade acadêmica, mas escrever ensaios e críticas sobre tais artes, sim. O racionalismo e o empirismo, que constituem as bases do academicismo vigente, têm permeado a vida social, cultural, científica e política moderna e contemporânea e configurado, assim, a vida escolar nos últimos dois séculos.

A permanência do modelo escolar na era industrial

A segunda razão das resistências à mudança da escola convencional herdada é, ao meu ver, a consolidação e a reificação do modelo escolar da era industrial, que preparava os cidadãos para os trabalhos mecânicos das linhas de montagem das indústrias dentro de um conceito piramidal do conhecimento e da inteligência, no qual alguns poucos pensam e a maioria executa de forma fiel. Esse modelo escolar priorizava a uniformidade e a homogeneidade didáticas, uma abordagem única para todos e um currículo disciplinar enciclopédico, que foi engordando sem limites de quilômetros de extensão e de milímetros de profundidade, uma aprendizagem apoiada na memorização de dados, fatos e informações que devem ser reproduzidos fielmente nas provas, um modo de ensinar baseado na transmissão oral, verbal, de informações e uma maneira de avaliar centrada na mera reprodução de dados e na aplicação mecânica de algoritmos. A escola que herdamos enfatiza a uniformidade, a repetição, o agrupamento rígido por idades, a divisão e a classificação disciplinar, a separação entre a mente e o corpo, a razão e as emoções, os fatos e as interpretações, o trabalho intelectual e o trabalho corporal, a lógica e a imaginação, a racionalidade e a criatividade e o trabalho e o lazer (DARLING-HAMMOND, 2010).

A ESCOLA SOBRECARREGADA

Talvez a crítica mais importante que mereça este sistema escolar no estilo de linha de montagem é a escassa capacidade que ele desenvolve de transferência e utilização do conhecimento além da mera reprodução literal em uma prova ou exame. Ele parece viver em um mundo isolado, diferente e autista; nem mesmo nos alunos geralmente mais notáveis provoca uma aprendizagem transferível para o contexto real, para os cenários, situações e problemas nos quais deve se desenvolver a vida cotidiana dos cidadãos como indivíduos e profissionais (BRANSFORD, SEARS, 2005; DEDE, 2007; ROBINSON, 2011; SCHWARTZ).

Retomando esta consideração, acho apropriado destacar algumas ideias de Gatto, um professor com mais de 30 anos como docente e diretor escolar, que recebeu mais de duas vezes o prêmio anual de melhor professor de Nova York. Depois de uma longa, satisfatória e comprometida carreira profissional, Gatto considera que a escola como instituição é absolutamente irreformável, porque, do seu ponto de vista, ainda continua sendo um sucesso absoluto. Realiza de forma eficaz a tarefa para a que foi originalmente concebida: ser o componente de formação de uma economia de produção de massa dirigida por uma pequena elite de privilegiados. A escola e a escolarização são cada vez mais irrelevantes para os atuais desafios da humanidade. Ninguém mais acredita que os bons cientistas se formam em aulas de ciências, nem os políticos em aulas de política, ou os poetas em aulas de poesia, e tampouco os músicos em aulas de música.

No seu famoso e polêmico manifesto, Gatto (2005) afirma que a leitura, a escrita e a aritmética podem ser aprendidas em 100 horas se os aprendizes estiverem motivados. O que se aprende de real utilidade nos milhares de horas restantes da vida escolar? Na verdade o que estamos ensinando nas escolas é:

- Confusão: tudo o que ensinamos está fora de contexto, desconectado da vida e da realidade pessoal ou social. Ensinamos demais e muitas coisas sem coerência, em infinitos fragmentos abstratos.
- Posição: cada um deve ocupar o lugar que lhe corresponde.
- Indiferença: não se deve acreditar demais em nada. Quando o sinal toca, é preciso parar o que está sendo feito e passar para outra coisa, não importam o interesse e o grau de envolvimento de cada um nesse momento, pois se deve passar outra tarefa. Não vale a pena concluir nenhum trabalho se o sinal toca.
- Dependência emocional e intelectual: recompensas e punições, notas e reconhecimentos ensinam a submeter a vontade à cadeia de comando e a necessitar que lhe digam o que vale.
- Uniformidade e falta de identidade: não há nenhum espaço na escola para a optatividade, nem para identidade diferenciada, nem para desenvolver o próprio projeto pessoal.

Tedesco (2000), por sua vez, insiste neste aspecto quando destaca que na escola não se aprendem as operações cognitivas destinadas a produzir mais conhecimento, mas as operações que lhe permitem ter sucesso no processo escolar.

Independentemente de nos convencerem, formulações tão certas e pessimistas são testemunhos que fazem pensar. O que, ao meu modo de ver, se há uma convicção muito compartilhada é que, depois de 12 ou 16 anos de escola, os alunos não estão prontos para a vida social e profissional complexa, incerta e em constante transformação que lhes espera, não sabem o que querem ser ou fazer, e a maior parte das coisas que aprenderam não volta a ser utilizada depois do período de provas, exceto a leitura e, dependendo do caso, a escrita e a matemática.

Como em linhas de montagem, na escola industrial que herdamos, os alunos vão de aula em aula, para serem ensinados por diferentes professores especializados em distintas disciplinas desconectadas entre si e do mundo real. Eles aprendem a reproduzir mecanicamente estratégias lineares e conteúdos-padrão. Mas, como nos recorda Robinson (2011), enquanto o sistema industrial pode ser padronizado, mecânico e linear, a vida humana simplesmente não é assim, e a vida contemporânea na era da informação e a incerteza muito menos. Portanto, a educação não deve seguir um padrão tão estreito que limita as possibilidades criativas de cada indivíduo e não o prepara para lidar com a complexidade e a incerteza do presente contexto social.

A escola academicista atual, embora em uma fase mais desenvolvida e sofisticada, segue o mesmo esquema da escola industrial, portanto, dificilmente pode responder às exigências de um mundo, já não mais mecanizado, e, sim, aberto, flexível, inconstante, criativo e incerto. As crianças contemporâneas, na sua maioria, não fracassam na escola pelo nível de dificuldade de uma alta exigência escolar, mas pelo tédio e pela falta de interesse. A relevância se tornou o fator crucial para garantir a permanência dos indivíduos na escola e o seu desenvolvimento satisfatório, especialmente para os alunos de níveis socioculturais médios e baixos.

O problema mais importante que enfrentamos na educação atual é o crescente abismo entre os padrões do currículo tradicional do ensino baseado em apenas um tipo de conteúdo e as novas formas de pensar que requer o nosso mundo social, pessoal e profissional na era digital. As tarefas mecanizadas, das mais simples às mais sofisticadas, atualmente podem ser realizadas por computadores e pela infraestrutura tecnodigital hoje acessível. É do pensamento emergente, criativo, flexível e estratégico que o cidadão contemporâneo necessita e aquele que deveria ser formado também e principalmente na escola.

A educação padronizada, convencional, não só entedia os alunos como também os prepara para trabalhos que não vão mais existir no futuro. O modelo único e uniforme está preso no passado, é obsoleto, próprio da ideologia e da metodologia da era industrial, baseadas na estrita divisão do trabalho e na hierarquia das relações sociais e trabalhistas.

Podemos destacar como as mais importantes deficiências da escola convencional contemporânea as seguintes:

Fragmentação

O enfoque convencional da escola consiste em fragmentar e dividir os problemas, situações e conhecimentos em partes gerenciáveis que são ensinadas aos alunos para que estes as memorizem e retenham, na vã esperança de que as relacionem, harmonizem e formem com elas um todo coerente e útil. A tradição escolar academicista, escolástica e cartesiana que herdamos na Europa e que se estendeu, exceto pequenas exceções, por todo o mundo, tem sido caracterizada pela separação, pela fragmentação e pelo isolamento. A separação e, inclusive, a incomunicabilidade estão presentes entre as disciplinas do conhecimento, a teoria e a prática, a mente e o corpo, a razão e as emoções. A fragmentação chega a tal ponto que até mesmo uma grande parte da sociedade espanhola, por exemplo, considera que o ambiente escolar deve ser restrito ao desenvolvimento cognitivo, à formação de conhecimentos e habilidades, e que a formação de aspectos emocionais, atitudes e valores deve ocorrer exclusivamente no ambiente familiar. A fragmentação é tão exagerada que a escola é concebida como uma instituição especializada na formação do componente abstrato do pensamento e da cultura e se despreza o valor da atividade, da experiência, das vivências, das emoções, do trabalho manual ou dos projetos de vida.

Descontextualização

Como nos recorda Schank (2010), a fragmentação na escola convencional leva progressivamente ao isolamento e à separação radical de contextos. A escola e a vida cotidiana são considerados contextos diferentes, desconectados e frequentemente opostos. Os conhecimentos, os exercícios e os trabalhos escolares são descontextualizados, afastados das preocupações e dos problemas do cotidiano, o que torna difícil encontrar a sua transferência e aplicação. Os longos dias e horas dos alunos na escola podem ser uma drástica perda de tempo, pois aprendem fatos, dados e algoritmos abstratos fora de contexto, por meio de lições desestimulantes nas quais não se envolvem e que esquecerão em uma semana ou um mês depois. É uma aprendizagem muito difícil de aprender, mas muito fácil de esquecer.

É lícito levantar a questão: por que e para que aprender de memória acontecimentos, dados, algoritmos e modelos mentais, mapas, habilidades e atitudes? Como e quando são trabalhadas na escola as competências mentais necessárias para compreender e atuar na complexa vida contemporânea: questionamento, pesquisa, comparação, negociação, avaliação, solução de problemas, gestão, cooperação e criação?

Ao descontextualizar a informação e o conhecimento do seu território de produção ou aplicação, eles se abstraem e se dilaceram de tal forma que fica muito difícil encontrar o seu autêntico significado e ainda mais o seu sentido na e para a vida real. A aprendizagem escolar se configura como uma atividade desconectada, separada, com vida própria, útil somente para os propósitos comuns do próprio contexto escolar, para passar nas provas e nos exames, obter as classificações e conseguir os certificados, independentemente do efeito ou da influência que possam ter no desenvolvimento das qualidades humanas de cada aprendiz. O conhecimento escolar deixa de ter um valor de uso para se converter em uma moeda de troca por qualificações.

Priorização da quantidade sobre a qualidade

A escola convencional gerou progressivamente um currículo monstruoso, que pretende abarcar todos os âmbitos do conhecimento no seu desenvolvimento atual, um currículo enciclopédico de extensão ilimitada e de pouca profundidade. Como expressa Wagner (2011), é um currículo com quilômetros de extensão e milímetros de profundidade. É claramente uma pretensão inatingível que só pode ser perseguida à custa da profundidade, desenvolvendo um relacionamento superficial com o saber, confundindo e identificando o conhecimento com a reprodução de dados, datas, informações, fórmulas e algoritmos memorizados.

Na era da informação global e digital, essa ambição, além de ser estéril, é inaceitável. Por um lado, o crescimento do conhecimento é exponencial, duplica-se aproximadamente a cada dois anos, como vimos no capítulo anterior, portanto, é inútil querer que toda a informação caiba no currículo escolar. Por outro lado, a acumulação ilimitada e a reprodução fiel dos dados é uma tarefa que pode ser perfeitamente executada pelas ferramentas tecnológicas atuais, facilmente acessíveis a qualquer momento e para qualquer aprendiz.

Portanto, a tarefa do currículo escolar deve ser precisamente a seleção rigorosa e qualitativa do conteúdo de informação que deve ser trabalhado para assegurar o desenvolvimento em cada indivíduo de capacidades cognitivas de ordem superior que lhe permitirão aprender ao longo de toda a vida. Quanto maior for o volume de informação e de dados acessíveis, maior é a importância da capacidade de selecionar, priorizar, avaliar e sintetizar. Buscar a relevância, a qualidade e não a quantidade deve ser o critério privilegiado no currículo escolar contemporâneo.

Reprodução, transferência, recriação

A escola convencional, pela sua insistência em um currículo enciclopédico que cubra todo o conteúdo dos diferentes campos do saber, prioriza aquelas estratégias de aprendizagem que melhor permitem abarcar a extensa área do currículo, ou seja, a memorização de dados, fatos, informações, classificações e algoritmos. Mas memorizar não significa necessariamente compreender e menos ainda transferir, aplicar e recriar.

Memorizar nomes e datas em história, por exemplo, não significa necessariamente compreender o significado de eventos históricos, as suas causas, a sua gênese nem as suas consequências. Da mesma forma, memorizar fatos e leis científicas não implica necessariamente conhecer os métodos científicos, observar, formular hipóteses, comprová-las e analisar os resultados. Na escola convencional, dedicamos muito pouco tempo a pensar, investigar e recriar.

É verdade que alguns dados, fatos, classificações ou algoritmos que são usados com frequência valem a pena ser memorizados, porém, o que é realmente decisivo não é quanto você armazenou, mas o que pode fazer com isso, como utiliza tais dados para questionar, pensar, observar, experimentar, resolver ou recriar. A ênfase na memorização dos dados e informações de cada campo atual do conhecimento é uma batalha perdida e estéril. Diferentemente dos computadores, o cérebro humano não está preparado para tal tarefa, custa muito a aprender, recupera de forma parcial e subjetiva o que foi armazenado e se esquece rapidamente quando não é utilizado.

A reprodução como estratégia fundamental de aprendizagem (PÉREZ GÓMEZ, 2009) poderia fazer algum sentido nos contextos e nas épocas de estabilidade e permanência de costumes, conhecimentos, crenças, normas, instituições, modos de produção e consumo, mas em momentos ou contextos de transformação acelerada e permanente, inclusive das estruturas mais básicas de interpretação e de regulação da vida econômica, social, política e pessoal; será necessário priorizar o desenvolvimento da capacidade de aprender a aprender ao longo de toda a vida, de imaginar, de propor e recriar. A chave para o sucesso na era da informação global e digitalizada não está na reprodução fiel, e, sim, na transferência do que foi aprendido para contextos diferentes e variáveis. A vida real exige abordar problemas complexos, utilizando conteúdos e habilidades em contextos reais e motivados por metas ou propósitos relevantes.

Nesse cenário, parece óbvio que os conceitos têm mais importância do que os dados, as proposições, mais peso do que os conceitos, e os modelos e mapas mentais, mais do que as proposições. Da mesma forma, a capacidade de analisar, sintetizar, transferir e valorizar deve estar, nos currículos escolares, muito mais presente do que a capacidade de repetir.

Tédio, passividade e desmotivação

Este currículo extenso, fragmentado e desconectado da vida não pode provocar entusiasmo nos aprendizes contemporâneos. O currículo convencional da escola clássica, baseado em perguntas que têm uma única resposta correta previamente memorizada, não pode inspirar a paixão dos alunos por aprender, investigar, descobrir, aplicar e recriar. A aprendizagem de fragmentos desconexos e pedagogias repetitivas sufoca o desejo de conhecer.

Thomas e Brown, no seu recente e interessante ensaio *The new culture of learning* (2011), propõem subverter a ordem habitual das coisas, a maneira geral de se conceber o currículo e o trabalho escolar, para que as perguntas sejam mais importantes do que as respostas e as vivências temporalmente anteriores às formalizações.

Por outro lado, os modos e os instrumentos habituais de avaliação reforçam e consolidam essa tendência reprodutiva do currículo escolar, com pouca capacidade de transferência e baixa complexidade cognitiva e emocional.

Nas controvérsias políticas atuais sobre educação, defende-se a cultura do esforço, a importância dos hábitos de estudo, porém, muito pouco os hábitos de investigação, de descoberta, de aventura intelectual. Sem dúvida, o esforço é necessário em toda a aprendizagem, mas tal esforço deve ser guiado pelo prazer de aprender, pela curiosidade que infelizmente a escola convencional se empenha em coibir.

As atividades fundamentais do aprendiz na escola convencional são escutar, estudar para reter e responder perguntas orais ou escritas em provas de avaliação. O envolvimento real e entusiasmado do aprendiz é a condição fundamental para que a aprendizagem bem-sucedida floreça. Entretanto, na escola convencional, há muito poucos exemplos de envolvimento entusiasmado, sobretudo entre os aprendizes que pertencem às classes mais desfavorecidas. Existe pouco envolvimento, porque não se evidencia a utilidade nem a aventura da aprendizagem em conteúdos abstratos, fragmentados, que devem ser acumulados e repetidos em uma prova. A motivação nesses contextos de reprodução é fundamentalmente extrínseca, prêmios e castigos, e o conhecimento só tem valor de troca, de moeda de intercâmbio por notas, elogios, qualificações ou certificados. A motivação intrínseca, aquela que envolve os alunos na tarefa, precisa de contextos de aprendizagem de produção e aplicação do conhecimento, como veremos no Capítulo 9, de modo que os indivíduos se encontrem imersos em projetos de trabalho com sentido, em tarefas autênticas e contextos reais, sejam eles presenciais ou virtuais.

Por outro lado, a participação ativa dos alunos requer que se enfatize a sua autonomia na hora de tomar decisões sobre o que e como aprender. É evidente que na escola convencional a margem de opções para os aprendizes é mínima, tanto no campo acadêmico como na definição do seu espaço de convivência. Não é possível haver nenhum desenvolvimento da autonomia desses indivíduos, não se pode exigir nenhuma responsabilidade autêntica, nem a simples obediência, pois não há liberdade de escolha de um currículo mais flexível, aberto e personalizado. A retirada, o abandono, a falta de envolvimento são, com frequência, sintomas da exposição repetida dos aprendizes e professores a um currículo, uma pedagogia e uma cultura escolar entediantes, com altas exigências para tarefas de baixo nível e de escassa significação e relevância.

Uniformidade: um modelo único para todos

O problema da concepção uniforme dos conteúdos e métodos do currículo já tem sido questionado já desde os tempos de Dewey, Ferriere, Montessori, Freire, Freinet, etc., mas se manteve, no entanto, nas escolas convencionais como um requisito básico da aspiração à igualdade.

Para Dewey, como não existe um único conjunto de habilidades e interesses para todos os seres humanos, também não pode haver um currículo único para todos. A escola deve ensinar tudo o que cada aluno está interessado em aprender. O problema é que o que se ensina hoje é, em grande parte, irrelevante para o desenvolvimento singular da personalidade de cada um dos cidadãos contemporâneos.

Por outro lado, como afirma Linn Stodard no seu interessante ensaio *Human Greatness* (2004), a tarefa atual dos professores é uma missão impossível: impor um currículo homogêneo para uniformizar o desenvolvimento dos aprendizes. A obsessão pela uniformidade finca as suas raízes em dois princípios fundamentais da era moderna: a eficácia industrial e a busca pela igualdade. Por um lado, como já foi mencionado anteriormente, as exigências dos modos de produção do período industrial demandavam uma mão de obra disciplinada e capacitada para uma rotina de trabalho precisa e de baixa exigência intelectual nas intermináveis horas de tarefas repetitivas das linhas de montagem. A pirâmide intelectual exigia de poucas pessoas a capacidade de projetar, compreender, organizar, inovar e avaliar e, da maioria, a capacidade de execução precisa e disciplinada do que havia sido projetado por outros. Um currículo uniforme e repetitivo, obviamente, correspondia a essa exigência.

Em segundo lugar, a busca pela igualdade de oportunidades como condição fundamental para a organização democrática da sociedade é entendida e geralmente identificada com a uniformidade pedagógica e a homogeneidade didática. Os mesmos conteúdos, métodos, recursos, ritmos e instrumentos de avaliação dentro de um currículo comum e uma escola compreensiva parecem ser os requisitos para garantir que cada indivíduo, independentemente das condições da sua origem social, cultural e familiar, possa desfrutar de igualdade de oportunidades que compensem as desigualdades de origem.

As exigências atuais de um mundo pós-industrial, complexo, em constante mudança, diversificado, que exige inovação, iniciativa e criatividade, torna ilegítimo o primeiro argumento favorável à uniformidade do currículo. As evidências incontestáveis da pesquisa educacional (COLEMAN, 1966) sobre as deficiências de um currículo comum único e uma pedagogia uniforme para compensar as deficiências de origem desautorizam o segundo argumento, pois nos convencem de que tais desigualdades exigem tratamentos exclusivos e diferenciados, dentro de um currículo flexível, de enfoque progressivo e emergente. Mais do que falar de igualdade de oportunidades, como veremos nos capítulos seguintes, devemos começar a falar de oportunidades de valor equivalente e adaptadas às peculiaridades que singularizam cada sujeito.

Impor um modelo único para todos na escola provoca, por um lado, a exclusão daqueles que não conseguem se adaptar ao padrão e, por outro, possibilita que a maioria dos cidadãos conclua a escola sem desenvolver a maior parte dos seus talentos, faculdades e capacidades singulares.

A obsessão da escola pelos resultados medidos em termos de reprodução de conteúdos ou habilidades de ordem inferior está gerando, na atualidade, em alguns países como os Estados Unidos, a grande compulsão pela uniformidade e homogeneidade de um ensino voltado para os testes e de uma avaliação feita por meio de provas objetivas de múltipla escolha. Os exames padronizados impõem um tipo de educação que impede a aprendizagem de ordem superior e a adaptação às peculiaridades de cada indivíduo (Wagner, Darling-Hammond, Rayan, Ravitcht).

Individualismo e isolamento

Os processos de ensino na escola convencional têm caráter grupal, ou seja, o docente explica a todo o grupo, mas as estratégias de aprendizagem e avaliação enfatizam de maneira quase exclusiva a dimensão individual e solitária. Aprendizagem, estudo, trabalho, avaliação e certificação têm um caráter claramente individual na escola academicista, porém, paradoxalmente, quanto mais globalizado e interdependente é o mundo, mais importante são as capacidades de cooperação, conexão e construção grupal.

Por outro lado, além de conhecer, é necessário aprender a fazer e a enfrentar situações reais e problemas concretos diante dos quais o aprendiz precisa elaborar hipóteses e contrastá-las em processos de investigação e intervenção que raramente são realizados de forma solitária.

Além disso, o trabalho do professor na escola convencional é claramente individual, solitário e isolado. A sala de aula é o templo inviolável de cada docente, que defende zelosamente o seu território contra influências e interferências externas. Exceto em países muito específicos (Japão e países nórdicos da Europa), a cooperação dos professores em projetos compartilhados de ensino é uma raridade que só ocorre em ocasiões experimentais, em projetos-piloto ou em movimentos de inovação educacional.

Obsessão pelas avaliações

A escola contemporânea em geral continua obcecada pelos exames e avaliações, seja pela exigência interna dos próprios professores, como na Espanha, ou pela imposição externa das administrações centrais e locais, como nos Estados Unidos.

Da etapa infantil até a universidade, existe a convicção de que o exame é a ferramenta mais poderosa nas mãos dos docentes não só para validar a aprendizagem e o rendimento, mas também e de modo muito especial, para incentivar ou forçar a aprendizagem, especialmente daqueles que não querem ou não sabem aprender o que é exigido pela escola.

Um currículo enciclopédico de extensão ilimitada, cuja aprendizagem por memorização deve ser comprovada normalmente leva a um instrumento de avaliação simples e barato, apenas papel e lápis, chamado de prova objetiva de respostas curtas e geralmente de múltipla escolha. Convém destacar, de acordo com Dede (2007), que essas ferramentas podem medir de forma confiável, mas geralmente medem o objeto errado: aprendizagens superficiais. Por exemplo, pergunta-se em que ano e quem descobriu a América, títulos e datas das obras de García Lorca, etc. Não há nenhuma maneira de detectar, por meio de tais testes, o desenvolvimento das capacidades mentais de ordem superior, as qualidades ou competências requeridas para a formação do cidadão contemporâneo, como, por exemplo: observar, questionar, analisar e avaliar os fatores que interferem na contaminação atmosférica e na degradação do meio ambiente.

Como veremos no Capítulo 8, a obsessão pelas avaliações deteriora as possibilidades educacionais da avaliação concebida como diagnóstico para ajudar a melhorar os processos de aprendizagem. As recomendações de avaliação contínua foram mal compreendidas ou convertidas em exigências de exame e avaliação permanente. Assim, a escola e o docente que se apoiam exclusivamente na força das avaliações e dos exames para incentivar ou forçar a aprendizagem, renderam-se. A aprendizagem assim forçada tem pouco ou nenhum valor educacional, porque impede que os alunos descubram o valor e a aventura do saber, a paixão pela descoberta e a magia das experiências de apropriação e recriação da cultura, da arte e da ciência.

O desafio da escola é que estamos pedindo que ela faça algo que nunca foi feito antes – "educar" todos os alunos em um nível superior –, e não sabemos como fazer isso em cada caso e com cada indivíduo. Ocupamos o nosso tempo escolar com a aprendizagem de dados, a memorização de informações e as tarefas rotineiras de nível inferior (listas de preposições, partes da estrutura gramatical, classificação periódica dos elementos químicos, nomes e datas dos reis, fórmulas matemáticas...) e deixamos a tarefa de ajudar a formar o pensamento crítico e criativo, o desenvolvimento harmonioso das emoções, a busca da identidade e do sentido e a formulação e reformulação sensata e racional dos modos habituais de comportamento e conduta.

UMA NOVA CULTURA DA APRENDIZAGEM: O DESENVOLVIMENTO DE COMPETÊNCIAS OU QUALIDADES HUMANAS

Parece óbvio, pelos dados e argumentos anteriores, que a escola convencional, adaptada às exigências da era industrial, não pode responder adequadamente aos desafios da era digital, em contextos complexos, interdependentes, globalizados e em constante mudança. Talvez seja apropriado, como propõe Wenger (1998), adotar uma perspectiva radicalmente diferente: revisar os fundamentos da escola clássica individualista, descontextualizada, que fragmenta o conhecimento e o separa do mundo e das vivências, e enfatizar a aprendizagem contextualizada, encarnada nas experiências e vivências de cada indivíduo como participação ativa e entusiástica dentro do espaço da comunidade social na qual se desenvolve. Essa mudança de perspectiva não faz referência a transformações superficiais, mas a replanejamentos radicais que afetam o sentido e a revisão dos próprios objetivos da escola.

A insatisfação social com a qualidade dos sistemas educacionais intensifica a preocupação nacional e internacional com a sua reforma, com a busca de novas maneiras de conceber o currículo, de novas formas de compreender os processos de ensino e aprendizagem, novos modos de pensar a função e a formação de professores e, definitivamente, de novos modelos de ensino (United Nations Educational, Cientific and Cultural Organization [Unesco], OCDE – Centre for Educational Research and Innovation [CERI]). Na minha opinião, as reformas frequentes da legislação relativa à educação nos países ocidentais não abordou o problema substancial, o núcleo essencial dos processos de ensino e aprendizagem: o que deve ser ensinado e como. Para que serve a escola na sociedade contemporânea na era digital?

A finalidade da escola não pode se esgotar no ensino e na aprendizagem dos conteúdos disciplinares estabelecidos no currículo e organizados nos livros didáticos. A missão da escola é ajudar a desenvolver capacidades, competências ou qualidades humanas fundamentais que o cidadão contemporâneo precisa para viver satisfatoriamente em complexos contextos da era da informação. O que e quais são essas qualidades humanas, capacidades ou competências? Quem as define? Como se desenvolvem? Nos capítulos 3 e 4, abordaremos detalhadamente o objetivo dessas, na minha opinião, perguntas cruciais.

3

A construção da personalidade: aprender a se educar

As novas descobertas da neurociência cognitiva vinculam o corpo e a mente, o eu e o os outros, o organismo e o contexto, de tal maneira que somente os poetas haviam se atrevido a descrever no passado.

(IMMORDINO-YANG, 2011, tradução nossa)

Como vimos no capítulo anterior, existe uma consciência generalizada de insatisfação quanto à qualidade dos processos de ensino-aprendizagem que ocorrem na escola contemporânea.

A INTERPRETAÇÃO HOLÍSTICA DA PERSONALIDADE

Essa maneira holística de entender o desenvolvimento da personalidade está enraizada nas tradições já bem consolidadas do construtivismo, uma forma de entender o conhecimento, a aprendizagem e o desenvolvimento humano que se fortaleceu na segunda metade do século XX com as contribuições de pesquisadores muito importantes como Piaget, Vygotsky, Bruner, Werch, Gergen, Lave, Werch, Schön, Gardner, entre outros.

Como o próprio nome sugere, o construtivismo defende que os diversos componentes da personalidade são construídos ao longo da história de cada indivíduo como resultado das suas interações, experiências com o contexto, especialmente com as pessoas e os grupos que compõem o seu cenário social, o espaço vital em que habita. As versões mais radicais do construtivismo (GLASERFELD, 2003, 2007) chegam a afirmar que os seres humanos constroem o conhecimento individual e grupal do mundo, o conhecimento científico e, inclusive a própria realidade, nas suas interações.

Vale a pena recordar com Taber (2006) as ideias-chave que tecem a trama do construtivismo.

1. O conhecimento é construído ativamente pelo aprendiz, não é passivamente recebido do exterior. O conhecimento não é uma simples cópia da realidade, não reflete uma realidade ontológica objetiva, mas uma maneira de ordenar e organizar o mundo que é constituído pela nossa experiência. A função da cognição humana é adaptativa, intencional e interessada.

2. Os aprendizes são apresentados à situação de aprendizagem com ideias prévias frágeis ou estáveis, simples ou elaboradas, sobre muitos fenômenos relacionados com a situação. Tais ideias são em parte exclusivas do indivíduo e em parte componentes comuns de ideias compartilhadas e até mesmo dominantes no seu ambiente cultural. Essas ideias frequentemente são incompatíveis com as ideias científicas aceitas e também tendem a ser persistentes e resistentes à mudança. O ensino deve levar a sério tais ideias prévias se realmente pretende ajudar a questioná-las, alterá-las ou enriquecê-las.
3. Os conhecimentos são representados no cérebro como estruturas conceituais, sistemas de ideias, modelos ou mapas que nos ajudam a ler a realidade, planejar a nossa intervenção e prever as consequências de um determinado modo de agir.

Assim, a aprendizagem não pode ser entendida como um processo de aquisição de conhecimentos, nem a mente como um contêiner onde eles são armazenados. Em vez disso, a aprendizagem humana tem de ser entendida como um processo complexo de construção e reconstrução permanente de significados, como consequência da participação ativa do sujeito em contextos sociais, nos quais se desenvolvem as práticas culturais, que condicionam e moldam a sua vida profissional, social e pessoal (NUTHALL, 2004; PAAVOLA; LIPPONEN; HAKKARAINEN, 2009; WENGER; WHITE; SMITH, 2000).

Como esses processos de construção e reconstrução acontecem? Quais são os principais elementos que interferem e como eles se relacionam entre si para formar os esquemas e plataformas que o indivíduo utiliza para perceber, interpretar, tomar decisões e agir?

Entender a aprendizagem como construção individual e social exige compreender os dois componentes em uma interação na qual se reproduz, armazena, constrói e cria o conhecimento, as habilidades, os valores, as emoções, as atitudes e os comportamentos humanos: o contexto externo e o organismo interno.

– A dimensão externa tem sido ressaltada historicamente pelo conductivismo e pelo ambientalismo como único fator de aprendizagem e, na atualidade, de maneira bem distinta, apontada pelo construtivismo sociocultural nas suas diversas manifestações: interacionismo simbólico, situacionismo, conexionismo, inatismo, etc.
– A dimensão interna tem sido destacada historicamente pela filosofia idealista, pelo enativismo e pelo racionalismo e, atualmente, de maneira bem diferente, pela psicologia cognitiva, pelo construtivismo ecológico, pela neurociência cognitiva, pela psicologia humanista, pela filosofia oriental, pelo enactivismo, etc.

Para que fique mais claro, vamos refletir sobre cada um destes polos separadamente, mas visando às indispensáveis e permanentes interações e dependências mútuas.

DIMENSÃO EXTERNA DO CONHECIMENTO: AS REDES EXTERNAS

No âmbito teórico sociocultural, originalmente desenvolvido de forma brilhante por Vygotsky, os contextos e as relações são considerados aspectos fundamentais dos processos de aprendizagem. Sem conhecer a estrutura e o funcionamento dos complexos contextos locais e globais que rodeiam os indivíduos contemporâneos, não podemos entender a natureza dos seus esquemas de interpretação e atuação: os seus conhecimentos, crenças, hábitos, emoções, atitudes e valores.

Assim, o mesmo ambiente ou contexto que cerca, condiciona, estimula e limita cada indivíduo é, de certa forma, constituído e recriado, em vez de dado ou preestabelecido. Nós, seres humanos, combinamos as influências que recebemos por meio do estímulo que selecionamos, consideramos ou ignoramos, dos cenários e dos pares que escolhemos, das reações que causamos e das sensibilidades diferenciais que ativamos. Somos o resultado de uma história específica de interações e de um modo construído de organização destas.

Dessa forma, teóricos situacionais conceituam a aprendizagem como transformações produzidas pela participação do sujeito em atividades organizadas socialmente, em práticas culturais da comunidade (GREENO; COLLINS; RESNICK, 1996; LAVE; WENGER, 1991; WENGER; WHITE; SMITH, 2010). A aprendizagem, portanto, deve ser entendida como um processo duplo: de construção individual e de aculturação dentro de práticas sociais. Ao se tornar membro de uma comunidade, o indivíduo deve aprender a se comunicar e funcionar de acordo com as suas normas sociais e desenvolver, no devido tempo, a identidade correspondente. A aprendizagem é um processo de internalização de dados, relações e estruturas externas, naturais, sociais e culturais. O social vem primeiro, precede, e o individual deriva do social (GERGEN, 1998). O aprendiz incorpora e adota progressivamente o conhecimento especializado e a cultura da comunidade, enquanto participa nas práticas sociais adultas, hoje, obviamente, globais e, em grande parte, virtuais. A aprendizagem como participação na vida da comunidade pode ser considerada um processo compartilhado de construção social do conhecimento (GREENO; COLLINS; RESNICK, 1996; VYGOTSKY, 1978), de aculturação (BROWN; COLLINS; DUGUID, 1989), de participação guiada (ROGOFF, 1990) e de cooperação distribuída (LAVE; WENGER, 1991).

É importante reiterar, portanto, que, enquanto a perspectiva cognitiva clássica enfatiza o conhecimento como entidade abstrata e independente, a perspectiva social, ecológica, enfatiza o conhecer, o aprender como participação em práticas e ações sociais (ANDERSON; REDER; SIMON, 1996; WENGER; WHITE; SMITH, 2010). A aprendizagem, nessa perspectiva, mais do que um ato puramente individual, é um processo que se desenvolve em situações sociais concretas, nas quais são usadas as ferramentas da cultura da comunidade. O indivíduo aprende, incorpora novos significados, desde que nasce, nos cenários de todos os dias onde ele satisfaz as suas necessidades, justamente porque, para atender todas essas necessidades em tal contexto, precisa aprender gestos, símbolos, códigos, roteiros, modelos, etc., a fim de interpretar corretamente as demandas e reagir adequadamente às possibilidades do contexto e às situações.

A contribuição mais significativa do construtivismo sociocultural, em qualquer das suas versões atuais, em especial o situacionismo e o conectivismo, é a insistência em que as capacidades de interpretação e intervenção de cada sujeito não residem somente em cada indivíduo, mas também na riqueza cultural, distribuída em cada contexto físico e social. Daí a importância deste aspecto na concepção de uma pedagogia centrada nos alunos, porém, particularmente preocupada com a riqueza cultural dos contextos que cercam a vida social e acadêmica de cada indivíduo e lhe oferecem diferentes oportunidades para aprender. Neste sentido, eu me atrevi a sugerir, em 1992, que o problema pedagógico não é tanto o como aprender, mas o como construir a cultura da escola e da sala de aula de acordo com a sua função social e com as oportunidades oferecidas para aprender nas interações, as ferramentas que cada sujeito precisa para compreender e atuar no complexo mundo desta comunidade social em que vive. A aprendizagem deve ser entendida como um processo de aculturação, de incorporação progressiva e criativa do novato à cultura pessoal, social e profissional do contexto.

A importante contribuição do conhecimento e da aprendizagem é muito mais relevante neste momento da denominada sociedade da informação, na era digital, pois amplia e expande o conceito de contexto de aprendizagem. Os cenários de aprendizagem nos quais se encontra o conhecimento difundido e disponível a todos, oferecendo oportunidades inesperadas de aprendizagem, são as intermináveis redes tecnológicas para o armazenamento, a troca e a criação permanente de informação e conhecimento. Diferentemente de outras épocas, hoje o problema não está na escassez de informação, mas na sua abundância e na necessidade de desenvolver habilidades de seleção, processamento, organização e aplicação crítica e criativa de tal informação. Por isso, parece-me relevante destacarmos o conectivismo como a expressão mais atual do construtivismo social.

O conectivismo: a importância das redes

O conectivismo proposto por Siemens (2005)[1] é uma integração de princípios explorados pelas teorias do caos, das redes, da complexidade e da auto-organização. Afirma que a aprendizagem envolve a construção pessoal de conexões e em âmbito global, mutável, fluido e ilimitado de conexões sociais, presenciais e/ou virtuais.

Poderíamos resumir os oito princípios nos quais Siemens assenta o conectivismo nos três tópicos seguintes (VERHAGEN, 2006).

– Primeiro, *a relevância dos processos e contextos*. Apesar de não haver aprendizagem sem conteúdo, a capacidade de conhecer e aprender a aprender é hoje mais importante do que o conteúdo da aprendizagem. A habilidade de ver as conexões entre campos, ideias e modelos é essencial na era atual. Uma vez que as informações e os conteúdos estão sendo criados e recriados continuamente, a relevância da maioria deles é relativa e circunstancial conforme a situação e os cenários de onde emergem. As capacidades para aprender, questionar, selecionar, avaliar, escolher e interagir são as mais relevantes na vida contemporânea. A capacidade de aprender o que necessitaremos amanhã é mais importante do que o que sabemos hoje.

Aprender não é apenas reter dados ou conceitos, mas antes criar e participar de redes de intercâmbio de dados e ideias, que propagam e avaliam rigorosamente a qualidade das suas fontes de informação. O conhecimento que deve ser usado pelo cidadão para compreender e atuar nos complexos cenários contemporâneos já não se encontra apenas nem principalmente na mente individual, mas está fundamentalmente distribuído em redes físicas e virtuais, externas ao próprio indivíduo. Ao contrário da percepção comum e clássica do conhecimento como um conjunto de conteúdos ou objetos estáveis que aparecem nos livros didáticos, na era digital, é necessário enfatizar a importância dos processos de interação em redes nas quais os conhecimentos são construídos e modificados.

Por outro lado, como destacam repetidamente Thomas e Brown (2011), o conteúdo do conhecimento pode permanecer relativamente estável, mas o contexto de aplicação não, por isso são necessários novos conteúdos relacionados com o vínculo entre o conhecimento e o contexto, ou seja, o desenvolvimento da capacidade de compreender quando e onde utilizar o conhecimento, as habilidades e as atitudes. Milhões de micromudanças irrelevantes para o conteúdo reformulam de maneira poderosa e significativa o contexto no qual os eventos e as relações têm significado. Assim, o conteúdo é uma variável dependente do contexto, não é possível determinar o seu significado de forma independente do contexto e da situação onde ele é utilizado, daí a importância do onde e do quando.

Em suma, o conectivismo revela que a principal parte dos processos de ensino e aprendizagem, o que e o como aprender, se combina hoje com o onde encontrar.

Entender "onde" encontrar o conhecimento desejado e necessário é tão importante quanto conhecer o "o quê". Aprender a selecionar quem pode nos ajudar e em quem podemos confiar é decisivo no complexo contexto da era digital. Os atuais contextos extracurriculares, por exemplo, configurados pelas redes sociais e pelos jogos compartilhados *on-line*, abrem possibilidades extraordinárias para a aprendizagem criativa que a escola, em geral, ignora ou despreza. Quem ajuda a menina e o menino contemporâneos a navegar de uma forma sensata e educativa neste mundo em constante mudança de redes, jogos, perfis e papéis virtuais?

Por outro lado, longe do puro determinismo ambientalista, cabe destacar que a aprendizagem nos contextos globais e virtuais atualmente não só reproduz, mas também permite e incentiva a experimentação, o jogo, o ensaio, as propostas alternativas não conhecidas, para facilitar um crescimento sem restrições. Onde a imaginação é livre ocorre a aprendizagem criativa. O propósito educativo não é ensinar a imaginação, mas criar contextos em que ela possa se nutrir e florescer.

– Em segundo lugar, *a importância da pluralidade e qualidade das redes*. A aprendizagem e o conhecimento se baseiam na diversidade de opiniões, propostas e perspectivas. Portanto, alimentar, manter e melhorar as redes e conexões de alto nível é a condição para se ter uma qualidade de aprendizagem valiosa. Quanto mais rica e plural é a rede de intercâmbios, mais poderoso será o aprendizado de cada indivíduo. A amplificação da aprendizagem, do conhecimento e da capacidade de compreensão e ação por meio do enriquecimento das redes é a síntese do conectivismo.

Na era digital, o ato de aprender é mais um processo de assimilação do que de aquisição, de apropriação pessoal dos significados, proposições, modelos e mapas mentais que circulam, recriando-se continuamente nas redes de intercâmbio das quais cada indivíduo participa. Portanto, a criação ativa das nossas próprias redes de aprendizagem constutui a autêntica aprendizagem na era digital.

Arrighi e Ferrario (2008), nessa mesma direção, enfatizam que os seres humanos frequentemente corrigem e reformulam as suas suposições comuns durante a conversa, por meio da utilização de aspectos extralinguísticos e enquanto interpretam os julgamentos e as intenções dos outros. As propostas alheias são interpretadas e as hipóteses compartilhadas são construídas de forma intersubjetiva (por meio da negociação de significados) e na interação com o contexto. Por isso, é tão importante a interação por meio de objetos compartilhados (obras, práticas, ideias, modelos, representações) entendidos como algo concreto que se desenvolve cooperativamente. O diálogo que compartilha referentes, portanto, destaca-se como uma estratégia pedagógica privilegiada para a teoria do conhecimento social, de particular relevância na era global saturada de informação e conexões.

Por sua vez, o conectivismo enfatiza que a aprendizagem não será mais uma atividade interna individualista e isolada, e, sim, um projeto compartilhado com diferentes grupos e coletivos humanos, não vinculados necessariamente por identidades, mas por interesses, preocupações e projetos. A aprendizagem da cooperação nas suas diversas formas é, portanto, uma qualidade essencial na era contemporânea. Aprender a cooperar e a participar ativamente de redes locais ou globais, presenciais ou virtuais, é a estratégia fundamental para aprender a aprender ao longo de toda a vida em contextos incertos, em transformação e saturados de informação.

É interessante, a este respeito, a distinção feita por Thomas e Brown (2011) entre comunidades e coletivos. As comunidades são instituições consolidadas e relativamente estáveis, relacionadas com a identidade comum, enquanto os coletivos são plataformas conjunturais, flexíveis e mutáveis que se configuram para abordar um tema de interesse comum, de estudo, trabalho ou lazer. Há mais plataformas sociais do que instituições. Os coletivos fortalecem a personalidade singular, a atividade criativa de cada indivíduo e são adequados para o desenvolvimento da imaginação. Geralmente, ninguém acessa o Google ou o Facebook para buscar um sentido de identidade ou de pertencimento comunitário, mas ninguém nega o seu poder de influência, a sua enorme potencialidade para abrir o horizonte de redes e grupos à disposição de cada indivíduo.

De outro ponto de vista, vale destacar que, segundo Siemens (2005), a era digital confirma a relevância da chamada aprendizagem informal, que ocorre fora da escola, ou na própria escola, mas à margem do currículo oficial. A aprendizagem formal já não satura nem compreende a parte fundamental da aprendizagem dos cidadãos. A aprendizagem ocorre em formas muito diferentes nas comunidades virtuais, em redes de relacionamentos, em grupos de interesses, em cenários profissionais ou de lazer (FERNÁNDEZ ENGUITA, 2013).

– Em terceiro lugar, *a importância decisiva da externalização da informação*. A informação pode ser armazenada, transportada em certos dispositivos, aparelhos não humanos, ou seja, pode e deve ser externalizada. O ser humano, na atualidade, necessita e faz uso de recursos externos que enriquecem as suas possibilidades de compreensão e atuação. As limitações da memória humana, a memória de trabalho do cérebro, sempre foram compensadas com artefatos externos: livros, arquivos, bases de dados e ferramentas. As ferramentas e plataformas digitais oferecem sistemas ilimitados de armazenamento, tratamento e recuperação fiel da informação que facilitam a externalização, tanto dos dados como das operações simples, que ocupam uma ordem inferior na hierarquia do conhecimento, por exemplo, a retenção, o armazenamento e a recuperação de informação. Os circuitos internos dos seres humanos devem ser reservados para os processos mais complexos de natureza superior: contraste, avaliação, síntese, inovação e criação.

Dessa forma, a mídia não pode ser considerada mera transmissora de conteúdos, portadora e facilitadora de informações. Ao promover a extensão e o enriquecimento dos sentidos e das capacidades de processamento e reação, ela modifica o modo de processar e atuar e, definitivamente, transforma a vida humana em todas as suas dimensões. Já em 1967, MacLuhan e Fiore afirmavam que o meio é a mensagem, que as sociedades contemporâneas estão se configurando mais pela natureza dos meios que os indivíduos utilizam para interagir do que pelo próprio conteúdo do intercâmbio. Este pensamento tão ilustre é, hoje, muito mais justificado na era digital, em cujas redes de intercâmbio de informação saturam todas as áreas do conhecimento e todos os espaços de relacionamento e atuação (MACLUHAN; MACLUHAN; FIORE, 1964, 1967). Além disso, parece progressivamente mais evidente que a tecnologia está modificando o nosso cérebro. As ferramentas que utilizamos externamente condicionam as ferramentas que construímos internamente, portanto, definem e dão forma ao nosso cérebro, uma vez que entre ambas se constrói o nosso potencial intelectual (CARR, 2010).

Em suma, o conectivismo como construtivismo social na era digital global considera a cognição como uma complexa rede de conexões entre os elementos internos e externos, individuais e coletivos, presenciais e virtuais, que se potencializa ao máximo pela mediação das redes digitais.

A DIMENSÃO INTERNA: A CONTRIBUIÇÃO DO ENATIVISMO

O enativismo (MCGEE, 2005; KENNY, 2007; PROULX, 2008) é, a meu ver, uma versão do construtivismo social que, ao centrar-se na atividade integral do ser humano, situa-se na interseção dos elementos internos e externos, como território privilegiado para entender os processos de conhecimento e ação do sujeito. É uma visão de aprendizagem que integra o construtivismo e a cognição "incorporada". Baseia-se na filosofia fenomenológica (MERLEAU-PONTY, 1945; VARELA, 1999), na teoria da complexidade (WALDROP, 1992) e na biologia evolutiva (BATESON, 1979, 1987).

O termo foi adotado por Francisco Varela, Evan Thompson e Eleanor Rosch (1991), para realçar a natureza construtivista do conhecimento humano ligado à ação. No enativismo, destaca-se que a percepção e a ação estão intimamente codeterminadas no indivíduo humano, influenciando-se de tal forma que é inútil tentar estabelecer uma única relação de causa e efeito entre elas.

As suas contribuições mais significativas para a compreensão da aprendizagem e do desenvolvimento humanos são, na minha opinião, as seguintes:

– *Conhecer na ação e para a ação*. O enativismo se refere à ideia de aprender na ação, incluindo a interação corporal, vivencial e cognitiva. Não só se refere à cognição situacional, mas principalmente a uma ação situacional em um contexto percebido como único. Em certo sentido, aceita-se a interpretação radical de Glasersfeld (2003), que defende que não podemos conhecer a realidade além da nossa experiência. Cada um constrói em função da sua experiência, seja ela correta ou deficiente. As categorias e os conceitos surgem a partir das experiências particulares, ao identificar na própria experiência as frequentes regularidades nas interações com o contexto. Em última análise, a cognição está feita para, pela e a partir da ação. A função da mente é guiar a ação; e os mecanismos cognitivos como a percepção e a memória devem ser entendidos quanto à sua contribuição final para a conduta, individual ou grupal, adequada em tal situação. Não importa o conhecimento como objeto, mas o conhecimento como processo, como componente da ação. Os seres humanos, em vez de representar um mundo independente, "enatuam" um mundo, personalizam-no, interferem nele e o adaptam.

> Propomos a denominação "enativo" para enfatizar a crescente convicção de que a cognição não é a representação de um mundo predado por uma mente pré-configurada, mas, sim, a implementação de um mundo e uma mente a partir de uma história das diferentes ações que os seres humanos realizam no mundo. (VARELA; THOMPSON; ROSCH, 1992, tradução nossa).

– *O saber da experiência, o sentido.* O enativismo não destaca a importância da atividade pela atividade, mas a relevância da atividade para o próprio sujeito, para o próprio projeto de vida, da atividade como experiência pessoal.

Como propõem Contreras e Pérez de Lara (2010) enfática e acertadamente, a aprendizagem relevante ocorre quando o aprendiz tenta extrair o sentido das suas experiências, o significado que elas têm para as suas próprias pretenções, para o seu projeto de vida. O conhecimento pessoal, longe de ser considerado um conjunto de objetos que se possui, deve ser entendido como um saber incorporado. É um saber que não procede de uma simples apropriação destes saberes externos, que foram constituídos a partir da separação do sujeito e da experiência de vida, mas um saber que foi esculpido, que ganhou forma, ligado à vida e a alguém que vive. "Este saber pessoal não é somente uma teoria pessoal, ou seja, uma maneira de olhar a realidade, de vê-la e compreendê-la – uma teoria –, mas uma disposição pessoal para estar atento ao que se vive e a fazer algo com isso" (CONTRERAS; PÉREZ DE LARA, 2010, tradução nossa).

– *Cognição incorporada.* O enativismo destaca a natureza mista dos seres humanos, seres biológicos e sociais simultaneamente. O construtivismo unido à cognição corpórea constitui o enativismo. A cognição incorporada, corpórea (WILSON, 2006) é, na minha opinião, um avanço com relação ao construtivismo, pois destaca a inseparável intervenção conjunta do corpo e da mente quando interpretamos e agimos. O indivíduo é cognitivo por ter um corpo que se envolve em um contexto com o qual interage. O ambiente, mediado pelo organismo, faz parte do sistema cognitivo. O enativismo, a meu ver, abre as portas do construtivismo para a consideração do território inconsciente, ligado às experiências mais primitivas, mais corpóreas e emocionais, aos hábitos consolidados, aos mecanismos e às rotinas de conhecimento e ação que operam sob a consciência.

A CONSTRUÇÃO INTERNA DO SABER, SENTIR E FAZER HUMANOS: AS CONTRIBUIÇÕES DA NEUROCIÊNCIA

Seguindo o caminho sugerido pelo enativismo, parece-me essencial tentar questionar essa dimensão interna que está sendo formada gradualmente na história de cada indivíduo como consequência das suas permanentes interações com o ambiente. Como acontece a internalização das estruturas externas propostas por Vygotsky? Poderíamos responder inicialmente que por meio de percepção-interpretação-ação incorporada. Mas como se desenvolve e de que se trata a cognição-ação incorporada?

A dimensão interna foi identificada muito superficialmente com os mecanismos e conteúdos conscientes da mente, desprezando a caixa preta das interações "irracionais" e "caóticas" que ocorrem debaixo da consciência. Esta tendência levou inevitavelmente à confusão, ao dualismo, à fragmentação e, finalmente, à falta de compreensão da realidade complexa do ser humano.

Neste sentido, pode nos ajudar a distinção que Thomas e Brown (2011) fazem entre significados e sentido. Cada peça de conhecimento tem duas dimensões, uma explícita e outra implícita. A explícita, o significado, refere-se a um tipo de conteúdo que nos diz o que algo significa, envolve o esclarecimento das possíveis consequências, o impacto potencial que, em geral, pode ter uma determinada situação, objeto, fato, relação. A implícita, o sentido, tem as suas próprias regras de significação, diz o porquê e quando algo – fatos, situações ou relações – é importante para nós e isso como se relaciona com a nossa vida, os nossos objetivos e as nossas práticas sociais. Esta dimensão implícita, o sentido, é a que determina como navegamos em um mundo confuso, complexo e em constante mudança. Entender como se forma e como funciona o conhecimento implícito é, na minha opinião, o desafio fundamental da aprendizagem do século XXI.

A visão que tem cativado a imaginação dos filósofos, cientistas, psicólogos, economistas, políticos e educadores a partir da ilustração de uma mente imparcial que toma decisões com base em argumentos mais valiosos, com base na análise das evidências e do raciocínio tranquilo não corresponde à forma real como trabalham a mente e o cérebro. É praticamente impossível pensar em alguém ou algo que realmente nos interessa sem experimentar uma emoção a este respeito. Além disso, está confirmado que, quando a razão e as emoções colidem no intrincado funcionamento do cérebro, são estas que normalmente prevalecem. Da mesma forma, quando ambas se desconectam por danos nos circuitos cerebrais, por exemplo, acontecem, em alguma medida, o caos e o desastre (WESTEN, 2008).

Em suma, o que move cada pessoa em direções específicas são os desejos, medos, crenças e valores, muitas vezes, implícitos. Abraçamos ou rejeitamos ideias, situações ou pessoas de acordo com as emoções que nos despertam. Em síntese, a razão humana exige as emoções, e estas não podem ser consideradas arbitrárias, mas, sim, como algo que responde a uma lógica, a uma razão ou a um discernimento cognitivo, embora geralmente sequer o conheçamos e ele permanece debaixo do nível de consciência.

Há quatro aspectos que me parecem fundamentais para entender como se constrói e como funciona a dimensão interna do saber, sentir e tornar pessoais.

A plasticidade "ilimitada" do cérebro e da mente humanos

Uma das descobertas mais repetidas e promissoras das pesquisas em neurociência cognitiva atual[2] é a poderosa capacidade plástica do cérebro humano, constituído por 100 bilhões de neurônios e cerca de 100 trilhões de conexões neurais. Nas palavras de Davidson (2011), essa pode ser considerada a maior densidade de conexões conhecida pela ciência. Todas essas possíveis conexões permitem associações ilimitadas entre objetos, pessoas, relações, instituições, fatos, conceitos, emoções, conforme cada indivíduo cresce em interação permanente com o seu contexto vital.

O cérebro humano foi projetado para aprender, para se modificar em função da experiência pessoal (CARR, 2010; PUNSET 2010). Além de determinar as conexões que são conservadas e consolidadas, os nossos relacionamentos e as nossas experiências também contribuem para moldar o nosso cérebro, determinando as conexões que serão estabelecidas pelos neurônios, formando novos circuitos. O cérebro não é estático, foi construído para a aprendizagem e muda de acordo com o que experimenta e com as operações que realiza. Talhado por suas atividades, o nosso cérebro se ajusta e adapta, muda. Podemos citar, a esse respeito, as pesquisas sobre o "cérebro espacial" dos taxistas de Londres e de Nova York, que mostram um desenvolvimento muito superior desta área do cérebro em comparação com o resto dos indivíduos (DAMÁSIO, 2010).

As experiências pessoais esculpem os circuitos e conexões do nosso cérebro, limitando e, ao mesmo tempo, potencializando as futuras experiências de cada indivíduo e as suas correspondentes conexões. A repetição de uma determinada ação permite que nossas relações decisivas com o contexto se ajustem gradualmente a certos circuitos e caminhos neuronais que orientam as futuras interações. Esses momentos repetidos desde a infância acabam se tornando trilhas, estradas ou rodovias cerebrais quase automáticas.[3] Neste sentido, Pillars (2011), Willis (2006, 2010b) e David Sousa (2010) concordam ao considerar que, no papel de professores, precisamos entender que os caminhos neuronais funcionam como trilhas na floresta, quanto mais se transita por um caminho neural, menores serão os obstáculos, maior será a sua capacidade e mais fácil e rápido o seu transitar. Em outras palavras, a qualidade das atividades que compõem as nossas experiências pessoais, em geral, e de crianças em idade escolar, em particular, é a qualidade dos caminhos e circuitos neuronais que construímos no cérebro. Quanto mais e melhores conexões estimulamos e provocamos na sala de aula mais mudanças estarão sendo produzidas na estrutura física do cérebro dos alunos, com a criação, o fortalecimento e a consolidação de novos caminhos e redes neurais. É importante notar que, por exemplo, estruturas e circuitos cerebrais que oferecem suporte a atividades de mera reprodução e repetição de dados não servem para sustentar atividades que levantam questões e propõem soluções.

Apesar da natureza acumulativa dos traços que talham progressivamente o cérebro, a neurociência confirma que a plasticidade do cérebro não termina na infância.[4] A possibilidade de conexões ilimitadas supõe a possibilidade de continuar aprendendo, ampliando e modificando as conexões anteriores ou formando novas conexões ao longo da vida, desde que se apresentem as condições adequadas. Plasticidade e aprendizagem são as peculiaridades da capacidade do cérebro de estabelecer ilimitadas conexões neurais, modelando e remodelando os seus circuitos. A arquitetura funcional do cérebro depende do tipo de experiências formativas que constituem a nossa biografia (ARIELY, 2011; DAMÁSIO, 2010). Como afirma decididamente o neurologista espanhol Alonso Puig (2009), quando uma pessoa decide aprender "começa a mudar o cérebro".

Outra manifestação fundamental da plasticidade do cérebro é a possibilidade e, inclusive, a tendência para a combinação. Esta é a base da plasticidade criativa. Sem negar o caráter situado das experiências em situações concretas, é a possibilidade de conectar conteúdos, emoções e experiências de forma relativamente diferente de como foram experimentadas na história real de cada indivíduo, misturá-las ou relacioná-las independentemente do espaço e do tempo. A esse respeito, parece-me interessante a distinção que faz Robinson (2011) entre imaginação, criatividade e inovação. A *imaginação* é o primeiro tesouro da mente humana, é a possibilidade de manipular os significados independentemente do espaço, do tempo e das circunstâncias que os geraram, a possibilidade de visitar e revisar o passado ou de nos colocar no lugar dos outros e olhar com os olhos alheios, combinando elementos que nunca estiveram juntos no espaço ou no tempo, bem como a possibilidade de antecipar muitos futuros possíveis. A *criatividade* é a possibilidade de construir algo novo que cada um considera valioso, misturando os produtos da imaginação de uma forma coerente, intencional, orientada e original. A *inovação* é a capacidade de transpor para a prática, em circunstâncias reais de espaço e de tempo, os resultados da criatividade.

Em sentido similar, como destaca Lakoff (2011), a plasticidade do cérebro aparece na tendência para construir analogias, metáforas e inclusive narrativas pessoais que dão sentido à vida individual, que utilizam a combinação de circuitos com forte componente emocional com circuitos com maior componente representacional. A elaboração de analogias é o principal processo que sustenta a inteligência. O processo criativo exige analogias fluidas, livres, que não se limitam a uma única resposta correta. O cérebro, habitualmente, gera mapas do mundo ao seu redor, bem como das suas próprias atividades, para poder orientar a interpretação e a ação de cada indivíduo. Diante de novas situações, para as quais não existem mapas prévios, é utilizado o poderoso mecanismo de estabelecer analogias, comparando as peculiaridades da situação presente com as situações mais semelhantes vividas anteriormente, recuperando os mapas prévios correspondentes como orientadores da compreensão e da atuação (DAMÁSIO 2010; GEAKE, 2011).

A simulação mental é outra característica essencial da plasticidade. Não só percebemos, mas também simulamos a percepção e as sensações consequentes. Todos os mecanismos ou procedimentos cerebrais – percepção, movimento, lembranças, etc. – podem ser simulados. Além disso, como sugere Lakoff (2011), o fato de que a imaginação e a atuação compartilhem os mesmos circuitos neurais tem enormes consequências para compreender o funcionamento da mente e, em especial, para entender as possibilidades da plasticidade cerebral. Para Damásio (2010), as imagens construídas no processo de percepção são reconstruídas durante o processo de imaginação, simulação e comparação analógica.

A importância decisiva dos mecanismos e procedimentos inconscientes

A segunda característica essencial revelada pela pesquisa atual em neurociência cognitiva é que a maioria dos mecanismos e conexões cerebrais que veiculam processos mentais não necessita da consciência para funcionar e ser eficaz, ou seja, funciona em um nível inferior ao da consciência, de maneira automática e rotineira, tanto na percepção como na reação e atuação.

As investigações atuais (BARGH, 2007; CARR, 2010; DAMASIO, 2010, 2005; DAVIDSON, 2011) proporcionaram evidências sólidas de que a atividade orientada para objetivos, o julgamento e outros processos de autorregulamentação e atuação especializada se desenvolvem sob o controle da nossa consciência menos do que acreditamos e, ao contrário, com muita frequência são ativados como respostas automáticas aos estímulos ambientais e são, por vezes, contrários ao nosso pensamento racional consciente. Neste mesmo sentido, Punset (2011) diz que, quando não temos a informação necessária, nem o tempo ou os recursos para obtê-la e somos obrigados a reagir, a intuição pode ser considerada tão ou mais segura do que razão.

Como nos recorda Wenger (1998), quando em 1970 a psicologia derivou para o cognitivismo, assumiu-se, quase que universalmente, que a cognição é consciente e deliberada e que os indivíduos são plenamente conscientes de como elaboram julgamentos, avaliações e decisões que adotam. Hoje, por outro lado, já parece evidente que cada fenômeno psicológico suficientemente complexo envolve, ao mesmo tempo, componentes automáticos e componentes conscientes, e que os comportamentos sociais não se originam, geralmente, de maneira consciente e deliberada, mas são estimulados por impulsos motivados por experiências recentes, imaginações e desejos internos. Muitos fenômenos automáticos devem ser entendidos como efeitos poderosos de nossas experiências passadas sobre a nossa ação atual. As estratégias bem-sucedidas no passado tendem a ser reproduzidas no presente com certa independência da sua atual pertinência.

Este conjunto de operações, de percepção, interpretação, avaliação e reação que realizamos abaixo do nível de consciência começa a ser chamado de "inconsciente cognitivo", com a intenção de destacar o caráter em parte cognitivo e racional de tais operações. Grande parte das atividades que foram geradas como mecanismos conscientes, uma vez cultivada e exercitada satisfatoriamente, aloja-se em galerias inconscientes da nossa mente, deixando livre o espaço para a nossa reflexão consciente.

Keegan (2010) insiste quanto à importância dos "compromissos ocultos", redes de hábitos, representações, associações e dependências não conscientes que afetam a vida das pessoas, muitas vezes, até mesmo com comportamentos obstrutivos que impedem que elas alcancem os objetivos explícitos de suas vidas. Por exemplo, em situações de dependência severa, apenas uma em cada sete pessoas é capaz de seguir as prescrições facultativas e, mesmo conscientes, arriscam as suas vidas.

A maioria dos hábitos favoráveis e úteis para a sobrevivência e inclusive os modos habituais de perceber e reagir dos especialistas são hábitos e mecanismos intuitivos, de percepção, interpretação e reação que, em princípio, não necessitam a intervenção da consciência para serem eficazes. Por exemplo, os pais e os professores desenvolvem uma elevada porcentagem das suas funções no "piloto automático", com a estrutura do *habitus* em funcionamento.

Parece-me muito útil recordar, a este respeito, o conceito de *habitus* de Bourdieu (BOURDIEU, FELLETTI, 1997, 1990) como "[...] um sistema de disposições, que atua como mediação entre as estruturas e as práticas" (BOURDIEU, 1977, p. 487, tradução nossa). O *habitus* se constrói ao longo da vida, desde as primeiras interações do organismo com o meio externo, como resultado de experiências pessoais e de seus diversos efeitos para o indivíduo.

Parece evidente que grande parte da nossa base de conhecimento é implícita, oculta e inconsciente. O que se entende por deliberação consciente tem pouca relação com a capacidade de controlar instantaneamente as ações, ao contrário, está mais relacionado com a capacidade de planejar com antecedência, decidir com alguma moderação e avaliar posteriormente. Como destaca extensivamente Schon (1987), a deliberação consciente está mais centrada na reflexão sobre o conhecimento do que na tomada de decisões no momento da ação.

Em suma, a mente não pode se identificar com a consciência. Somente uma pequena parte dos conteúdos da mente se torna consciente. Uma grande parte dos mecanismos de interpretação, tomadas de decisões, atuação e avaliação permanece debaixo da consciência, embora requeiram orientação consciente para atingir os objetivos desejados (LÉNA, 2008).

Por outro lado, com a mesma força, cabe destacar que os conteúdos inconscientes não podem ser considerados necessariamente portadores de procedimentos irracionais ou arbitrários. Pelo contrário, os mecanismos automáticos aprendidos são o resultado de adaptações racionais às possibilidades do contexto percebidas pelo indivíduo ao longo de sua vida. A racionalidade do contexto próximo é o que orienta a racionalidade das estruturas iniciais e inconscientes de percepção e resposta. Esta "racionalidade inconsciente" é o substrato da maioria dos nossos comportamentos adultos. A mente consciente não é o mesmo que a mente racional, ou seja, o caráter inconsciente e automático não nega a racionalidade dos modos de perceber e reagir do sujeito. O que aprendemos ao longo da vida e que consolidamos em hábitos singulares e pessoais de interpretação e ação têm a sua razão de ser, são modos, mecanismos e procedimentos desenvolvidos por meio da observação, análise e avaliação das experiências que foram automatizadas para facilitar a sua agilidade e eficácia e permanecem ao longo do tempo. Não são irracionais, mas é possível que venham a se tornar obsoletos se as circunstâncias do ambiente e os nossos propósitos mudarem de maneira significativa e os nossos modos, hábitos de interpretação e reação permanecerem inalteráveis.

Neste espaço inconsciente, também se abrigam as narrativas que cada indivíduo elabora para dar sentido aos componentes múltiplos e dispersos de seus modos de perceber, interpretar e reagir (LAKOFF, 2011). As *gestalt* e os hábitos se abrigam e se integram a narrativas que legitimam social, moral e pessoalmente o que pensamos, sentimos e fazemos. As analogias, metáforas e narrativas que povoam os nossos modos de interpretar e agir são em grande parte inconscientes e atuam automaticamente. Como afirma Punset (2010), imaginar o futuro e lembrar-se do passado são construções muito semelhantes. A nossa memória não é apenas um registro fiel das experiências vividas. O cérebro cria, completa e inventa, para dar coerência ao passado. O cérebro produz memórias com retalhos. Se a memória nos falha e nos prega peças, é, em grande medida, para conciliar melhor o nosso eu atual com o eu do passado e do futuro e assim desenvolver uma narrativa, um relato que dê sentido à nossa dispersa identidade.

Em última análise, o modelo de racionalidade cartesiano, linear, lógico, neutro, imparcial e consciente não descreve como as pessoas pensam e constroem os seus significados, tomam as suas decisões e atuam em circunstâncias concretas e, no melhor dos casos, definem uma maneira ideal de entender como acreditamos que elas deveriam pensar. A neurociência e a psicologia cognitiva nos informam que o nosso pensamento se constrói relacionado a metáforas, estruturas, narrativas, analogias e protótipos, em grande parte, inconscientes, mecânicos e involuntários. Enquanto o pensamento racional é reflexivo e consciente, lento, sequencial, controlado, forçado e governado por regras, o pensamento espontâneo é inconsciente, rápido, paralelo, automático, sem esforço, intuitivo e associativo (BILTON, 2011; CARR, 2010; DAVIDSON, 2011).

Este mundo inconsciente cognitivo, que representa a maior parte daquilo que fazemos, parece estar sob o controle de grandes redes neurais que operam por meio da via inferior, a amígdala. O funcionamento do cérebro parece ocorrer da seguinte forma: os sinais sensoriais viajam primeiro até o tálamo e, a partir daí, por meio de uma única sinapse até a amígdala, o cérebro emocional, que elabora uma primeira resposta reflexa. Um segundo sinal viaja do hipotálamo para o neocórtex, o cérebro pensante. A amígdala, portanto, reage antes do neocórtex, que fabrica a informação por meio de várias sinapses entre níveis de circuitos cerebrais, para desenvolver uma resposta mais elaborada e, supostamente, reflexiva. Assim, é possível afirmar, com razão, que primeiro sentimos e, mais tarde, compreendemos (VALVERDU, 2007).

Não há, portanto, nem autonomia plena nem determinismo da conduta por parte das vias inferiores, mas a sua influência e o seu condicionamento, muitas vezes, são decisivos. Se a via inferior nos fornece uma primeira possibilidade de resposta, a superior nos permite decidir aquela que realmente queremos dar. A via inferior de conexão e processamento neural sacrifica a exatidão em favor da velocidade, enquanto a superior, muito mais lenta, nos proporciona uma visão mais exata do que está acontecendo.

O processamento automático próprio da via inferior parece ser a modalidade involuntária com a qual o cérebro opera continuamente. A via superior, por sua vez, é ativada quando um acontecimento inesperado, um erro ou uma tentativa deliberada de pensar interrompe o processamento automático. Em particular, quando os hábitos inconscientes das vias inferiores nos causam problemas, são obsoletos ou inadequados para lidar com as circunstâncias do contexto de acordo com as nossas pretensões, os desequilíbrios e desajustes exigem imediatamente a intervenção das vias superiores conscientes.

Restringir a preocupação educacional ao desenvolvimento e à formação da consciência, desviando da poderosa e decisiva participação dos mecanismos inconscientes é, a meu ver, uma miopia pedagógica grandemente responsável pelos reiterados fracassos educativos. Está claro, então, que o desenvolvimento do pensamento crítico e da consequente intervenção do sujeito requer a consideração dos nossos conhecimentos, habilidades, crenças, emoções e intenções/desejos, explícitos e implícitos.

Qual é a natureza de tais mecanismos e procedimentos inconscientes?

A unidade indissociável das emoções e da racionalidade: a racionalidade das emoções, a emotividade da razão

É evidente que a dimensão emocional é composta de emoções, sentimentos e desejos, e está fortemente envolvida na qualidade do raciocínio, da tomada de decisões e da resolução de problemas. As emoções estão no início e no final de todos os projetos e de todos os mecanismos de decisão. A este respeito, segundo Damásio (2010) e Tizon (2011), convém esclarecer alguns termos relacionados, mas não idênticos.

As *emoções* – medo, ira, felicidade, tristeza e surpresa – são atividades corporais causadas pela percepção de um estímulo. São reações subjetivas de satisfação ou desagrado que cada pessoa experimenta diante das situações. Denominadas por alguns como "disposições de sobrevivência", são reações psicofisiológicas a informações e conhecimentos a partir do significado que as situações e relações com o meio têm para o bem-estar pessoal. São sistemas de avaliação inconscientes, rápidos e pouco nítido, em grande parte, inatos e transculturais, que se vão depurando e modificando em virtude das experiências vividas nos contextos culturais em que se desenvolvem (LÁZARUS, 1993).

Os *sentimentos* – vergonha, culpa, ciúme, orgulho, etc. – são as sensações que experimentamos quando percebemos uma emoção, ou melhor dizendo, ao tomar consciência das mudanças corporais provocadas pela percepção de um estímulo. Os sentimentos nos informam sobre como estamos fazendo as coisas com base em nossos interesses e objetivos. Os sentimentos podem ser provocados tanto pela percepção das emoções ou alterações corporais quanto pelo desejo ou temor de experimentar tais alterações corporais ativadas por um estímulo, ou seja, por simulação mental ou cerebral de uma emoção. Esses sistemas secundários de avaliação emocional significam a evolução social e pessoalmente mediada das emoções básicas (DAMÁSIO, 2010; TIZON, 2011; WILLIS, 2010a, 2010b). São geralmente conscientes, cognitivos e aprendidos, exigem avaliações dos estímulos relativamente aos propósitos pessoais, normas culturais e sociais, valores familiares e sociais, sentido de identidade e sentido do contexto (LÁZARUS, 1993).

É certo que nascemos com as mesmas emoções básicas, à margem da cultura na qual nos desenvolvemos, e por isso tais emoções podem ser consideradas universais, e de fato se constatou a sua existência em todas as sociedades conhecidas. No entanto, a expressão social dessas emoções pode mudar de acordo com uma cultura determinada. O que é certamente relevante é que não tomamos uma só decisão que não esteja influenciada pelas emoções que fervilham no subconsciente.

Se quisermos influenciar o comportamento prático, próprio ou alheio, devemos aprender a valorizar as emoções tanto quanto a consciência. Parece fácil aceitar, em virtude das pesquisas atuais, que debaixo ou dentro dos sentimentos e desejos sempre há componentes cognitivos, associações de estímulos que definem situações e indicam relações com as nossas necessidades e intenções (DAMÁSIO, 2010). A primeira resposta reflexa da amígdala, ou seja, as emoções, já implica necessariamente algum conhecimento inconsciente, reflexo e automático, necessário para interpretar as situações como estimulantes de tais emoções. O grau de racionalidade desse conhecimento inconsciente depende do grau de racionalidade do contexto e das experiências onde ele foi configurado. Tanto a amígdala para gerar emoções como o neocórtex para formular pensamento devem possuir, ao mesmo tempo, um componente cognitivo e um componente emocional, ainda que em diferentes graus e de complexidade distinta.

A mera presença de pensamento não implica racionalidade; a mera presença de emoções não implica irracionalidade. Algumas das nossas combinações pessoais de sentimentos e pensamentos são racionais, e outras, não. Nos mecanismos inconscientes de nosso funcionamento mental, existe uma espécie de emoção e de racionalidade; nos mecanismos conscientes, existe outro tipo de emoções e de racionalidade operando conjuntamente. A oposição, as diferenças devem ser estabelecidas entre uma determinada orientação emocional e cognitiva da mente e a sua contraparte. Por exemplo, entre a mente egocêntrica cheia de pensamentos e emoções egoístas e a mente aberta, repleta de emoções e pensamentos abertos, altruístas, descentralizados. Na verdade, não podemos dizer que as emoções precedem o conhecimento. É certo que elas precedem o conhecimento consciente, reflexivo, mas não o conhecimento inconsciente, tácito, formado na história e nas experiências prévias de cada ser humano. Os estados sentimentais são produzidos pela base cognitiva que os acompanha e cria.

Por outro lado, vale ressaltar a importância dos denominados *neurônios-espelho*[5] que registam o movimento que outra pessoa está prestes a fazer e os seus sentimentos e nos predispõe instantaneamente a imitar este movimento e, consequentemente, a sentir o mesmo que ela. Esse tipo de neurônio é responsável pelo "contágio emocional" que predispõe os indivíduos humanos a se relacionar com outras pessoas, a ter empatia, a sentir com elas e a participar, imitar e colaborar em suas atividades. Como sugere Goleman (2011), para o bem ou para o mal, este contágio emocional, esta *WiFi* afetiva, este reflexo de imitação favorece o surgimento de uma espécie de ponte intracerebral que nos expõe às mais sutis influências emocionais das pessoas ao nosso redor. Aprendemos a nos sintonizar emocionalmente com os outros muito antes de dispor de palavras para falar sobre esses sentimentos. As emoções podem ser consideradas a língua universal da humanidade. Este diálogo silencioso de sentimentos é o substrato sobre o qual se apoiam os demais encontros, a agenda oculta, em suma, de toda interação. Nestes neurônios-espelho se encontra o mecanismo cerebral que explica o velho ditado: "quando você sorri, o mundo inteiro sorri com você".

Já faz algum tempo que sabemos que a aprendizagem por imitação é o principal caminho do desenvolvimento infantil, mas a descoberta dos neurônios-espelho explica o modo como as crianças podem aprender por meio da mera observação. Com base na observação, o indivíduo grava no seu cérebro um repertório de emoções e condutas que lhe permitem conhecer mais sobre a maneira como o mundo funciona. Golleman (2009)[6] recomenda entender a mente não como algo isolado, separado, independente, mas como uma entidade permeável, que está em contínua interação com outras mentes, como se um fio invisível, uma onda longitudinal nos unisse a elas. Continuamente estamos mantendo um diálogo inconsciente com pessoas com as quais nos relacionamos e sintonizando os nossos sentimentos com os delas.

Por outro lado, convém destacar que o contágio emocional não se limita à transmissão de sentimentos, mas prepara automaticamente o cérebro para executar a ação correspondente. Desta forma, "sentir com" nos predispõe a "atuar por".

Enfim, como defende Immordino-Yang (2011), as pesquisas em neurociência cognitiva apoiam, inequivocamente, a ideia de que as emoções como a ansiedade, o medo, a felicidade e a tristeza são processos cognitivos e psicológicos que envolvem, ao mesmo tempo, o corpo e a mente. Portanto, o corpo e o cérebro estão envolvidos intensamente na aprendizagem humana. Além disso, o pensamento e a aprendizagem como processos cognitivos e emocionais não se desenvolvem no vazio, mas, sim, em contextos sociais e culturais bem específicos. A competência dos estímulos para provocar emoções é basicamente cultural e aprendida. "As evidências neurocientíficas sugerem que já não podemos justificar por mais tempo as teorias de aprendizagem que dissociam a mente e o corpo, o 'eu' e os 'outros'" (IMMORDINO-YANG, 2011, tradução nossa).

Ademais, alguns pesquisadores da neurociência sugerem a primazia das emoções sobre os conhecimentos. Assim, eles propõem que, em vez de falar dos conhecimentos contaminados pelas emoções, seria mais correto falar de emoções informadas cognitivamente. Como enfatiza Patten (2011), nem as emoções são um acompanhante subordinado dos conhecimentos, nem um tipo de inteligência específica e, por sua vez, o primeiro sistema de avaliação dos estímulos externos, que provoca respostas corporais e influencia e pode, até mesmo, anular a cognição.

A natureza intencional da compreensão e da atuação do sujeito

Intimamente relacionado com o mundo das emoções está o território dos desejos e das intenções. A vontade, mundo dos desejos, inclui os nossos planos, objetivos, valores, desejos, orientações, motivações e compromissos. Grande parte desse território funciona, também, sem a necessidade da consciência, esculpido em nossos circuitos cerebrais como consequência das nossas experiências e vivências anteriores.

É evidente que o funcionamento do cérebro, tanto nos seus aspectos cognitivos como nos emocionais, orienta-se de forma intencional e interessada em garantir, em princípio, a sobrevivência e, posteriormente, o projeto escolhido ou a desejada felicidade, ou seja, os interesses, desejos e projetos aprendidos que configuram a nossa identidade. Convém lembrar uma vez mais que a real intenção e objetivo da mente não é perseguir a verdade, mas satisfazer as nossas necessidades, preservar a sobrevivência antes e buscar a felicidade depois. O cérebro não busca a verdade, mas, sim, medita sobre formas para sobreviver ou para atender as nossas necessidades e interesses.

A nossa sobrevivência precisa dividir o mundo percebido como favorável e desfavorável e, consequentemente, cada objeto, pessoa ou relação fica carregada de uma dessas duas tonalidades. O nosso desejo de conhecer é, em princípio, a necessidade de avaliar tudo quanto a sua relação positiva ou negativa com nós mesmos. A nossa experiência não é neutra. Devido à natureza intencional dos processos de percepção, interpretação e atuação dos seres humanos, a capacidade para compreender as intenções dos outros, para ler as suas emoções, crenças, desejos, objetivos e interesses, é essencial para determinar o próprio comportamento. Deste modo, os conhecimentos e as crenças operacionais, aqueles que condicionam a percepção e a ação, são sempre, em alguma medida, interessados, singulares, específicos, contaminados por interesses e intenções do indivíduo e do grupo.

Em princípio, nada é conhecido em si mesmo, mas, sim, com relação às nossas necessidades e interesses. Conhecer algo em si mesmo exige um esforço especial e engajado em superar conscientemente a disposição natural dos processos humanos de percepção automática. Avaliar o valor das aprendizagens que realizamos é uma meta-habilidade importante, indispensável na era digital na qual o indivíduo precisa escolher e selecionar continuamente.

Como já indiquei ao falar da relação entre as emoções e o pensamento, o que é realmente importante é a orientação singular que essa identidade única adota, o conjunto ordenado e caótico de emoções, crenças, conhecimentos, capacidades, desejos e valores que configuram a nossa complexa personalidade. Como diz Ralston (2010), o problema fundamental é identificar a quem servem as três dimensões inseparáveis da pessoa (pensamento, sentimentos e desejos), ao eu egocêntrico ou ao eu descentralizado, aberto, transcendente. É importante voltar a lembrar que o contraste real e importante no indivíduo humano não se dá entre o componente emocional e o componente intelectual, mas entre as tendências egocêntricas e as altruístas da mente.

A importância decisiva e paradoxal da atenção humana

A esse respeito, é importante destacar o conceito de atenção plena, desenvolvido por Davidson (2011). Concentrar-se intensamente em uma tarefa provoca a perda perceptiva de todas as outras coisas. Não é fácil aceitar que o que nos garante o sucesso escolar e profissional, a atenção concentrada-plena, é precisamente o que, ao mesmo tempo, pode nos limitar. A nossa maneira concentrada de olhar exclui grande parte da realidade. Não vemos tudo o que há para ver. Neste sentido, convém destacar o chamado "experimento do gorila invisível", que, em resumo, consiste em constatar que, quando estamos concentrados em uma tarefa que requer toda a nossa atenção, somos incapazes de ver estímulos tão importantes e incomuns como o aparecimento de um gorila em uma quadra de basquete (DAVIDSON, 2011). O modo como usamos o nosso cérebro (em que colocamos a atenção) muda o nosso cérebro. Aquilo que prende a nossa atenção, a nossa aprendizagem e o nosso trabalho, as nossas paixões e a nossa atividade, altera a biologia do nosso cérebro. Enfim, somos em grande parte prisioneiros de nossa atenção. Vemos o que esperamos ver. Apenas quando o contexto muda de modo abrupto e radical é que somos forçados a considerar o que antes sequer podíamos ver.

A distração e a diferença são as qualidades fundamentais para superar a atenção cega e a falta de visão, bem como para desenvolver a capacidade de desaprender e reaprender. A teoria da variação de Ference Marton (MARTON; TSUI, 2004) e a proposta de cooperação diferenciada de Davidson (2011) são estratégias essenciais para esta finalidade. Nem toda distração é negativa. Frequentemente precisamos das distrações para poder sair das armadilhas ou rotinas intelectuais que se comportam como círculos viciosos sem saída, para ampliar a visão mais além das tapadeiras que limitam a nossa atenção cega. Os descansos da nossa atenção, as distrações, o sono permitem que o inconsciente cognitivo desenvolva novas conexões e traga novas informações e modelos inibidos no pensamento consciente, concentrado. Abordamos o problema a partir de novas perspectivas e com novas ferramentas, quando paramos para descansar a mente do desafio intelectual em que estamos inseridos.

Por outro lado, não podemos esquecer que a atenção é configurada tanto pelas nossas emoções como pelos valores culturais que cercam a nossa existência de maneira tão arraigada que quase não os vemos. Classificamos o ambiente e qualificamos o sentido que ele tem para nós, em grande parte, por meio de atitudes, gestos, emoções, linguagem e comportamento daqueles que rodeiam o nosso contexto vital imediato. Os seus valores e procedimentos são as estruturas sobre as quais construímos os objetos da nossa atenção, as nossas ferramentas de percepção, interpretação e reação. As categorias se convertem em instâncias de atenção e compreensão seletiva e automática, são atalhos que facilitam a previsão, mas que também limitam o nosso campo de atenção.

As categorias de atenção são aprendidas tão cedo e reforçadas com tanta frequência que chegamos a considerá-las naturais, inatas, reflexas e automáticas. Aprendemos os padrões de atenção de modo tão eficaz que sequer sabemos que os temos; acreditamos que eles constituem o mundo e não a nossa maneira peculiar de ver o mundo. Somente quando somos surpreendidos, perturbados por algo que não se encaixa em nossas expectativas é que temos consciência deles e das suas limitações. Por isso, precisamos de interferências, distrações, variações, para ver o que é ignorado (DAVIDSON, 2011; MARTON; TSUI, 2004). Os estudos etnográficos que utilizam desenhos e jogos descobriram que as crianças possuem modelos de interpretação do mundo e das relações que não podem verbalizar dos quais elas não têm consciência. Os nossos hábitos são construídos como mapas inconscientes do contexto em que vivemos e das relações que estabelecemos com ele. Enquanto não desaprendemos os hábitos que orientam a nossa maneira de ver, não conseguimos nos abrir para novos olhares.

Consequentemente, a distração nem sempre será um problema; em muitas ocasiões, pode ser a condição para o aprendizado, a abertura, o despertar. O cérebro não funciona de forma tão ordenada e sequencial, tarefa após tarefa, mas de maneira simultânea, complexa e interativa. O que confunde o cérebro o agrada muito. A mistura de categorias fornece energia para o cérebro. O que é surpreendente favorece a aprendizagem, a criação. A incongruência, a dissonância, a interrupção e a desorientação podem constituir a força e a razão fundamental para a criação, a produção e a criatividade (ROBINSON, 2011). O que aparece na maioria das análises convencionais como uma característica quase perversa dos comportamentos habituais das crianças e jovens atuais nas suas relações com as telas (ver Capítulo 2), a multitarefa, pode também ser entendido à luz das atuais pesquisas em neurociência, como uma forma peculiar e promissora de adaptação estratégica.

Como quase tudo na vida, descobrimos que a atenção concentrada e a variação ou a diversidade são componentes aparentemente contraditórios, contudo, realmente complementares no desenvolvimento do ser humano, para interligar a eficiência e a criatividade, o compromisso e o distanciamento, a continuidade e a ruptura (BERLIN, 1967).

O poder das expectativas

De forma estreitamente relacionada com o tema da atenção, caberia considerar a importância das expectativas pessoais como incentivadoras de formas únicas de perceber, interpretar e reagir (ARIELY, 2011). Por outro lado, já é um lugar-comum que os seres humanos se apeguem às suas crenças e hábitos, mesmo antes dos primeiros sinais da sua ineficácia. Sentimo-nos predispostos a prestar atenção na informação que confirma as nossas crenças e a ignorar e minimizar as informações que contradizem o que acreditamos. Além disso, temos a tendência de atribuir relações de causa e efeito a fatos que aparecem juntos no espaço ou no tempo.

O *efeito placebo* é apenas mais uma manifestação deste fenômeno voltada para o futuro. Geramos imagens positivas e sedutoras de acordo com as nossas crenças, projetadas em direção ao futuro e obtemos predisposições favoráveis para que as nossas expectativas sejam atendidas. O *efeito pigmalião*, tão significativo na educação, é outra importante manifestação desta tendência. Na mesma linha, podemos destacar as superstições. Nós, os seres humanos, buscamos pautas de orientação no aglomerado de ervas daninhas de dados e fatos do mundo caótico, incerto, variável e imprevisível em que vivemos. Quando qualquer uma dessas diretrizes é confirmada, agarramo-nos a ela, mesmo quando aparecem as primeiras inconsistências e transgressões. Continuamos fazendo previsões em virtude de tais padrões e, uma vez que, em grande parte, vemos o que queremos ver, há muitas possibilidades de autoconfirmação.

As categorias e os estereótipos acabam se tornando ferramentas poderosas de classificação e opressão de pessoas e condutas. Quando reconhecemos os nossos preconceitos, estereótipos e preconcepções, começamos a entender e a aceitar que estamos presos pelas nossas expectativas e perspectivas e podemos aceitar a intervenção de terceiros com diferentes perspectivas. Reconhecer o efeito placebo e a poderosa força dos preconceitos, expectativas e estereótipos significa começar a entender que a nossa mente também comanda o nosso corpo, que mente e corpo estão estreitamente inter-relacionados, influenciando-se mútua e definitivamente em cada processo de intercâmbio com o mundo das pessoas, situações e objetos.

Outro fenômeno relacionado às expectativas são os ancoramentos iniciais irracionais (ARIELY, 2011). Na complexidade dos fatores que rodeiam a nossa existência, os indivíduos humanos estão à procura de elementos fixos que possam usar como âncoras, como pontos de partida para as construções posteriores. Buscamos coerências, mesmo que elas sejam somente fracas ou aparentes, sobre as quais construimos modelos e mapas de percepção, interpretação e ação. A racionalidade e a consistência dessas primeiras âncoras que mantêm as nossas construções mentais e cerebrais posteriores estão sempre em questão e devem ser objeto de reflexão e análise por parte de cada indivíduo no seu processo educativo. Ariely (2011) descobre que muitas dessas âncoras primitivas são irracionais, representam associações arbitrárias e, no entanto, permanecem como diretrizes ou padrões das nossas condutas, por isso o indivíduo cai repetidamente e com tanta frequência nos mesmos erros ao longo do tempo.

A lição mais importante de todas essas pesquisas sobre atenção, expectativas, superstições e irracionalidade é, a meu ver, que a informação que percebemos e processamos não é necessariamente um reflexo fiel da realidade, mas a nossa representação subjetiva, intencional e interessada dela, e que, portanto, como afirma Davidson (2011), mais cedo ou mais tarde, teremos de introduzir o conteúdo da desaprendizagem como disciplina escolar, para lidar com esta série de fenômenos que condicionam tão seriamente as nossas possibilidades de aprendizagem e desenvolvimento.

A CONSTRUÇÃO DA IDENTIDADE: A "CONSCIÊNCIA INCONSCIENTE" E A RECONSTRUÇÃO DOS AUTOMATISMOS

A pesquisa em neurociência cognitiva conduz a um aparente paradoxo. Quanto mais nos aprofundamos e descobrimos os meandros do funcionamento do cérebro, mais necessidade temos de utilizar o conhecimento detalhado do contexto e da biografia de cada indivíduo. A construção experimental dos mecanismos, procedimentos e sistemas que usamos para interpretar e reagir diante do cenário vital que nos rodeia envolve a necessidade de olhar para as peculiaridades do contexto social em que atuamos desde os primeiros anos, pois a surpreendente plasticidade do cérebro humano e a não menos admirável peculiaridade dos neurônios-espelho de imitar os comportamentos emocionais e cognitivos das pessoas que nos cercam levam à interiorização lenta, progressiva e inconsciente das crenças, dos sentidos e dos comportamentos da cultura social que envolvem a nossa existência. Nossas crenças são construídas a partir da matriz cultural da comunidade em que vivemos. As novas descobertas da neurociência cognitiva, nas palavras de Immordino-Yang (2011), vinculam o corpo e a mente, o eu e os outros, o organismo e o contexto, de tal modo que somente os poetas se atreviam a descrever no passado.

Pode ser útil, a este respeito, a distinção que faz Marina (2006) entre os três componentes básicos da personalidade humana que se constrói de maneira sucessiva, mas não linear, seguindo os mecanismos piagetianos de assimilação e acomodação.

– *Personalidade recebida ou temperamento:* é a matriz pessoal, geneticamente condicionada, os estilos básicos de respostas emocionais.
– *Personalidade aprendida ou caráter:* é o conjunto de hábitos afetivos, cognitivos e operacionais adquiridos em nossas interações cotidianas a partir da personalidade recebida. Esses hábitos aprendidos e construídos desde os primeiros momentos da vida individual são certamente muito estáveis. Goleman (2011) aponta que, quando falamos de formação do caráter, estamos falando fundamentalmente de educação emocional. O caráter é formado por meio de ações e, portanto, a nossa atitude pode mudar o nosso caráter. A mudança está na ação que altera os nossos sentimentos, hábitos, crenças e até mesmo o ambiente. Mais uma vez, neste âmbito da personalidade, vemos o lugar central ocupado pela ação.
– *Personalidade escolhida ou projeto de vida:* é o modo como uma pessoa específica enfrenta ou aceita o seu próprio caráter e mostra quem realmente é. Inclui o projeto de vida, a forma de desenvolver este projeto em cada circunstância, o sistema de valores e a sua forma de lidar com as dificuldades e a possibilidades do contexto. A personalidade escolhida se constitui de forma consciente, inclusive questionando, criticando e

reformando o próprio caráter a partir do qual ela nasceu e que "descobrimos" ao entrar na adolescência. Em suma, a formação do próprio projeto de vida tem a ver com a necessidade de orientar a nossa compreensão, a tomada de decisões e a nossa atitude em todas as áreas da vida, pessoal, social e profissional para a busca da felicidade; tem a ver com estimular o desenvolvimento das qualidades humanas singulares, os interesses e os recursos positivos de cada um no sentido de que isso proporcione maior satisfação a curto, médio e longo prazo, não só maior gratificação imediata. Como destaca Pink (2009) com claro discernimento, para que a felicidade dure além de um instante, é necessário que seja fruto não só do prazer, mas também do sentido ou significado que dá um compromisso à vida. Esse compromisso proporciona a motivação intrínseca que sustenta toda aprendizagem durável, eficaz e relevante.

A interação do polo interno e do polo externo se impõe cada vez mais claramente. Não só influencia o nosso contexto por suas condições materiais ou suas peculiaridades institucionais, mas acima de tudo pela interpretação que as próprias pessoas que nos cercam e que cuidam do nosso crescimento desde os primeiros momentos de vida fazem por meio das suas mensagens e teorias explícitas, e, sobretudo, por meio dos seus modos tácitos de pensamento, sentimento, desejo e atuação, que capturamos e interiorizamos inconscientemente (BARGH, 2007).

Hargreaves (2000) afirma que os padrões culturais e ideológicos de cada contexto, singularizados nos adultos que rodeiam a existência do bebê humano, determinam as emoções e os comportamentos considerados aceitáveis na comunidade próxima e, portanto, são internalizados e reproduzidos de maneira particular pelos bebês como condição de sobrevivência satisfatória em tal ambiente. O território das emoções e dos sentimentos também se encontra socializado. Nossos corpos respondem aos acontecimentos, e em nossas interações com os outros aprendemos o que fazer com essas respostas emocionais, como orientá-las, de acordo com a sua relevância, sentido, função e legitimidade social na comunidade em que vivemos (NIAS, 1999; ZEMBYLAS, 2003).

Cada aspecto da pessoa, a sua individualidade, toda a sua experiência sobre si mesma, sobre a vida, a realidade é, em grande parte, um produto da interação de cada indivíduo com a cultura em que vive. A aprendizagem ocorre como internalização ativa, apropriação singular das interpretações subjetivas das crenças, ações, sentimentos e metas dos outros, por meio da experimentação provisória desses aspectos como se fossem os nossos próprios.

A sucessão de associações de estímulos externos, organizados em função do espaço cultural da comunidade e a sua vinculação com as necessidades e interesses do indivíduo, bem como as reações emocionais que provocam, formam, em cada indivíduo, esquemas, mapas mentais de interpretação e reação, que constituem as plataformas básicas que governam as interpretações e reações seguintes. Tais plataformas provisórias carregadas de cognição e emoção potencializam tanto quanto limitam as possibilidades futuras do indivíduo humano.

Essas plataformas, denominadas *gestalt* por Korthagen, ou *habitus* por Bourdieu, constituem os esquemas intuitivos de interpretação e ação do sujeito e acabam consolidando-se como crenças básicas e convicções que não questionamos, fatores permanentes de organização, filtros da nova informação e das novas experiências. São, evidentemente, necessários e úteis para gerenciar o comportamento, mas certamente condicionam, filtram e orientam todas as futuras experiências e encontros, sem que os percebamos como tais. Da mesma maneira que o olho não pode ver a si mesmo e que o peixe não vê a água, as nossas âncoras e estruturas cognitivas de interpretação mais básicas e primitivas estão além da nossa consciência.

Assim, o processo não tem necessariamente de ser determinista. Do esquema intuitivo que rege a *gestalt*, por meio da reflexão, do contraste cauteloso com novas informações e experiências, pode se construir um esquema mais reflexivo e mais informado (KORTHAGEN, 2006). Cria-se, assim, um duplo nível dentro do esquema, a sua base intuitiva ligada a cada experiência, *phronesis*, e o seu cortéx consciente, cada vez mais distante das experiências concretas, *episteme*. Esse processo implica a reflexão do autor sobre sua própria atuação (antes, durante e depois) e sobre outras situações, com a pretensão de formar conceitos, esquemas, mapas e modelos compreensivos das situações práticas, das experiências. Estes esquemas conscientes, reflexivos, são quadros mentais explícitos de conceitos e relações que gradualmente ganham mais interioridade e automatismo se os utilizamos com frequência em situações e práticas concretas, orientam e governam as ações e se convertem progressivamente em novos hábitos, informados, no que Korthagen chama de "redução da teoria" para governar a prática. Finalmente, quando os esquemas, mapas, modelos e até mesmo as teorias parecem óbvios e úteis para o indivíduo, podem começar a funcionar como uma nova *gestalt, gestalt informada*, ou seja, novas formas de perceber, interpretar e reagir intuitivas, mas mais elaboradas e informadas. A teoria se torna operacional, converte-se em hábito informado e instrumento de interpretação e ação.

O conjunto das nossas *gestalt*, originais e informadas, compõe as nossas teorias subjetivas implícitas, os nossos recursos intuitivos, os nossos mecanismos implícitos de interpretação, de tomada de decisões e de atuação. O "eu", a identidade pessoal, o conjunto de emoções, desejos, esquemas, modelos e crenças não pode ser confundido com a consciência, complexa e consciente atividade conceitual. O "eu" abrange os mecanismos conscientes e os inconscientes, reside na memória e se enfeita com relatos e histórias construídas para dar sentido aceitável a nossas vidas, aceitáveis para nós e também para a cultura da comunidade que nos acolhe.

Em certa medida, pode-se dizer que a maior parte do conhecimento adquirido é, em parte, epistemologicamente infundada, uma vez que construímos nossos esquemas mais primitivos de interpretação e ação desde os primeiros momentos de nossa existência, a partir de nossas interações com um contexto natural e social limitado que condiciona nossas experiências. Contudo, uma vez que esses esquemas intuitivos, *habitus* ou *gestalt*, operam como plataformas que potencializam as nossas experiências futuras, mas também como filtros que selecionam o que percebemos, sentimos e desejamos, o processo de crescimento pessoal de cada indivíduo em seu contexto social requer tanto questionar, desaprender e relativizar as próprias ferramentas de conhecimento, sentimento e ação como expandir o campo de experiência, reflexão e intercâmbio.

Assim, pode-se afirmar, como Gardner (2000), que as teorias que as crianças desenvolvem no início da vida constituem um dos principais obstáculos para a posterior compreensão adequada da realidade interna e externa. Essas teorias são frequentemente desenvolvidas de forma espontânea, e aparentemente automática, a partir do fluxo de experiências contingentes, parciais, limitadas e locais. O animismo, o presenteísmo, a atemporalidade, o localismo, a superficialidade e demonstração de interesse por pouco tempo são formas infantis de compreensão, interpretação, talvez úteis no seu presente, mas que, muitas vezes, tornam-se obstáculos epistemológicos para o futuro.

Aprender de maneira mais potente e científica supõe questionar, desaprender e reconstruir. Esse processo envolve uma elevada dificuldade, pois exige questionar os próprios instrumentos de aprendizagem, de interpretação e ação com os quais temos construído a nossa identidade e garantido uma maneira de sobreviver e de estar no mundo. Este processo controverso e permanente é, para mim, a educação. Como Ralston (2010) destaca em sua interessante e inquietante proposta, dificilmente se buscam respostas quando não há interrogações, quando a realidade é percebida como transparente ou fundamentalmente conhecida, quando se acredita ter a verdade, quando se afirma e perdoa a vida dos ignorantes.

Este mesmo autor sugere que a experiência mais profunda surge de questionar o que é óbvio, requer aprender a desaprender, a não conhecer, adotar uma posição de vazio conceitual como um procedimento de abertura, busca e aprendizagem, questionar os padrões habituais de interpretação e ainda exercer a meditação no vazio dos significados preconcebidos. Como Marcel Proust gostava de declarar, a verdadeira viagem de descoberta não consiste em procurar novas paisagens, mas, sim, em mudar a forma de olhar.

A verdadeira compreensão demanda investigação experiencial, livrar-se de qualquer crença, para experimentar o momento em si, para abrir-se para novos horizontes, para mergulhar no mundo do possível, da imaginação. A nossa necessidade habitual, no mundo cotidiano e especialmente na escola, de chegar a conclusões e de conseguir uma resposta correta anteriormente estabelecida impede a abertura necessária no tempo e no espaço para as experiências mais livres e autênticas. A grande dificuldade na educação é conseguir obter experiência além das ideias prévias. Será necessário passar do conhecimento como reprodução do que já existe à investigação, viver novas experiências, acessar novos mistérios e territórios mais escondidos e surpreendentes. Como sugeria William James, o conceito de "gênio" significa a faculdade de perceber de forma inusitada, além do conhecido, compartilhado e dominante, de compreender algo fora de nossos hábitos de conhecimento. Sem a dúvida, não há possibilidade de pensamento livre.

Para crescer, será preciso aprender a desconstruir. Desconstruir o eu, o *habitus*, a *gestalt*, os mecanismos de defesa conceituais é a chave para o crescimento autônomo do sujeito, em última análise, para o que eu considero educar-se. Isso significa não procurar uma resposta única e correta, mas viver experiências, transcender a sobrevivência, investigar a trama pessoal de suposições e hábitos, em sua maioria inconscientes, que governam a nossa interpretação e ação e abrem horizontes, observar as nossas experiências, suspender os compromissos paradigmáticos, compreender que o nosso entendimento é limitado, experimentar a variação, mergulhar no vazio do não conhecimento e no território do desconhecido.

NOTAS

[1] Siemens (2005) propõe os oito seguintes princípios como definidores do conectivismo:
– a aprendizagem e o conhecimento se baseiam na multiplicidade de opiniões e perspectivas;

- é um processo que envolve a conexão de fontes de informação e núcleos especializados;
- o conhecimento pode estar em artefatos não humanos;
- a capacidade de conhecer, aprender a aprender, é mais importante do que o conteúdo do que foi aprendido, embora toda aprendizagem envolva conteúdos;
- alimentar e manter redes são as chaves da continuidade na aprendizagem;
- a habilidade de ver conexões entre campos é uma habilidade essencial;
- a atualização do conhecimento é um objetivo fundamental;
- a tomada de decisões é, em si mesma, um processo de aprendizagem. O que decidimos hoje pode necessitar de revisão amanhã, para comprovar o seu funcionamento e especialmente para analisar novas fontes de fundamentação.

[2] O desenvolvimento espetacular da neurociência na atualidade se deve à possibilidade de identificar os caminhos, as conexões sinápticas, enquanto ocorrem os processos de percepção, de associação e de reação, graças ao desenvolvimento de técnicas cada vez mais sofisticadas, precisas e não invasivas. Entre as técnicas mais desenvolvidas podem ser citadas as seguintes: *functional magnetic resonance imaging (FMRI) e near-infrared spectroscopic optical topography (NIRSOT).*

[3] Em neurociência este fenômeno é conhecido como o princípio de Hebb: *Os neurônios que são ativados juntos se conectam entre si*, o que significa que, quanto mais repetimos certos padrões de comportamento (os neurônios que são ativados simultaneamente), mais rapidamente esses comportamentos se tornam automáticos e reflexos (os neurônios se conectam uns com os outros).

[4] Vale lembrar a esse respeito a importante descoberta, na década de 1990, das células-tronco, o que envolve a capacidade regenerativa das células, também no cérebro, permitindo considerar que o cérebro muda a si mesmo e se regenera estrutural e funcionalmente (CARR, 2010).

[5] Foram descobertos, na década de 1980, no laboratório de Giacomo Rizzolatti e de seus colegas da Universidade de Parma, Itália. Alguns consideraram que esta descoberta foi tão importante para a neurociência quanto o genoma para a genética. Os próprios neurônios, os neurônios-espelho, são ativados quando alguém desenvolve uma atividade que observa nos outros. Permite-nos ver o que veem as demais pessoas e também o que estamos perdendo, simplesmente por refletir os outros que veem diferentes coisas das que nós vemos.

[6] A esse respeito, podemos afirmar como Goleman (2011) que não parece que o cérebro faz grandes distinções entre a realidade virtual e a real. Uma coisa é real quando são reais as suas consequências. Portanto, se o cérebro reage da mesma forma diante de um cenário real e de um imaginário, o que imaginamos tem consequências fisiológicas e comportamentais.

4

Uma nova racionalidade para a escola: aprender a se educar

Os analfabetos do século XXI não são aqueles que não podem ler ou escrever, mas aqueles que não podem aprender, desaprender e reaprender.

(TOFFLER; TOFFLER, 2006, tradução nossa)

UMA NOVA ILUSTRAÇÃO: O DESENVOLVIMENTO DAS QUALIDADES OU COMPETÊNCIAS HUMANAS

Aprender, desaprender e voltar a aprender, evitar a separação das emoções e da razão, atender o território do inconsciente, sondar o vazio do desconhecido, ou seja, para facilitar a educação do indivíduo completo requer, obviamente, uma nova racionalidade para a escola. Uma racionalidade mais profunda e complexa, que saiba como tirar proveito dos novos conhecimentos sobre o funcionamento do cérebro como instância, em grande parte, inconsciente, emocional, "incorporada", que é movida principalmente pela empatia, com representações não objetivas e universais, mas metafóricas, analógicas e narrativas, que funciona longe da relação consciente--inconsciente, em permanente diálogo entre o córtex "reflexivo" (pensamento) e a amígdala "reflexa" (emoções). Uma racionalidade capaz de compreender que os conceitos universais, abstratos, são apenas o substrato comum dos conceitos reais, operacionais, que cada indivíduo, cada grupo e cada cultura combinam de maneira tão singular que podem até parecer contraditórios. Pensemos na interpretação tão radicalmente distinta que fazem os grupos políticos e indivíduos de esquerda e direita de conceitos tão relevantes como liberdade, democracia, progresso e justiça.

Falo de uma racionalidade que entende que cada indivíduo constrói suas plataformas únicas e marcos de interpretação e de ação, em termos principalmente de crenças, narrativas e relatos, cheios de emoções e interesses. As narrativas e histórias compartilhadas entram em nosso cérebro, desde muito cedo, de maneira lenta, progressiva, redundante e experiencial, condicionando o que vivemos e o que somos. É uma racionalidade que assume que a empatia aparece como a constante mais evidente de nossas inclinações originais, bem estabelecida e consolidada nos onipresentes e decisivos "neurônios-espelho", que nos conectam com outras pessoas de forma direta e intensa e fornecem uma base biológica, incorporada, do altruísmo, da cooperação, da comunidade e da justiça social (LAKOFF, 2011). A empatia está, portanto, na base da construção moral dos intercâmbios humanos e, consequentemente, é o fundamento prioritário da tarefa educativa.

Um "novo iluminismo" para a escola que envolva a superação daquele velho pensamento cartesiano deve levar em conta, pelo menos, os seguintes aspectos essenciais:

- a indissolúvel unidade complexa, em interação permanente, da mente e do corpo, da razão e das emoções. Como mostram as pesquisas em neurociência cognitiva (DAMÁSIO, 2005; LAKOFF, 2011; WESTEN, 2008), o cérebro humano não é uma máquina de calcular imparcial, objetiva e neutra, que toma decisões baseadas na análise fria dos fatos correspondentes, é, sim, e acima de tudo, uma instância emocional, preocupada com a sobrevivência, que busca a satisfação e evita a dor e o sofrimento, onde a razão e a emoção não são duas forças opostas, mas, sim, convivem e trabalham normalmente unidas com o objetivo de alcançar a sobrevivência mais satisfatória;
- a construção social e emocional do conhecimento, a elaboração inevitavelmente contingente, parcial, provisória e "contaminada" de nossas crenças, ideologias e conceitos;
- a importância decisiva das interações, mecanismos e hábitos de percepção e ação que permanecem abaixo da consciência e que, de acordo com pesquisas recentes (Damásio, Gazzaniga, Westen e Lakoff), constituem mais de 90% das nossas percepções, interpretações, decisões e comportamentos;
- a consideração da aprendizagem como processo contínuo de construção, desconstrução e reconstrução da rede de representações emocionais, conscientes e inconscientes.

Educar-se é, ao meu entender, reconstruir não somente os modelos mentais conscientes e explícitos, mas também, de maneira muito especial, os mecanismos, hábitos, crenças e mapas mentais inconscientes e tácitos que adquirimos ao longo de nossas vidas e que governam nossos desejos, inclinações, interpretações e reações automáticas, quando nos deparamos com o contexto variável, incerto e diverso em que vivemos. Esta combinação de racionalidade inconsciente, diálogo permanente entre consciência e automatismos mentais e de empatia servirá para orientar a prática educativa desde os primeiros anos, dando mais importância às experiências, às relações e aos contextos do que à transmissão linear de conteúdos, dados e conceitos desvinculados das vivências.

Esse novo iluminismo para a educação demanda de nós, como profissionais, ferramentas conceituais de caráter holístico que tentam abarcar a multiplicidade e a complexidade de elementos que compõem a personalidade dos cidadãos que pretendemos formar, bem como sua natureza dinâmica e interativa, aberta, flexível e emergente. Termos como qualidades, capacidades, pensamento prático ou competências humanas são, na minha opinião, muito mais adequados a esta nova exigência de "compreensão" holística da nossa natureza humana.

O objetivo da escola ou de qualquer instituição dedicada à formação dos cidadãos não pode ser estar no ensino e na aprendizagem de conteúdos disciplinares, deve procurar, em vez disso, o desenvolvimento singular em cada indivíduo dessas qualidades, capacidades ou competências como sistemas complexos de compreensão e ação, que incluem, ao mesmo tempo e com a mesma relevância, conhecimentos, habilidades, emoções, atitudes e valores. Estas exigências provocam a seguinte interrogação: que relação tem o conhecimento que reside nas disciplinas científicas, artísticas ou humanas, que é concretizado nos currículos acadêmicos convencionais, embalado juntamente com os livros didáticos e cuja reprodução fiel é solicitada nas provas, com o desenvolvimento dos modos de pensar, sentir e atuar dos indivíduos como cidadãos, pessoas e profissionais?

O CONTROVERSO, DUVIDOSO E PROMISSOR CONCEITO DE COMPETÊNCIA

Neste sentido, com propósitos semelhantes, embora com motivações diversas, ocorre o movimento internacional que propõe as competências básicas como objetivos do currículo escolar. Durante a última década do século passado e a primeira década deste, intensifica-se a preocupação internacional com a qualidade e relevância da educação e multiplicam-se as reformas dos sistemas educacionais, a busca de novas formas de conceber o currículo, novos modos de entender os processos de ensino e aprendizagem e, por fim, novos modelos de ensino (Unesco, OCDE-CERI). Um desses documentos germinais é o denominado projeto DeSeCo (Definição e Seleção de Competências-Chave), cuja primeira versão apareceu em 2000 e cuja versão definitiva foi difundida no ano de 2003. A partir desse documento, a maioria dos países da OCDE, incluindo a União Europeia e a Espanha, começou a reformular o currículo escolar e a construir os instrumentos do famoso programa de avaliação internacional das aprendizagens denominado PISA, em torno do controverso, complexo e poderoso conceito de competências.

O que entendo por competências?

O termo competências não surge inocente. Como já expus em Pérez Gómez (2007, 2009), o termo competências tem uma longa tradição e está contaminado por uma carga pesada de interpretações comportamentais que pouco contribuiram para compreender a complexidade dos processos de ensino e aprendizagem dos seres humanos. Na interpretação behaviorista das **competências como habilidades**, cabe destacar, na minha opinião, três características que questionam seriamente o seu potencial científico e minam definitivamente a sua virtualidade educativa:

– em primeiro lugar, a necessidade de fragmentar *os comportamentos* e as condutas complexas em tarefas ou atividades discretas, microcompetências, que podem ser aprendidas, treinadas e reproduzidas de maneira simples e independente quantas vezes for necessário;
– em segundo lugar, uma *concepção mecanicista e linear* das relações entre microcompetências, entre estímulos e respostas ou entre acontecimentos e comportamentos. Deste modo, considera-se que, independentemente das situações, problemas, contextos ou pessoas, uma microconduta pode ser reproduzida facilmente, porque é independente do contexto e das situações e sempre se comporta de maneira previsível; e
– em terceiro lugar, a crença na possibilidade e na necessidade de somar e justapor as microcondutas ou competências para a formação de comportamentos mais complexos.

Em suma, a interpretação behaviorista acredita que competências, interpretadas como meras habilidades, têm um caráter estritamente individual e podem ser vistas como livres de valores, independentes da cor das suas aplicações concretas e dos contextos em que se desenvolvem, são consideradas comportamentos observáveis e sem relação com atributos mentais subjacentes, enfatizam a conduta observável em detrimento da compreensão, podem ser isoladas e treinadas de maneira independente e se agrupam e somam sob a convicção de que o todo é igual à mera soma das partes.

O conceito de competências que aqui formulo é o oposto desta interpretação comportamentalista das competências que a Pedagogia por Objetivos fez em meados do século passado (BLOOM et al., 1956; GAGNÉ; BRIGGS, 1974; TYLER, 1949).[1] Tais propostas respondiam às demandas de uma economia industrial de trabalho sem qualificação e em cadeia e a uma concepção mecânica e comportamentalista da aprendizagem humana (GIMENO SACRISTÁN, 1982). Essas habilidades e destrezas não são as necessárias para os cidadãos e profissionais contemporâneos, saturados de informação e cercados pela incerteza e complexidade na sua vida pessoal, social e profissional. O enfoque atual que aqui apresento enfatiza o caráter global, holístico, sistêmico, flexível, reflexivo e contextualizado das competências

A DeSeCo define a competência como

> [...] a capacidade de responder às demandas complexas e realizar várias tarefas adequadamente. É uma combinação de habilidades práticas, conhecimentos, motivação, valores, atitudes, emoções e outros componentes sociais e comportamentais que estão mobilizados conjuntamente para alcançar uma atuação eficaz. (ORGANIZACIÓN PARA LA COOPERACIÓN Y EL DESARROLLO ECONÓMICO, 2002, tradução nossa).

The European Commission's Cedefop glossary (2008) considera que a competência não se limita aos elementos cognitivos (teorias, conceitos e conhecimento tácito), implica também aspectos funcionais (habilidades técnicas) atributos interpessoais (habilidades organizacionais e sociais) e valores éticos. As características diferenciais das competências, capacidades ou qualidades humanas fundamentais seriam as seguintes: um "saber" (saber pensar, saber dizer e saber fazer) e um "querer" (ligado às necessidades e interesses primeiro e ao próprio projeto de vida depois) em contextos e situações específicos e complexos dependendo dos fins desejados.

Moya (2008) propõe entender as competências como a forma singular como cada indivíduo relaciona e utiliza os seus recursos pessoais para lidar com situações complexas da vida. Para mim, as competências são sistemas *complexos, pessoais, de compreensão e de atuação, ou seja, combinações pessoais de conhecimentos, habilidades, emoções, atitudes e valores que orientam a interpretação, a tomada de decisões e a atuação dos indivíduos humanos em suas interações com o cenário em que habitam, tanto na vida pessoal e social como na profissional*. As competências envolvem a capacidade e o desejo de compreender, analisar, propor, desenvolver e avaliar. Ou seja, a pessoa competente em qualquer um dos diferentes âmbitos do saber tem de ser capaz de utilizar todos os seus recursos para desenvolver os seguintes processos diante das situações problemáticas nas quais se encontra:

a) análise e diagnóstico compreensivo das situações problematicas;
b) elaboração e planejamento dos modos mais adequados de intervenção;
c) atuação flexível, sensível, criativa e adaptativa; e
d) avaliação reflexiva de processos e resultados, bem como a formulação de consequentes propostas de melhoria.

Se em nossa prática cotidiana como docentes não encontramos os nossos aprendizes envolvidos nestes processos imprescindíveis, podemos começar a suspeitar que dificilmente estejamos contribuindo para que eles desenvolvam as suas competências.

O velho termo e o novo construto de competências trazem uma nova epistemologia da compreensão e da ação, um novo iluminismo que quebra, como já vimos, definitivamente com o racionalismo cartesiano. O complexo construto de competências aborda, de maneira inovadora, não só nem principalmente, o falso, mas persistente, dilema de conteúdos versus habilidades, matéria-forma. Seria uma grande contribuição pedagógica rever esse dilema afirmando a indissolúvel interdependência dos conteúdos, matérias e dos processos, forma ou habilidades. O conceito de competência contribui, deste modo, para considerar de outra maneira um antigo debate entre os partidários do conteúdo (para ensinar já é suficiente saber a disciplina) e os adeptos da metodologia (para saber só é necessário escolher bem o método), uma vez que alcançar uma competência não permite escolher, matéria e forma são, ambas, imprescindíveis. Sem habilidades, os alunos se entregam frequentemente à mera memorização e reprodução de fatos, dados e informações, e a sua experiência educacional mergulha na passividade. Sem conteúdos, os alunos se envolvem, em geral, em atividades ou em grupos de trabalho e solução de problemas que sucumbem na banalidade de um ativismo que se esgota em si mesmo, sem significado nem sentido. Do que o cidadão contemporâneo necessita é esta compreensão, esta interrelação inseparável de conhecimentos e habilidades para investigar a natureza complexa dos fenômenos do contexto (SCARDAMALIA; BEREITER, 2006). Essa mistura produtiva pode ser chamada de compreensão. Por isso é que, em vez de conhecimentos e habilidades, poderíamos falar de compressão e atuação. Para evitar frequentes polêmicas falsas, estéreis e interessadas, deve ficar bem claro desde o princípio que sem conhecimento não há competências, mas que as competências são muito mais do que os conhecimentos; sem habilidades não há competências, mas as competências são muito mais do que as habilidades. Por essa razão, conhecimentos e habilidades não são instâncias opostas, mas componentes necessários no comportamento competente das pessoas. Insistindo neste mesmo sentido, Vergnaud (2007) considera absurdo pensar na oposição entre conhecimento declarativo e processual, porque não se pode almejar ao procedimento processual vazio de conceitos e teoremas. O saber fazer envolve manipulação e aplicação do conteúdo conceitual e de regras em ação, para que ambos os aspectos estejam indissoluvelmente unidos.

Por sua importância, a meu ver, a relevância desse novo construto vai muito além, encontra-se na incorporação de emoções, atitudes e valores como elementos indispensáveis e tão relevantes como os conteúdos ou as habilidades para entender a natureza complexa da compreensão e da atuação humanas.

A força do construto está, na minha opinião, precisamente em seu caráter sistêmico (JUARRERO, 1999), o que implica a necessidade de considerar que todos esses elementos essenciais e relativamente autônomos operam dentro de um sistema que lhes dá sentido e sem o qual não pode ser entendida a complexidade, nem da compreensão nem da atuação humanas. A relevância epistemológica e pedagógica do construto está em seu caráter holístico, interdependente e sistêmico. Compreender o funcionamento isolado de um elemento ou tentar desenvolvê-lo de forma unilateral por meio da intervenção pedagógica não pode ser considerado propósito suficiente.

Sem conhecer a influência do resto dos elementos, nem podemos entender o funcionamento nem podemos desenhar uma intervenção desejável e eficaz.

Este conceito holístico de competências ou qualidades humanas fundamentais é proposto como o amparo formal para estabelecer as finalidades prioritárias dos sistemas educacionais atuais. Quais são essas competências e como são trabalhadas e desenvolvidas nas instituições responsáveis pela formação dos futuros cidadãos na era digital?

AS COMPETÊNCIAS EXIGIDAS PELA ERA DIGITAL

A seleção de qualidades ou competências fundamentais ou básicas é uma decisão política intimamente vinculada aos valores que cada comunidade considera essenciais para o desenvolvimento dos seus cidadãos. As sociedades democráticas requerem a participação de todos por meio do debate público, e esta deve ser uma tarefa fundamental dos representantes políticos, claramente vinculada à declaração universal dos direitos humanos que assumiram e das concreções de tais direitos em suas próprias constituições. A seleção dessas competências é um ato político de definição de prioridades em função da análise das necessidades e das possibilidades de cada cenário social. De que qualidades humanas fundamentais e básicas o cidadão contemporâneo precisa nas sociedades democráticas, na era digital?

Ortega y Gasset já exigia o desenvolvimento de mentes incisivas e corações sensíveis, com as finalidades fundamentais da educação. Jean Piaget, por sua vez, defendia que o último propósito da educação é superar o egocentrísmo tanto no domínio do intelectual – apoiar-se em evidências e argumentos mais do que na pressão dos preconceitos e das opiniões mal informadas – como no emocional – estimular a reciprocidade, a empatia, colocar-se no lugar do outro. Unamuno considerava que os atributos do intelectual do século XX deveriam ser pensamento elevado e sentimento profundo.

O que significam e como se concretizam essas qualidades em nossos dias? O que significa preparar os cidadãos para que possam desenvolver o seu próprio projeto pessoal, social e profissional em um mundo em constante mudança, acelerado, vertiginoso e global? Muitas formulações surgiram nas últimas décadas: *Os sete saberes* de Morin, as *inteligências múltiplas* e as *cinco mentes* de Gardner, as qualidades humanas de Amarthya Sen e Madelaine Walker, as *atitudes da era conceitual* de David Pink, as competências do século XXI da Fundação Carnegie, as competências definidas pelo modelo Ross School, a formulação da DeSeCo pela OCDE.

Em outras palavras, as finalidades da escola devem se concentrar no propósito de ajudar cada indivíduo a construir o seu próprio projeto de vida (pessoal, social e profissional), para percorrer o seu próprio caminho da informação ao conhecimento e do conhecimento à sabedoria. Ou seja, a escola e o currículo devem oferecer oportunidades de experiências, para que os indivíduos se formem como autores das suas próprias vidas, como aprendizes que se autodirigem ao longo de toda vida, pesquisadores rigorosos, comunicadores eficazes, cidadãos solidários e comprometidos com a construção das regras do jogo comunitária, criadores singulares em suas respectivas áreas de especialização e interesse, colaboradores efetivos nos grupos e na comunidade. A educação deve enfatizar o caráter holístico da natureza humana, em que o conhecimento, a beleza e a bondade são componentes irrenunciáveis e interdependentes, ainda que tenham sido considerados, de múltiplas formas, diferentes pelas diversas culturas e comunidades humanas.

Vou seguir a proposta original da comissão de peritos da OCDE, interpretada de uma forma pessoal, pois, ao meu entender, ela consegue estabelecer uma forte interação entre os aspectos fundamentais da personalidade complexa que se recria e constrói de forma permanente no mundo de mudanças em que vivemos. A minha proposta enxerga de forma matiza sensível a consideração das três competências fundamentais de DeSeCo, mas, acima de tudo, tenta compreender em profundidade as suas poderosas implicações, explicando o seu significado e sentido. Em suma, supõe questionar os componentes que permitem que cada indivíduo, de maneira singular, transite da informação ao conhecimento e do conhecimento à sabedoria, enfatizando três qualidades fundamentais: saber, solidariedade e autonomia.

As três competências básicas para a era contemporânea podem ser formuladas da seguinte maneira:

a) capacidade de utilizar e comunicar de maneira disciplinada, crítica e criativa o conhecimento e as ferramentas simbólicas que a humanidade foi construindo até os nossos dias;

b) capacidade para viver e conviver democraticamente em grupos humanos cada vez mais heterogêneos, na sociedade global; e

c) capacidade de viver e atuar autonomamente e construir o próprio projeto de vida.

Capacidade de utilizar e comunicar o conhecimento de forma disciplinada, crítica e criativa

A sociedade da informação requer o uso de uma grande variedade de ferramentas e instrumentos simbólicos, desde línguas até conhecimentos (códigos, símbolos, textos, informação, conhecimento, plataforma tecnológica, etc.) para compreender e se situar no território natural, social, econômico, político, cultural, artístico e pessoal. Utilizar uma ferramenta simbólica de forma disciplinada, crítica e criativa não requer somente a familiaridade e o domínio dela, mas compreender o seu caráter instrumental e entender como as ferramentas e as mediações mudam a maneira como nos relacionamos com o mundo e a perspectiva a partir da qual o contemplamos, ajudando a compreender, comunicar e atuar. Os instrumentos e as mediações simbólicas compõem a cultura humana. Como afirmam os neurocientistas e estudiosos acadêmicos atuais (PILLARS, 2011; WAGNER, 2010; WILLINGHAM, 2009), os inovadores do futuro serão os aprendizes que são capazes de formular as questões apropriadas, filtrar e avaliar gigantescas quantidades de dados e comunicar claramente os conhecimentos que foram capazes de combinar e reconstruir de modo original.

A primeira competência é especificada pela capacidade de utilizar, não de recitar, repetir ou reproduzir em uma prova. Aplicar e comunicar conhecimento são tarefas fundamentais nas interações pessoais, sociais e profissionais na era da informação. Como advertem, com razão, Wiggins e McTighe (2008), a tarefa da escola contemporânea não é tanto abranger a conteúdo disciplinar presente no currículo oficial, mas ajudar os alunos a utilizarem o conhecimento de maneira reflexiva e produtiva. Linn, Davis Bell (2004) também insiste na mesma ideia ao recomendar a criação de cenários escolares nos quais cada indivíduo deve utilizar o conhecimento para compreender, elaborar, planejar e atuar, principalmente em grupos de deliberação, debate e atuação compartilhada.

Por outro lado, convém destacar que os recursos simbólicos que a comunidade humana guarda e constrói não são apenas nem principalmente os dados e as informações, pois os recursos cognitivos abrangem desde os dados até os paradigmas: dados, informações, conceitos, modelos-mapas--esquemas, teorias e paradigmas. Os fatos e os dados representam o primeiro passo e são, para Whitehead, por si mesmos, apenas conhecimento inerte. A meu ver, a informação se torna conhecimento (modelos-esquemas-mapas, teorias e paradigmas) somente quando o sujeito confere organização e significado, a partir das experiências anteriores que se acumulam na memória, a um conjunto de informações que se encaixam de forma peculiar em função dos objetivos, propósitos e interesses atuais do sujeito que conhece. Assim, convém ressaltar desde o primeiro momento que o conhecimento não pode ser confundido com o acúmulo ou a reprodução de dados e informações, mas também envolve a organização significativa destes, ao menos em mapas, esquemas e modelos mentais que orientam a nossa interpretação e atuação.

Por outro lado, não devemos esquecer, desde o princípio, que o conhecimento se refere tanto ao conhecimento explícito como ao implícito (POLANYI, 1966). Se, como vimos no Capítulo 3, um volume importante do conhecimento que o indivíduo utiliza na sua vida cotidiana, pessoal e profissional permanece abaixo da consciência, não faz sentido que na escola nos esqueçamos desta dimensão fundamental do conhecimento, ignorando a sua relevância e a sua influência decisiva.

Esta competência requer considerar os seguintes componentes ou dimensões:

Tratamento disciplinado da informação e do conhecimento

É conveniente, a este respeito, esclarecer a diferença entre matérias de conhecimento e disciplinas. Gardner (2008) considera que as matérias de conhecimento são conjuntos de informações, conceitos, fórmulas e figuras que os alunos aprendem por memorização, para reproduzir como dados. As disciplinas, ao contrário, envolvem uma maneira especial de pensar sobre o mundo, configurado pelo espírito e o método científico, que observa, contrasta, comprova, inventa e sintetiza. A tendência acadêmica da escola convencional transformou as disciplinas em matérias, expulsando o espírito e o método científico da vida escolar.

Portanto, conseguir uma mente disciplinada requer a capacidade de identificar tanto os conceitos como os procedimentos metodológicos significativos em um campo do saber, que permitem compreender a complexidade, o oculto e o aparente, o real já existente e o possível. A mente disciplinada constrói estruturas do saber que incluem os conteúdos e os métodos, as formas de investigar e os modos de aplicação, uma aprendizagem disciplinada que requer a melhor compreensão em, por e para a ação. Um indivíduo é disciplinado se adquiriu os hábitos e os conhecimentos que lhe permitem seguir crescendo no domínio deste campo do saber, dessa habilidade ou dessa arte.

Análise, questionamento, contraste, avaliação, transferência e síntese são características substanciais da mente disciplinada. De modo algum se pode confundir uma mente disciplinada com uma mente repleta de informação memorizada que só serve para ser reproduzida mecanicamente. Os livros didáticos e os exames do tipo testes de múltipla escolha, tão comuns na atual escola convencional, sem dúvida induzem à aprendizagem memorizada não ao aprendizado disciplinado. No entanto, a aprendizagem memorizada completa de dados, regras, figuras, classificações de um campo disciplinar ou interdisciplinar é uma tarefa impossível e estéril atualmente. Ninguém pode conter o aumento exponencial do volume de dados, nem evitar a sua obsolescência e a mudança permanente. Não podemos perder tempo em uma missão impossível e, além disso, estéril. Os aprendizes devem se concentrar no domínio das ideias fundamentais, dos princípios que regulamentam o coração de um campo disciplinar, nas estratégias demandadas para produzir e aplicar o conhecimento para a compreensão e a solução de problemas, para a proposta de novas questões e alternativas e deixar o acúmulo de dados para o depósito externo, digital, acessível, rápido, seguro e na prática ilimitado. O enorme volume de informação atual, caótica e desordenada que dispõe a internet, a proliferação dos bancos de dados e dos poderosos servidores de busca ao alcance de qualquer pessoa a qualquer momento tranforma a habilidade para buscar, encontrar, selecionar e organizar informação confiável, não para acumular, hoje em uma habilidade importante para o desenvolvimento da mente disciplinada (ANDERSON, 2011).

É necessário tomar consciência, na prática docente, de que modelos, esquemas e mapas mentais são mais importantes do que os dados e que a habilidade de analisar e sintetizar tem muito mais valor do que a habilidade de memorizar. O que devemos ensinar nos cursos introdutórios é a ver e observar, levantar hipóteses, buscar provas e promover as inferências. Os alunos precisam viver em ambientes de pesquisa, onde observem o comportamento complexo dos seres humanos quando pesquisam.

A mente disciplinada deve conter os principais procedimentos já consolidados na pesquisa, desde a observação até a inferência, da análise à síntese, da dedução à indução e transdução, da concretização à generalização, utilizando o contraste de teorias e práticas, a comparação e a experimentação como procedimentos de comprovação e coleta de evidências. A mente disciplinada precisa usar várias formas de raciocínio: indutivo, dedutivo, transdutivo ou analógico, elaborar julgamentos e decisões, analisar, argumentar com evidências, sintetizar, interpretar, avaliar e propor. A esse respeito, cabe distinguir entre *aprendizes analíticos* que pensam de modo sequencial e estrutural e *aprendizes relacionais* que preferem enfocar a realidade de forma mais global, enfatizando as *gestalt* mais do que os detalhes e desenvolvendo de maneira prioritaria as capacidades de aplicar, relacionar e transferir. Em sentido semelhante, Vergnaud diferencia os esquemas algorítmicos dos esquemas heurísticos. Ambos são essenciais na mente disciplinada, mas cumprem funções muito diferentes, ainda que complementares, e não podemos esquecer que os primeiros são facilmente desenvolvidos com confiabilidade pelos artifícios atuais da computação.

A escola convencional oferece, em geral, o "conhecimento", os conteúdos embalados em lições e livros didáticos, sem um método, sem práticas, sem controvérsias que acompanham toda a produção humana de conhecimento científico e todo o processo de avaliação da sua qualidade. As plataformas multimídia oferecem a possibilidade de participar da produção de conhecimento, por exemplo, nos jogos como Sims City (SHAFFER, 2006), enquanto a escola só oferece a possibilidade de consumir e reproduzir fatos e informações, geralmente abstratos e descontextualizados.

Por outro lado, não podemos esquecer que os conteúdos escolares estão supersimplificados e apresentados de forma abstrata, fora dos contextos, por isso facilmente perdem o seu significado e a sua utilidade. Os alunos podem ser capazes de superar os testes e provas objetivas escolares, mas não de resolver os problemas da vida cotidiana. Ao contrário, a pesquisa científica não é destinada a produzir conteúdos, mas a resolver os problemas; os conteúdos são ferramentas utilizadas na solução de problemas.

Além disso, grande parte do conhecimento que cidadãos educados necessitam utilizar na sua vida futura ainda não foi descoberta. A escola deve, portanto, preparar para aprender a produzir e a valorizar as informações e a elaborar conhecimento no presente e no futuro mais do que reproduzir os dados produzidos no passado.

Por sua vez, é fundamental destacar que o rigor e a disciplina não podem ser padronizados até o ponto de ignorar a natureza distintiva e singular de cada parcela da vida. Portanto, cada campo do saber deve desenvolver a metodologia de pesquisa e as formas de representação e expressão mais adequadas à natureza de seu objeto de estudo (GADAMER, 1990). Como defende, com razão, Gardner (2006), possuímos diferentes tipos de mentes que trabalham com diferentes combinações de representações mentais.

É fundamental, por outro lado, destacar a importância da capacidade de sintetizar diante da superabundância de informação fragmentada. Muito frequentemente, na vida acadêmica se deu muito mais importância à análise do que à síntese. No entanto, convém recordar que, na época contemporânea, a informação é tão abundante que é difícil não se perder. Para que possamos nos mover nesta selva de informação, é imprescindível aprender a sintetizar, agrupar, organizar e categorizar sem desnaturalizar a complexidade e a vitalidade dos âmbitos reais. Com este propósito, podemos utilizar as narrativas, taxonomias, conceitos e construtos complexos, regras e aforismos, metáforas, alegorias, imagens poderosas, mapas, diagramas, teorias, metateorias e paradigmas (GARDNER, 2008).

Talvez a maneira mais poderosa de sintetizar seja o trabalho interdisciplinar e a cooperação entre os campos do conhecimento que permitem abordar os complexos fenômenos da vida contemporânea. Pode-se constatar facilmente que nas áreas de estudo mais avançadas a maioria dos problemas não se encaixa corretamente nas áreas disciplinares. Assim, é necessário reconhecer que o trabalho interdisciplinar é um desafio, porque requer combinar métodos e maneiras de pensar frequentemente muito díspares, desenvolvidos e consolidados por tradições acadêmicas bem diferentes e distantes.

Estimular a integração de ideias é um propósito educativo fundamental na era da informação. Como sabem muito bem os docentes de níveis superiores, os alunos costumam ter um repertório de ideias e informações fragmentado, frágil e incoerente, que não ajuda a compreender nem a intervir na complexa realidade em que vivemos.

Utilizar o conhecimento de forma crítica

Na era da saturação de informação, parece mais necessário do que nunca o desenvolvimento da capacidade de criticar, discernir, comparar e avaliar os fundamentos e o sentido dos dados e das ideias que manipulamos. Criticar não é destruir, é discernir, ser capaz de questionar, debater, contrastar, mesmo as opiniões mais básicas de cada indivíduo, cada grupo e cada comunidade. Paradoxalmente, os cidadãos do século XXI podem falhar na construção do conhecimento útil e confiável precisamente porque estão saturados, inundados com montanhas de dados grosseiros e desconexos.

Será, portanto, adequado desenvolver no sujeito a consciência de que a informação e o conhecimento nunca podem ser independentes das circunstâncias sociais nas quais foram gerados, nem dos protagonistas que os produziram, nem de quem os utiliza em um determinado momento para interesses também peculiares (MORIN, 2000). Os significados são construídos historicamente e sempre a partir de plataformas culturais que condicionam o conhecimento.

Desenvolver uma mente crítica é, no meu entender, enfatizar a falta de um fundamento definitivo dos conceitos, crenças, categorias, modelos mentais e teorias; estimular o intercâmbio de diferentes opiniões e propostas para desenvolver a capacidade de pensar de modo estratégico, questionando os fundamentos e as consequências; incentivar a curiosidade e reconhecer o caráter efêmero, temporário e contingente de todo conhecimento.

O pensamento crítico requer dois termos, pensamento e crítica. Frequentemente se produz um grave desequilíbrio: existe a crítica, mas muito pouco pensamento; a crítica é concebida erroneamente como a substituição de uma alternativa por outra. Absolutamente, a atitude pseudocrítica é a imposição de preconceitos que avaliam sem conhecer, investigar e descobrir.

A partir desta perspectiva crítica, por exemplo, a famosa taxonomia piramidal de Bloom deve ser interpretada de maneira tão flexível que permita ser modificada. A taxonomia do conhecimento de Bloom que estabelece uma cadeia linear: primeiro o conhecimento, depois a compreensão, logo a aplicação, posteriormente a análise, a síntese e a avaliação, não funciona como na vida cotidiana dos educandos. Esses processos são aprendidos, muitas vezes, simultaneamente e com frequência de forma inversa. Como indicam Wineburg e Schneider (2009), na construção de significados por parte do indivíduo ou do grupo, de principiantes ou de especialistas, muitas vezes, a avaliação não vem no final como propõe Bloom, as operações se misturam e se relacionam a tal ponto que nos aproximamos da realidade avaliando as suas possibilidades e consequências, tomando o significado como um todo, e só posteriormente inicia o trabalho concentrado de análise, comparação e discernimento tranquilo. Porque o que importa, em princípio, não é coletar dados, mas pensar sobre os problemas de uma nova maneira, diferente da nossa forma habitual de perceber e avaliar.

Por outro lado, o caráter subjetivo, provisório, parcial e contingente da construção de significados na vida cotidiana não se dissolve no processo de pesquisa científica, atenua-se e tenta ser controlado, mas não é eliminado. Também o sujeito e o grupo de indivíduos que investigam e elaboram conhecimento utilizam as suas representações subjetivas bem ou mal fundamentadas, usam as plataformas conceituais que compõem os seus paradigmas, para destacar problemas, definir hipótese e sugerir processos de comprovação. Observar e ver supõem um tipo de metamorfose, e não um ato mecânico, alteram o que é visto e transformam o sujeito que vê (ELKINS, 1996 apud HANSEN; DRISCOLL; ARCILLA, 2003). A metamorfose implica a continuidade entre o objeto e o sujeito e pode ser considerada a metáfora mais adequada para descrever a aprendizagem como um processo de construção de significados, de mapas para organizar e interpretar informações, dar sentido ao desconhecido a partir do conhecido.

Esta consciência da contingência e relatividade (ARIELY, 2011; PÉREZ GÓMEZ, 2007) na percepção e construção dos significados que compõem as nossas estruturas de interpretação e de ação é fundamental no desenvolvimento do sujeito, do cidadão informado, reflexivo e democrático. O sujeito deve aprender a construir e reconstruir permanentemente seus esquemas de interpretação, tomada de decisões e ação, para lidar com a mudança e a incerteza no mundo contemporâneo (WAGNER, 2010).

O nosso sistema escolar, ao contrário, saturado de aulas magistrais, livros didáticos e provas objetivas de múltipla escolha, favorece a ideia de que para tudo há uma resposta correta e que só será recompensado aquele que obtém esta resposta. Assim, a tarefa de aprender e se formar consiste em adquirir, armazenar e devolver a resposta correta, que frequentemente é aquela que anteriormente foi oferecida pelo professor ou pelo livro didático. O desenvolvimento da capacidade crítica requer, nesse sentido, superar a causação linear, direta e previsível do positivismo e compreender a causação sistêmica, contextual e, em certa medida, sempre imprevisível, criativa, das interpretações heurísticas.

Utilizar de forma crítica os recursos cognitivos exige repensar as próprias representações, conceitos, crenças e modelos ou mapas mentais que utilizamos para compreender e reagir em nossas experiências cotidianas e entender que eles são modelos adquiridos de uma forma pessoal dentro do limitado contexto social que rodeia a nossa experiência, a nossa biografia. Se os modelos e as estruturas mentais que constituem a cultura da nossa comunidade são limitados, provisórios e restritos a uma época, um contexto e uma experiência histórica, em maior grau serão os marcos próprios e individuais que foram elaborados em um cenário de experiência e intercâmbio local e restrito. A mente crítica exige, portanto, desaprender, desconstruir e reconstruir tais marcos, os *habitus* e as *gestalt* primitivas, geralmente inconscientes, que filtram as nossas novas experiências e que geralmente impedem o progresso do conhecimento.

Não podemos esquecer, como repete insistentemente Lakoff (2011), que cada pessoa constrói as suas próprias representações, os seus próprios conceitos, dependendo do significado que eles têm para os seus interesses e propósitos. Os conceitos não existem em um universo filosófico ou acadêmico abstrato, têm um núcleo central comum que é muito abstrato para ser utilizado e, em cada caso, em cada aplicação, individual ou grupal, esse núcleo central comum é singularizado, combinado de acordo com as interpretações, interesses e propósitos dos agentes envolvidos. Estas conotações originais, situacionais e pragmáticas são as que realmente definem a compreensão, a decisão e a atuação dos indivíduos.

A atitude e a disposição críticas são fundamentais na prática científica e na vida cotidiana, para desnudar os fundamentos e as intenções presentes em todo processo de pesquisa, não para alcançar a "verdade", mas para alcançar os níveis mais altos de confiabilidade e validade das evidências possíveis em cada situação e para cada problema. Como é proposto por Linn, Davis e Bell (2004), o diálogo, o contraste e a reflexão compartilhada sobre as experiências e evidências, assim como a reflexão sobre o sentido, os propósitos e os valores dos agentes costumam ser os procedimentos mais adequados para essa tarefa.

Vergnaud (1996) alude a esta capacidade crítica como aprendizagem significativamente subversiva, que permitirá ao sujeito fazer parte da sua cultura e, ao mesmo tempo, estar fora dela; gerenciar as informações criticamente, sem se sentir impotente diante delas; aproveitar a tecnologia sem idolatrá-la; mudar sem ser dominado pela mudança; conviver com a incerteza, a relatividade, a causalidade múltipla, a construção metafórica do conhecimento; evitar o dualismo maniqueísta; rejeitar as verdades fixas, as certezas inquestionáveis, as definições absolutas, os estereótipos e a fragmentação.

O confronto, o debate, a necessidade de coordenar e dar sentido a diferentes pontos de vista, díspares e inclusive, em princípio, contraditórios, estimula o crescimento do pensamento crítico, a capacidade de transcender os limites conceituais da própria cultura, de se abrir para a discrepância, a incerteza, a mudança, a novidade e o território do possível. Como destacam com insistência Johnston (2004), Peter e Roberts (2011) e Marton e Tsui (2004), a educação deve ajudar a compreender que a construção de significados não consiste em adquirir a resposta correta, mas em ampliar e melhorar a capacidade de formular e resolver problemas significativos e relevantes, lidar com o conflito conceitual tão bem identificado por Piaget, assumindo e conciliando as discrepâncias e celebrando a pluralidade de perspectivas nas situações reais que cercam a vida de cada indivíduo.

Além disso, como bem propôs Resnick, Levine e Tasley (1991), em consonância com os ensinamentos de Confúcio, desenvolver uma mente crítica envolve enfatizar o sentido, a dimensão ética e responsável pelo conhecimento; prestar contas de forma responsável sobre o rigor e a orientação da busca e da aplicação; combinar eficiência e sentido; questionar as prioridades, objetivos e estratégias; e avaliar os rendimentos.

Utilizar o conhecimento de forma criativa

Um terceiro componente essencial do conhecimento é a sua dimensão criativa. Na era da informação, esta peculiaridade do conhecimento se converte em qualidade prioritária. Não só no mundo das artes, mas também no mundo da técnica, da economia e da política enfrenta-se o desafio da inovação, da busca de alternativas satisfatórias para o bem-estar dos indivíduos e das comunidades humanas. Portanto, a habilidade de usar criativamente o conhecimento é proposta como um componente fundamental da primeira competência que tem de ajudar a desenvolver a educação em todos e em cada um dos cidadãos. Como destaca Robinson (2011), a criatividade é o maior dom da inteligência humana. Quanto mais complexo se torna o mundo, mais criativos necessitamos ser para enfrentar os seus desafios

A curiosidade, a imaginação e a criatividade se localizam, sobretudo, no hemisfério direito do cérebro humano e são o complemento ideal do pensamento crítico, da resolução de problemas e da elaboração de juízos de valor que se localizam principalmente no hemisfério esquerdo. A curiosidade e a imaginação estão relacionadas com o desejo de aprender, de experimentar, de correr riscos e de inovar ao longo de toda vida. A lógica nos leva por caminhos previsíveis; a imaginação e a curiosidade, por territórios novos e imprevisíveis. Eisntein acreditava que a imaginação era a qualidade intelectual mais importante, para o cientista e para o cidadão, pois também estimula a capacidade para se questionar sobre o sentido da vida e a adequação das estruturas e formatos sociais atuais.

Thomas e Brown (2011), em seu ensaio atual e interessante, incentivam-nos a considerar o jogo como um modo de aprendizagem, que nos ajuda a entender que um mundo em constante mudança não é um desafio ou obstáculo a ser superado, mas um recurso ilimitado para atrair, estimular e cultivar a imaginação.

Criatividade e inovação são, portanto, qualidades que os seres humanos têm de aprender e cultivar, eliminando os ancestrais e assentados preconceitos que as consideram privilégios dos gênios, talentos inatos que não se pode nem aprender nem ajudar a aprender. Pelo contrário, a maioria dos estudos e pesquisas atuais em neurociência cognitiva confirma que a criatividade é nutrida por imaginação, atividade que cada indivíduo desenvolve desde a infância, embora de maneira muito diferente. A criatividade é estimulada e alimentada em contextos abertos, pacientes, nos quais reinam a confiança e o incentivo à iniciativa pessoal, às diferentes formas de entender e expressar, nos quais o erro é considerado uma oportunidade para a aprendizagem e são promovidos projetos desafiadores e complexos em que os aprendizes têm de ensaiar e sugerir alternativas. As descobertas criativas ocorrem ao explorar, experimentar, fazer conexões não habituais, analogias entre campos normalmente distantes, novas aplicações de associações ou estratégias já conhecidas para territórios ou problemas novos, coragem para utilizar pensamento divergente e lateral, para ensaiar sem medo de errar, um contexto aberto e amigável que convide o aprendiz a experimentar sem a espada de Dâmocles da avaliação do professor ou da crítica e ridicularização do companheiro. Fields (2011) se interroga e nos pergunta a respeito de que, se é tão óbvio que abraçar a incerteza, o risco e a crítica é essencial para desenvolver altos níveis de inovação e criatividade, por que os afastamos da vida cotidiana na escola e no currículo convencional?

Como afirma Van Manen (1998, 2004), insistir na exigência de uma única resposta correta, aprender demasiadas respostas para perguntas fechadas, terminar de forma precipitada a busca ou punir o erro frustra as iniciativas criativas dos aprendizes. Questões abertas, chuva de ideias, incentivar as atitudes de risco intelectual e considerar o erro como uma oportunidade de aprendizagem compõem o cenário apropriado para a criatividade. Davidson (2011) considera que o pensamento criativo, que não pode ser automatizado, requer atenção, surpresa, anomalia, diferença, alteração e habilidade para focalizar o singular e o imprevisível.

Cabe relacionar a criatividade com a aprendizagem profunda e estratégica. O aprendiz superficial se move entre partes desconexas de informação que ele tem de reproduzir, memoriza dados, realiza procedimentos rotineiros, tem dificuldade para dar sentido a novas informações e ideias, fica entediado com o trabalho intelectual, estuda sem refletir, para reter e reproduzir. Os aprendizes estratégicos, criativos, ao contrário, buscam padrões ocultos, princípios subjacentes, evidências que relacionam com as conclusões, argumentam com lógica, precaução e crítica, questionam as aparências e promovem alternativas, relacionam processos com os objetivos e os conteúdos com as formas.

Comunicar informação e conhecimento

Um aspecto fundamental dessa competência faz referência, na minha opinião, ao desenvolvimento da capacidade de comunicação. Utilizar de maneira disciplinada, crítica e criativa o conhecimento, para compreender e intervir, requer a capacidade de comunicar de modo eficaz tal conhecimento.

A comunicação desempenha um papel importante na formação dos cidadãos, não só para que sejam aprendizes ao longo da vida, mas para que sejam membros ativos e vozes significativas de comunidades em grande parte virtuais, que utilizam as múltiplas ferramentas, recursos e plataformas de intercâmbio simbólico à disposição dos cidadãos na era da informação. Participar da complexa, incalculável, surpreendente cultura digital exige aprender os meandros da comunicação tanto para selecionar, processar e compreender como para expressar, difundir e compartilhar os significados recriados pelo próprio sujeito, pelos grupos e pela comunidade. Participar das redes sociais virtuais e dos jogos digitais requer alfabetização linguística e digital cada vez mais complexa e sofisticada (DAVIDSON, 2011; DEDE, 2007).

Por exemplo, a participação cada vez mais generalizada nos *blogs* de *metagaming* implica submergir em longas e complexas discussões sobre possíveis estratégias em jogos de *videogames* compartilhados e em rede, nos quais se compartilha conhecimento, propósitos, possibilidades e alternativas.

Fala correta, leitura fluente e escrita clara na linguagem verbal, multimídia e hipertexto constituem competências fundamentais desta primeira competência dos cidadãos contemporâneos. O seu desenvolvimento envolve expressar ideias claramente, escutar e compreender, utilizar a comunicação para uma grande variedade de propósitos, usar múltiplas plataformas, aprender a colaborar, respeitar, compreender, escutar, oferecer iniciativas, discutir propostas e modelos de ação, responsabilidades pessoais e compartilhadas nos intercâmbios sociais presenciais ou virtuais.

O desenvolvimento da capacidade de comunicação requer cultivar competências diversas e complexas: uma cultura informacional que permite um acesso eficiente, avaliação crítica e utilização ágil, rigorosa e criativa da informação; uma cultura de meios de comunicação que ajude a compreender e analisar criticamente o papel da mídia na sociedade e as possibilidades comunicativas dos meios de comunicação; e uma cultura expressiva que incentive a utilização de ferramentas digitais para pesquisar, comunicar, expressar e criar.

Viver e conviver em grupos humanos cada vez mais heterogêneos

A segunda competência fundamental para o cidadão da era digital refere-se à capacidade de funcionar em grupos sociais heterogêneos. O foco se situa na interação com "o outro", com os outros diferentes. Nós, os seres humanos, dependemos desde sempre dos laços sociais que estabelecemos com as demais pessoas. Na época atual, caracterizada pela globalização e interdependência, os poderosíssimos movimentos migratórios e a constituição multicultural das sociedades, cresce a diversidade social e individual, e é necessário o desenvolvimento individual e grupal de competências que envolvam saber e querer conviver e funcionar em diferentes grupos humanos com maior ou menor grau de heterogeneidade. Isso envolve relacionar-se bem com os demais, saber e querer compreender e cooperar, bem como ter a capacidade para resolver com empatia e de forma pacífica e democrática os inevitáveis conflitos da vida social. "Fortalecer a coesão social com base na aceitação consciente da existência do 'outro', do diferente, converteu-se no principal objetivo da escola" (TEDESCO, 2000, p. 35).

Nessa qualidade ou competência básica, devem ser distinguidas, na minha opinião, três dimensões fundamentais: respeito, compreensão e empatia; cooperação ativa; e compromisso com a construção democrática das regras de jogo coletivas.

Respeito, compreensão e empatia

Reunindo as sugestões de Marina (2006), podemos estabelecer o seguinte esclarecimento conceitual. A empatia pode ser considerada a capacidade de se colocar no lugar de outros e de se identificar com as suas experiências emocionais. Já a compaixão, por sua vez, pode ser entendida como a tendência de manifestar a presença emocional oferecendo carinho, afeto, ternura e bondade. A tolerância significa uma resistência à tendência individual habitual de desprezar e julgar negativamente o alheio e pode envolver certa atitude de indiferença, enquanto a cooperação envolve valorizar as diferenças como tesouros que enriquecem a comunidade.

Como vimos no Capítulo 3, a empatia tem uma clara raiz biológica. Os *neurônios-espelho* podem ser considerados a base biológica de empatia. Considerando que as nossas emoções se expressam no nosso corpo, nos nossos músculos, posições e gestos, os nossos neurônios-espelho captam visualmente os sentimentos dos outros, o que permite sentir com eles e se colocar em seu lugar.

Como afirma Lakoff (2011), nascemos para a empatia e a cooperação, podemos confiar nos outros porque somos capazes de ler as suas emoções, aprendemos desde muito pequenos a ler as intenções alheias e nascemos pré-programados para desejar compartilhar com os demais os estados psicológicos, experiências, ações, intenções e sentimentos. Devido ao prolongado período de precariedade e vulnerabilidade vital, os bebês ou crianças humanos são extremamente sensíveis às contingências e interações sociais. Assim, como vimos no Capítulo 3, são os modos históricos de viver, as normas e os costumes sociais que organizam a convivência que estabelecem os padrões de conduta solidários e egocêntricos. As barreiras entre o eu e o outro podem desaparecer ao compartilhar emoções e sentimentos ou podem crescer ao priorizar interesses próprios, locais e egocêntricos. Por isso, temos de repensar as peculiaridades do contexto social em que queremos viver: queremos um cenário onde sobressaiam o benefício, a competitividade e a hostilidade ou um cenário onde se zele pela cooperação, pela confiança, pela proteção?

Não podemos esquecer, a esse respeito, que a prolongada gênese de cada indivíduo em grupos familiares reduzidos exagera a inclinação para delimitar os próprios grupos e os estranhos, que muitas vezes são considerados rivais e até mesmo hostis e inimigos. Vale a pena recordar, como Gardner (2008), que na idade de 5 anos já foram delimitadas em cada criança as tendências iniciais para definir a amizade e a hostilidade de indivíduos e grupos, amor e ódio. A construção de comunidades abertas, amigáveis e respeitosas, não só nas disposições explícitas proclamadas, mas nas práticas cotidianas e nas intenções veladas, condiciona o desenvolvimento das tendências de amizade e cooperação nos cidadãos em formação. Geralmente, a família nos ensina a amar o que é nosso, mas não o alheio, o diferente, o estranho, tampouco a mídia, as telas ou a rua. Esta competência básica, portanto, tem de ser cuidada e zelada na escola.

Se quisermos estimular a cooperação, a empatia e a compaixão, temos de proporcionar modelos teóricos e práticos que valorizem e pratiquem tais atitudes. Criar contextos respeitosos, oferecer o benefício da dúvida e a presunção de inocência a todos os seres humanos, bem como a possibilidade de corrigir e aprender de forma permanente, abolir a intolerância, a tendência de classificar, categorizar e formar estereótipos e pensar em termos de grupos e categorias de pessoas. O propósito educacional deve ser compreender, não estereotipar. É necessário reforçar a coesão social com base na aceitação consciente da existência do "outro", do diferente. Aprender a comemorar a diversidade e a diferença e inclusive o respeito pela discrepância e a nos colocarmos no lugar do outro são componentes básicos dessa competência.

Cooperação e trabalho em grupos

Como demonstram várias pesquisas (BRUNER, 1986; TREVARTHEN; KOKKINAKI; FIAMENGHI; 1999), desde poucos meses de vida, os bebês manifestam a habilidade de esperar a sua vez nos rudimentos de conversa com os adultos e gradualmente eles se integram a atividades que envolvem a intencionalidade compartilhada, interações de dois e três, com a possibilidade, inclusive, de intercâmbiar funções e ajudar a outros no desenvolvimento de sua função, o que implica reconhecer a competência cognitiva e a motivação para sentir, experimentar e atuar conjuntamente com outros (TOMASELLO et al., 2005).

A impotência inicial dos seres humanos é o resultado de uma excepcional competência funcional para a cooperação e para aproveitar a inteligência distribuída entre os membros da comunidade. Essas necessidades generalizadas de mediações externas, sociais e instrumentais não podem ser vistas como uma debilidade, mas como um poderoso mecanismo de desenvolvimento cultural. O intelecto coletivo pode lidar com situações que evidentemente vão além do intelecto individual, o que provoca o desenvolvimento futuro de ambos. Como afirma Toumela (1996), quando nos entendemos como agentes intencionais que devem cooperar para enfrentar problemas e desenvolver e alcançar propósitos que vão além de nossas possibilidades individuais, consolida-se a base da solidariedade. Ao compartilhar a ação, compartilhamos as emoções e os comportamentos que a acompanham.[2]

Nesse sentido, é possível dizer, parafraseando Mercer (2001), que, quanto mais nos entendemos como extensões das nossas interações e percebemos as nossas diferenças como potencialidades para o nosso enriquecimento, maior será o nosso desenvolvimento cultural, social e profissional. A experiência de trabalhar juntos e de participar de um pensamento distribuído ajuda a construir o que Mercer (2001) denomina zona de desenvolvimento intermental (ZDI),[3] um quadro mais social da zona de desenvolvimento proximal (ZDP) de Vygotsky, em que o processo não é hierárquico, mas baseado na participação e na ajuda mútua entre iguais sem a gradação de posições assimétricas associadas à hierarquia convencional.

Wagner et al., (2011) também enfatiza a necessidade de considerar a importância da colaboração nas redes sociais e nos grupos de trabalho virtuais, uma competência exigida tanto pela economia da informação como pelas exigências das democracias contemporâneas na era digital. Aprender a cooperar entre iguais é uma capacidade fundamental no mundo contemporâneo, pelas possibilidades ilimitadas que se abrem nas redes globais de intercâmbio digital e porque os problemas e situações no mundo contemporâneo são de tal magnitude e complexidade que ultrapassam a capacidade individual de enfrentá-los. A este respeito, Thomas e Brown (2011) destacam a importância dos coletivos virtuais que se influenciam mutuamente em um processo progressivo de enriquecimento e construção compartilhada. Eles são uma coleção de indivíduos, capacidades, talentos que produzem resultados superiores à soma das partes.

Enfim, a formação do cidadão contemporâneo exige provocar o desenvolvimento da capacidade de trabalhar criativa e colaborativamente em equipes, criar contextos sociais de apoio, confiança e colaboração, compreender e estimular as diferenças, lidar com as discrepâncias e desenvolver competências de interação cultural e social, liderança e iniciativa.

Compromisso com a ética, a política e a justiça social

Aprender a viver, a conviver e a cooperar em grupos humanos cada vez mais heterogêneos requer um senso mínimo de ética compartilhada; um sentimento de pertencimento a uma comunidade que nos protege, com algumas regras que amparam direitos e relações de todos e de cada um de seus componentes considerados iguais; uma igualdade mínima de oportunidades; e uma sociedade de direito e de justiça social que permita que todos se sintam respeitados e respeitáveis dentro da comunidade.

Por esta razão, será necessário cuidar na escola do desenvolvimento em todos os aprendizes da capacidade de entender a moralidade coletiva e a responsabilidade individual, bem como desenvolver o desejo e o compromisso de contribuir para a elaboração democrática das regras que regem a nossa convivência (STODDARD, 2010). Assim, o desenvolvimento da cidadania contemporânea é complexo. Como bem nos recorda Tedesco,

> [...] o desafio educativo implica desenvolver a capacidade de construir uma identidade complexa, uma identidade que contenha o pertencimento a múltiplos âmbitos: local, nacional e internacional, político, religioso, artístico, econômico, familiar, etc. (TEDESCO, 1995, p. 65, tradução nossa).

Também para Gardner (2006) nenhuma mente é tão importante na nossa era como a mente ética. É vital que, como cidadãos e profissionais, nos esforcemos para sermos responsáveis, para fazer a coisa certa, mesmo quando isso é incompatível com o nosso interesse imediato. A responsabilidade social implica que as ações individuais podem ter uma grande influência e impacto social. Tanto na interação presencial como na interação digital, os indivíduos devem assumir a necessidade de compartilhar certas normas e regras.

É possível que não exista uma ética universal, pois a maneira como os princípios éticos são interpretados inevitavelmente difere de acordo com as culturas e contextos. No entanto, é possível afirmar como Gardner (2006) que todas as sociedades conhecidas defendem as virtudes de honestidade, integridade, lealdade e justiça. Nenhuma, pelo menos explicitamente, elogia a falsidade, a desonestidade, a deslealdade e a desigualdade. No entanto, na prática, muitas dessas atitudes difamadas na teoria são claramente sancionadas e legitimadas quando os valores se confundem com os benefícios. Quando os compromissos podem não se cumprir, porque eles já não interessam ou não produzem benefício, quando o consumo e o benefício se convertem em valores prioritários, quando o nosso valor é confundido com os nossos lucros, pode-se dizer que o mercado que se tornou absoluto em filosofia de vida perverte as relações éticas da comunidade.

Por outro lado, a compaixão exige ação responsável para construir um contexto que permita viver e conviver assumindo e valorizando as diferenças, um contexto onde as diferenças não se convertam em desigualdade. Esta ética deve acompanhar a vida dos cidadãos, dos grupos e dos governos.

Estabelecer as regras que governam a nossa convivência requer o comprometimento de todos para aprender a definir de maneira flexível os limites entre os âmbitos do íntimo, do privado e do público (GARZÓN VALDÉS, 2003). De modo que as regras estabeleçam a amplitude e o respeito a cada uma dessas importantes áreas da vida, os governos, os representantes democráticos de todos os cidadãos, devem assegurar a convivência equilibrada entre igualdade e liberdade. Os mercados buscam o benefício particular, os Estados e os governos públicos, a proteção e o fortalecimento de todos os cidadãos e especialmente dos mais desfavorecidos. Quando o benefício privado ameaça uma dimensão moral coletiva, ele pode não ser aceitável. A privatização do território público, o que define as regras desse jogo e a sua proteção, significa a destruição da capacidade dos governos de desenvolver e de realizar a sua missão moral. Como defende insistentemente Lakoff (2011), a desregulamentação e a privatização não eliminam o poder, mas, ao contrário, transferem as responsabilidades e o poder do governo para empresas e grupos privados de poder e pressão, destrói a democracia real ao transferir o poder de âmbito público, onde domina a ética da proteção, para o setor privado, onde é permitida e normalmente governa a ética do benefício privado e da competitividade.

A democracia se enraiza na empatia, na conexão visceral com os outros que situa o entendimento de uma humanidade comum como a base da igualdade, mas é desenvolvida conscientemente, cultivando a cooperação, a equivalência de oportunidades e a valorização das diferenças e da singularidade. Em um sentido similar, Johnston (2004, 2012) considera que a democracia não é um estado nem uma posse: é um processo que se forma e se recria continuamente, à medida que os cidadãos aprendem, corrigem os erros e experimentam possibilidades.

O desenvolvimento desta competência fundamental requer uma vez mais atender e cuidar a dimensão afetiva dos indivíduos e dos grupos, do território consciente e do âmbito inconsciente, porque grande parte dos hábitos e mecanismos de interpretação e reação das pessoas com relação aos intercâmbios sociais é formada na infância, em virtude das peculiaridades do cenário e da época em que cada indivíduo vive, e permanece invisível ao longo da vida.[4]

A educação formal, pelo menos no Ocidente, tem desempenhado um papel muito importante no exílio dos sentimentos. O currículo acadêmico convencional, academicista, tanto o explícito como o implícito, ignorou de forma grave o desenvolvimento das emoções, atitudes e valores tão importantes como a empatia, a solidariedade, o saber escutar, respeitar as diferenças, celebrar e aprender sobre a diversidade, a criatividade e a inovação.

Assim, o desenvolvimento desta competência na escola ou em qualquer instituição que visa educar não se produz somente pela interação de conteúdos teóricos que tratam desses tópicos. Aprender a viver e a se comprometer na elaboração e no desenvolvimento de algumas regras de convivência que amparem todos os cidadãos requer vivências, experiências, intercâmbios, debates e propostas. As relações sociais dentro das quais a aprendizagem ocorre fazem parte da própria aprendizagem e são parte inseparável do que foi aprendido. Por isso é tão decisiva a forma como são construídos e constituídos os contextos e cenários escolares, espaços educacionais onde os aprendizes aprendem a viver ao interagir. Como veremos no próximo capítulo, a construção das diferentes comunidades de aprendizagem é fundamental para o desenvolvimento de aprendizagens duradouras e estratégicas que ajudem a viver e a conviver na heterogeneidade e no envolvimento, o que não supõe comunidades homogêneas que impedem a singularidade diferencial, mas diversas comunidades que concordam quanto à necessidade de entender e se envolver em um propósito coletivo. Essa experiência implica construir uma imaginação social altruísta, capaz de ver os outros em nós mesmos e a nós nas demais pessoas. Nós, os professores, devemos nos ver como nós de redes globais de educadores e aprendizes, aprendendo a consolidar e a enriquecer as redes de intercâmbio construtivo, dentro das comunidades locais e globais, presenciais e virtuais que é preciso criar com paciência, tempo e apoio mútuo.

Como é proposto entusiasticamente por Gómez Llorente e Mayoral (1981), uma escola autêntica, participativa, onde alunos aprendam pela prática o exercício de vida associativa, seria a melhor empresa para a formação de cidadãos responsáveis.

A excelência e a equidade, tradicionalmente consideradas pretensões incompatíveis e concorrentes, apresentam-se na era da informação como necessariamente convergente, pois o desenvolvimento econômico exige a preparação de todos, não apenas de algumas elites pensantes que decidem o que as massas têm de executar de maneira mecânica. A clássica pirâmide do conhecimento se inverteu. E, se as forças do pensamento disciplinado, crítico, criativo e divergente foram desencadeadas para o âmbito da produção de mercadorias e serviços, como e por que evitar que sejam aplicadas a todos os âmbitos da vida do cidadão contemporâneo? O compromisso ético e político com a liberdade de cada indivíduo, respeitando a diversidade e a divergência, e com a solidariedade é atualmente um desafio educacional de primeira magnitude na era globalizada e interdependente em que vivemos.

Capacidade de pensar, viver e agir com autonomia

A terceira competência básica que proponho refere-se à capacidade de pensar e agir de forma independente, o que significa tanto o desenvolvimento da própria identidade pessoal como o exercício da autonomia relativa e com critérios próprios na hora de decidir, escolher e atuar em cada contexto. Esta complexa competência requer:
– capacidade e vontade para defender e afirmar os próprios interesses e direitos, assumir as responsabilidades e obrigações que provêm da liberdade e compreender as possibilidades e limitações do próprio trabalho; e

– capacidade e vontade para formar e desenvolver o próprio projeto de vida, que inclui o âmbito pessoal, social e profissional, compreendendo o lugar e o papel de cada um em seu cenário vital próximo e as suas relações com o macrocenário do contexto globalizado que nos rodeia, bem como compreender e repensar a própria e complexa identidade pessoal.

Para atuar de forma relativamente autônoma é necessário se conhecer e se autorregular em todos os aspectos que constituem a personalidade de cada sujeito, ou seja, a escola tem que ajudar a fazer com que cada indivíduo transite, a partir da sua personalidade herdada, por meio da sua personalidade aprendida, até a sua personalidade escolhida. Para o propósito educativo é de especial relevância a distinção entre personalidade aprendida e personalidade escolhida, sobretudo, quando a neurociência cognitiva, como vimos no Capítulo 3, está colocando em evidência que grande parte dos hábitos, crenças, atitudes e valores aprendidos ao longo da vida são mais o reflexo em nós das pressões do contexto do que escolhas pessoais conscientemente adotadas. Para escolher a nossa personalidade, temos de desaprender esquemas e sistemas de interpretação e ação arraigados e consolidados ao longo de nossa vida.

A construção do próprio projeto de vida

Como destaquei em várias ocasiões, ajudar cada indivíduo a se construir como um sujeito relativamente autônomo em todas as suas dimensões deve ser a missão fundamental do sistema educacional: ajudar, promover e orientar o trânsito do indivíduo contemporâneo da informação para o conhecimento e do conhecimento para sabedoria, ou seja, potencializar a chance de que cada indivíduo utilize o melhor conhecimento disponível para governar a sua própria vida, para orientar e desenvolver o seu próprio projeto de vida. Por outro lado, fortalecer a identidade e a subjetividade é a chave da defesa democrática dos indivíduos humanos diante da pressão onipresente do contexto econômico e político contemporâneo, poderoso, variável e incerto.

Na construção da autonomia e da subjetividade, convém distinguir como fizeram Lakoff (2011) e Berlin (1967) entre a "liberdade de" ou liberdade negativa e a "liberdade para" ou liberdade positiva. A primeira envolve proteção, refere-se ao desejo de escapar das restrições que impedem ou limitam o desenvolvimento pessoal; a segunda envolve enriquecimento, fortalecimento, é definida pelos recursos, atividades e contextos que o sujeito empreende para construir, inventar o seu próprio projeto de vida. No desenvolvimento da autonomia pessoal, navegamos entre ambas as formas de liberdade. Em certa medida, a identidade consiste na negociação deste projeto de vida, dos significados das nossas experiências como membros de uma comunidade social. Por meio das nossas práticas, negociamos os modos de sermos sujeitos em cada contexto. Isso implica uma experiência negociada, o pertencimento a uma comunidade, uma trajetória de aprendizagem e a participação de diferentes contextos ou redes de pertencimento.

Esta competência requer, ao meu entender, o desenvolvimento de três aspectos fundamentais: autoconhecimento, autoestima e autorregulação, que veremos a seguir com certo detalhamento.

Conhecer a si mesmo: desconstruir e desaprender

Essa competência requer a participação simultânea das duas anteriores. O projeto de vida ou a personalidade escolhida também envolve as duas competências anteriores, pois o sujeito cresce adaptando-se de forma crítica e criativa aos diferentes contextos e situações em que cada um tem de viver.

O desenvolvimento autônomo, a autodeterminação supõe identificar os próprios padrões conscientes e inconscientes de interpretação e atuação e, dependendo do caso, desconstruir, desaprender e reconstruir aqueles que se mostrem obsoletos ou que impeçam o progresso do próprio projeto de vida. Como vimos no Capítulo 3, o conhecimento infantil, em grande parte inconsciente, está saturado de crenças, conexões e representações com limitado fundamento racional, restritas a situações e momentos da experiência individual que se consolidam em uma sequência de decisões encadeadas, em grande parte inconsciente, formando robustas, poderosas e restritivas teorias pessoais sobre o funcionamento do mundo natural, o mundo social e sobre si mesmo (ARIELY, 2011).

A formação da autonomia demanda ajudar cada sujeito a revisar e reconstruir esse mundo complexo de representações, hábitos e crenças primitivas consolidadas, os seus *habitus*, as suas *gestalt*. Por exemplo, como nos lembra Gardner (2006, 2008), as crianças chegam a acreditar que pessoas que se parecem com elas são boas e que as que têm um aspecto diferente são más; que o que se move está vivo e o que não se move está morto; que os objetos são movidos por forças mágicas invisíveis.

As crenças constituem as interpretações e as ações dos seres humanos. As nossas crenças sobre nós mesmos, as nossas habilidades e as nossas teorias pessoais determinam como interpretamos as nossas experiências e estabelecem as fronteiras dos nossos compromissos e possibilidades. Qual é o fundamento e o valor epistêmico das crenças que determinam a nossa identidade pessoal? Eles são fundamentalmente o resultado da internalização exclusiva dos padrões de crenças e valores que flutuam e são intercambiados nas interações sociais dominantes? Pode haver relativa autonomia sem questionar e subverter o significado de nossas crenças mais arraigadas desde a infância mais primitiva? Seria conveniente, por exemplo, questionar a crença difundida e consolidada na cultura e nos indivíduos contemporâneos de que a satisfação depende basicamente de possuir e consumir, para permitir que apareçam no horizonte pessoal outros propósitos mais relevantes?

Assim, o desenvolvimento da autonomia não permite a substituição de umas crenças por outras; a doutrinação sucessiva dos indivíduos humanos em seu processo formativo, pelo contrário, requer assumir o risco da liberdade de escolha, experimentação, decisão. A estrutura de apoio educativo deve se dissolver gradualmente à medida que os indivíduos crescem, para permitir que aflorem a singularidade escolhida, informada, argumentada, ruminada, experimentada e reformulada. Portanto, o professor, em vez de dizer *você deve* ou impor modos de compreensão e ação, deve dar sugestões, opinar e usar expressões como *pense em*, *suponha que...*, ou seja, deve desenvolver estratégias e processos para ajudar os alunos no conhecimento de si mesmos e na tomada de decisões, informada e pessoal.

Enfatizar a importância educativa de conhecer a si mesmo não significa sucumbir a um idealismo subjetivista, à margem das relações com os outros e de suas mútuas interdependências e condicionamentos. O sentido de autonomia de cada indivíduo está relacionado com o sentido de ser o autor da própria vida. Com essa finalidade, construímos relatos e narrativas que condensam o sentido do que somos e fazemos. A existência de histórias não é um problema tão grande como é a nossa incapacidade para reconhecê-las como produções intencionais, conscientes ou não, para dar sentido e encontrar o nosso lugar no mundo. Existimos em redes de mundos inventados para recriar o sentido de nós mesmos e da realidade, inventamos mundos conceituais em que vivemos. Como disse Gadamer, o ser humano vive suspenso em redes de significados que ele mesmo contribuiu para construir.

Valorizar-se, aprender a se amar

O desenvolvimento da personalidade autônoma no mundo aberto, variável e incerto da aprendizagem na era digital requer, além do autoconhecimento, a autoestima e a autorregulação.[5] Os alunos que são conscientes e se apropriam de seus próprios processos cognitivos enriquecem e são enriquecidos por suas próprias experiências de aprendizagem. Conhecer as próprias forças e fraquezas, bem como a sua eventual origem e as suas possibilidades de mudança e reconstrução é a base da autoestima. A escola deve se propor explicitamente a ajudar a fazer com que os aprendizes se amem como são e que construam confiança em suas possibilidades, na elaboração e desenvolvimento de seu próprio projeto de vida. Como considera Marina (2006), a autoestima não é apenas uma boa ideia de si mesmo, é a consciência da própria capacidade de ação (Albert Bandura) mais a consciência da própria dignidade. A autoestima, portanto, é a base emocional imprescindível para lidar com a autorregulação, para assumir o desenvolvimento do próprio futuro, construir o próprio projeto de vida, enriquecendo as fortalezas e superando as limitações e debilidades.

Seligman (2002, 2011) e Csikszentmihaly (1997, 2008) desenvolveram amplamente a psicologia positiva, voltada à promoção da autodeterminação dos seres humanos, para que eles sejam capazes de construir o seu próprio e singular projeto de vida, controlar as suas vidas, conhecer a realidade e persistir diante das dificuldades.[6] A autodeterminação exige autonomia, competência e propósito, buscar e ajudar a desenvolver um enfoque criativo, positivo e inovador do próprio projeto de vida. A construção deste projeto está intimamente ligada ao *estado de fluidez*, de envolvimento pessoal, ou seja, o estado de harmonia e melhor correspondência entre o que se quer e o que se pode fazer. Como vimos no Capítulo 3, Mihaly Csikszentmihaly documentou o poder motivador do *estado de fluidez*, envolvimento, em que uma pessoa chega a ficar tão absorvida em uma atividade física ou mental que perde temporariamente a noção de espaço, do tempo, das preocupações mundanas e até mesmo da dor. No mesmo sentido, pronuncia-se Robinson (2011) ao recomendar veementemente que a educação deve ajudar cada indivíduo a encontrar e desenvolver o seu "elemento", a sua paixão, ou seja, a construir a sua personalidade escolhida sobre aquilo que mais o satisfaz e o entusiasma, de modo que se envolva de corpo e alma porque ama o que faz. As professoras e os professores mais comprometidos e os pedagogos mais relevantes, ao longo da história, de Montessori a Freinet, sempre defenderam as expectativas positivas, sempre confiaram nas possibilidades educativas de todos os seres humanos, se nós, os docentes, formos capazes de encontrar o elemento, a paixão, os talentos e interesses de cada sujeito e os métodos e os contextos relevantes para o seu desenvolvimento.

Como já vimos com certo detalhe no capítulo anterior, parece cada vez mais evidente que qualquer descrição da natureza humana que ignore a motivação e a emoção tem uma utilidade limitada para facilitar a aprendizagem educativa. E vice-versa: é mais provável que as experiências desprovidas de um impacto emocional sejam pouco atrativas e esquecidas rapidamente, sem deixar nem uma única representação mental. Por isso, a construção da personalidade aprendida e escolhida deve ser apoiada na escola, em necessidades, interesses e motivações do próprio aprendiz, trabalhados conforme as suas peculiaridades afetivas, cognitivas e comportamentais singulares.

Autodeterminação, exclusividade e personalização

A autodeterminação é o objetivo fundamental do desenvolvimento do sujeito contemporâneo (DECI; RYAN, 2002). A autodeterminação ocorre quando o sujeito consegue controlar o próprio desenvolvimento, realçando os pontos fortes e superando os pontos fracos, construindo progressivamente o próprio complexo e mutável projeto de vida.

Para evitar confusões não desejadas, mas habituais, é necessário diferenciar a autonomia da independência. No processo de autodeterminação, a autonomia significa atuar de acordo com as próprias escolhas, questionadas, contrastadas e reconstruídas, o que geralmente implica, ao mesmo tempo, autonomia e feliz interdependência com relação aos outros, não isolamento e desconexão com os outros e com o mundo. A construção do próprio projeto de vida se baseia na própria autonomia que o sujeito vai conseguindo com relação às tarefas, ao tempo, à técnica, ao contexto próximo e à equipe de intercâmbio, comunicação e trabalho.

Autorregulação requer a capacidade de aprender a aprender. Já não é simplesmente aprender determinado conjunto específico de conhecimentos e informações, mas de aprender os mecanismos, as operações, os procedimentos que permitem atualizar os nossos conhecimentos, habilidades, atitudes e valores ao longo da vida. Os aprendizes devem deixar a escola com o sentimento de que agem estrategicamente, podem atingir os seus objetivos, sentindo a capacidade de serem sujeitos, agentes de seu próprio destino. Incentivar atitudes estratégicas é mais do que ensinar estratégias específicas ou discursos sobre estratégia, é colocar os indivíduos em situação e condições de gerar as suas próprias estratégias, os seus próprios planos. Se os aprendizes não elaboram, planejam e executam com certa autonomia, certamente não cometem erros, mas também certamente não se colocam em um contexto de aprendizagem.

No projeto pessoal, cada indivíduo deve levar em conta que podemos desenvolver múltiplos talentos, inteligências múltiplas (GARDNER 2006), de maneira diferenciada e singular. Possuímos diversas e relativamente autônomas faculdades intelectuais e diferimos uns dos outros, por razões genéticas e sobretudo experienciais, na combinação concreta dessas inteligências. Esta repetida constatação nos faz destacar uma conclusão fundamental: a diversidade de combinações e perfis requer uma educação personalizada, a necessidade de atender e estimular o desenvolvimento diferencial de cada sujeito, para que cada um construa o seu próprio e único projeto de vida. Portanto, se os indivíduos aprendem de diferentes formas, devem ser ensinados com procedimentos e por caminhos diferentes. Deveríamos ensinar os jovens e crianças a desfrutar do aprendizado, a desenvolver interesses variados e a desejar nutrir a mente durante toda a vida, não reproduzindo da mesma maneira as aquisições e dados que a todos são impostos de forma homogênea, mas recriando de forma singular os saberes da humanidade.

Em poucas palavras, o ensino deve ser diversificado e personalizado, para favorecer a autonomia de cada indivíduo e a formação de indivíduos sensíveis, informados e solidários. Em vez do modelo atual de uniformidade didática, único para todos, é necessário promover o desenvolvimento singular e diversificado de cada um dos indivíduos, ampliando o espectro de competências, atitudes, âmbitos e formas de viver que são trabalhados e valorizados na escola. Como Davidson (2011) afirma repetidamente, quanto mais restrita é a gama de habilidades e conhecimentos padronizados que a escola valoriza e avalia, maior será o espectro de excluídos e facassados. Aqueles que não se encaixam nos modelos únicos têm muitos votos para o fracasso e a exclusão.

Por outro lado, vale ressaltar que na autodeterminação estão envolvidas duas dimensões inseparáveis: liberdade e responsabilidade. A possibilidade e a habilidade para selecionar e controlar os aspectos em que alguém está envolvido são determinantes no momento de manter o interesse e exigir a responsabilidade. Sem liberdade, dificilmente se alcançam o envolvimento e, portanto, a responsabilidade. E, ao contrário, sem responsabilidade não há construção pessoal nem, portanto, a autodeterminação, mas um simples vagar arbitrário e, provavelmente, contraditório. Para ser responsável, é necessário ser sensível, além de reflexivo e intencional, é preciso estar motivado e se sentir o ator da sua própria obra, do seu próprio destino.

Portanto, será necessário que no currículo existam espaços para a optatividade e que na escola haja espaços para autorreflexão e autocontrole, para que os alunos possam tomar as suas próprias decisões sobre o seu desenvolvimento vital, de acordo com as experiências, discussões, propostas e escolhas. Fomentar o autoconceito, a autoestima, a autoavaliação e a autonomia da sua própria aprendizagem e do seu próprio projeto de vida será uma finalidade importante da vida escolar, o que envolve, segundo as palavras de Stoddard (2010), incentivar no aprendiz a iniciativa, a confiança e a segurança em si mesmo, começar por encontrar algo em que cada um possa brilhar, uma excelência singularizada. Promover a autorregulação e a auto-organização de cada sujeito na escola produz heterogeneidade, diversidade e criação.

Van Manen (2004) também destaca o valor da personalização dos processos educativos, quando afirma que os educadores cuidadosos desenvolvem a capacidade de mostrar uma consideração afetuosa com relação à singularidade: a singularidade das crianças, a singularidade de cada situação e das vidas individuais.

Gatto, um professor com mais de 35 anos de experiência, considerado por dois anos como o docente mais valioso de Nova York, e cuja alegação contra a "escola patológica" teve bastante influência no âmbito educativo dos Estados Unidos (GATTO, 2005), também expressa isso com toda firmeza: o autoconhecimento e a autodeterminação são a única base sólida do verdadeiro conhecimento e da formação duradoura. Precisamos reinventar o currículo, para que cada criança tenha a oportunidade de desenvolver a sua maneira única de ser.

Diversidade, opcionalidade e compromisso com a vida real da comunidade são as chaves para o desenvolvimento pessoal de cada sujeito, apaixonado pelo que faz e satisfeito com as suas interações. Não há duas crianças iguais, nem que experimentem uma situação exatamente da mesma forma. Não podemos esperar que as crianças simplesmente descubram a vida que lhes oferecemos fossilizada em programas e livros didáticos. Temos também de deixá-las atuar, experimentar e criar.

A revolução pedagógica necessária na era digital não se encontra em dispositivos e plataformas *on-line* por si mesmas, mas na formação personalizada, que as ferramentas digitais permitem e estimulam, na possibilidade de seguir o próprio ritmo de aprendizagem e comprovação, os próprios interesses e paixões, para ajudar cada criança a construir os seus próprios caminhos e conexões, instrumentos, situações e calendários. O acesso à internet, como vimos no Capítulo 2, proporciona a melhor possibilidade conhecida para a educação personalizada, permite e facilita o acesso para os prováveis professores em todas as áreas do saber e do fazer, abarcando todos os campos de interesse. Quando se dispõe das atividades requeridas, cada indivíduo pode construir o seu próprio currículo, a sua própria aula, a sua própria avaliação. Esta proposta significa um passo decisivo para o ensino personalizado, para a autodeterminação. Ora, a autoformação é uma tarefa altamente complexa do ponto de vista intelectual e emocional e, portanto, requer a tutoria atenta de educadores especialistas que acompanhem o processo durante um longo período da vida. Não convém esquecer que a construção da própria autonomia na era digital também requer a promoção da flexibilidade e da adaptabilidade, do saber viver na incerteza e assumir riscos. A era complexa digital, descrita no Capítulo 1, requer capacidades humanas que não são desenvolvidas nas nossas escolas convencionais.

Por outro lado, já que os alunos têm diferentes necessidades educacionais, pontos fortes e fracos, estilos de aprendizagem e hábitos, a educação *on-line* também pode contribuir para que eles, independentemente de suas condições sociais e econômicas e do lugar onde vivam, possam se sentir membros da mesma comunidade de aprendizagem, desenvolver a sua capacidade de interagir e compartilhar experiências com qualquer outra pessoa, independentemente de seu *status*, posição ou local de residência. Será que é por esta razão que a escola *on-line* é o modelo mais democrático e público dos modelos de escola conhecidos até hoje?

A DERIVA ACADEMICISTA DAS COMPETÊNCIAS

Sobre esta proposta seminal e assumindo, em maior ou menor medida, o caráter holístico, complexo, multidimensional e contextual do conceito de competência aqui defendido,[7] os diferentes países ou organismos multinacionais começaram a aplicar a seus próprios contextos territoriais a definição e seleção de competências fundamentais, que cada governo interpreta de acordo com os valores que considera prioritários. A proposta é considerada um ideal a ser atingido, tão distante da atual situação dos sistemas educacionais que em cada contexto se concretiza de acordo com a posição e a vontade política dos governantes, bem como com a sua interpretação sobre as possibilidades e condições reais de mudança e transformação de cada Estado.

O objetivo deste documento não é fazer uma análise detalhada do *decalage*, da deterioração em cascata da definição e seleção de competências fundamentais nos diferentes contextos e cenários nacionais, mas, sim, ver como é curioso e triste constatar a perda do poder inovador do próprio conceito de competências fundamentais ou básicas, assim como da proporção e do equilíbrio entre as principais competências fundamentais, que se revelam na concretização destas realizada pela Comissão Europeia e pelo governo espanhol no desenvolvimento da Ley Orgánica de Educación (LOE) (PÉREZ GÓMEZ, 2007). Como era de se esperar, a interpretação que fazem ambas as instâncias, em favor de uma "política realista", caminha no sentido de limar a potencialidade de mudança radical da proposta da DeSeCo, recuperando o clássico viés da fragmentação disciplinar.

A maioria dos países da União Europeia, comprometidos formal e nominalmente no desenvolvimento das competências fundamentais, e em particular a Espanha (signatários do documento DeSeCo, no qual são propostas estas competências), comprometeram-se nesta tarefa com indiferença, falta de clareza e vontade evidente de respeitar a arquitetura clássica dos currículos escolares e das culturas profissionais dominantes (GARCIA; TORRE; GUTIÉRREZ; VALENTIN, 2011). Os diferentes países da União Europeia e da OCDE, incomodados com a mudança tão radical que representa propor as competências como finalidades do currículo escolar, estabeleceram um currículo em torno de seis, sete ou oito competências. A primeira competência da DeSeCo se fragmentou em cinco ou seis, para acomodar-se às áreas curriculares estabelecidas na tradição acadêmica: linguagem, matemática, ciências naturais, ciências sociais e expressão artística. As outras duas competências são mantidas, em geral, como finalidades complementares, transversais e marginais, como declaração de intenções com escassa transposição para programas, conteúdos, estruturas organizacionais e estratégias de formação e avaliação, aparecem de forma tímida e opaca, com nomes diversos como aprender a aprender, empreendedorismo, domínio das TICs, cooperação e trabalho em grupos, etc.

Esta recuperação e interpretação disciplinar das competências feita pelos países da União Europeia poderia não ser grave se fossem cumpridas duas condições:
- respeitar e potencializar o espírito do conceito de competências, que aqui defendemos como sistemas de compreensão e ação que incluem no mesmo nível e com a mesma relevância conhecimentos, habilidades, emoções, atitudes e valores. Por exemplo, se em cada uma das áreas convencionais clássicas se pretendesse desenvolver a capacidade de utilizar e comunicar o conhecimento de maneira disciplinada, crítica e criativa, tal e como nós o analisamos no capítulo anterior, e se fossem assumidas as decisivas consequências que a sua implantação acarreta;
- conceder a mesma importância, prioridade e relevância para a segunda e terceira competências da DeSeCo, ou seja, que no currículo e na prática escolar a formação do cidadão solidário e autônomo tenha a mesma consideração que a formação do cidadão inteligente e culto.

Se não forem cumpridas essas condições, é fácil suspeitar que as reformas curriculares em curso se converterão mais uma vez em alterações meramente nominais do jargão linguístico-pedagógico, sem maiores consequências além do aumento da burocracia, da preocupação e da confusão para os professores, e em novas oportunidades de negócio para as editoras e as agências de avaliação.

Dentro de uma orientação semelhante, o movimento *21st Century Skills* nos Estados Unidos é, na minha opinião, uma versão menos radical e elaborada, que visa tornar o conhecimento escolar mais útil, crítico e significativo. Não propõe a sua integração em um construto holístico como as competências, mais amplo e integrador, que obrigue a considerar os conhecimentos em conjunto com as habilidades, as emoções, as atitudes e os valores.

NOTAS

[1] Ver a este respeito os argumentos que expostos por Pérez Gómez (2007).
[2] O projeto de investigação-inovação (*Making Learning Visible*, MLV) desenvolvido conjuntamente pela Universidade de Harvard e pelas escolas municipais de Reggio Emilia sobre aprendizagem cooperativa traz relevantes evidências a favor desse tipo de aprendizagem. Aprender em grupos não só ajuda a aprender conteúdos, mas a aprender sobre os próprios processos de aprendizagem e sobre o tipo de pessoa que queremos chegar a ser e do mundo que desejamos construir. De maneira especial, desenvolve o tipo de qualidades críticas necessárias para viver em comunidades democráticas, compartilhar novas ideias e escutar as propostas alheias, buscar conexões e alternativas, negociar conflitos, ajudar aqueles que o precisam, propor com convicção e manter a mente aberta para mudar as próprias ideias quando for necessário (JOHNSTON, 2004).
[3] A aprendizagem orientada por especialistas, a construção de uma zona de desenvolvimento intermental (ZDI) de alto nível e a cooperação horizontal entre iguais são diferentes contribuições com o propósito de criar redes de intercâmbio simbólico de significados para a interpretação e a ação, ou seja, um contexto simbólico e vivencial, configurado por uma comunidade de questionamento e investigação na qual os alunos podem e devem adotar papéis reflexivos e ativos no desenvolvimento de sua própria compreensão (WELLS; CLAXTON, 2002).
[4] Goleman (2011) fornece as conclusões de um relatório sobre o desenvolvimento emocional e ético da juventude atual em que os jovens aparecem confusos emocionalmente, isolados, deprimidos, nervosos e

propensos a sofrer reações agressivas e a padecer da denominada "neurose de Oxford", ou seja, são intelectualmente precoces e emocionalmente imaturos.

5 Goleman (1996) distingue cinco elementos básicos da inteligência emocional que são fundamentais para o desenvolvimento desta competência: autoconhecimento, autocontrole, automotivação, empatia e sociabilidade.

6 Não cabe esquecer, citando Bausmaister e Tierney (2011), que grande parte do autocontrole funciona no subconsciente.

7 Uma análise mais exaustiva das possibilidades do documento DeSeCo, seus fundamentos teóricos e suas implicações pedagógicas podem ser consultados em HIPKINS (2006), PÉREZ GOMEZ (2007) e OCDE (2002).

PARTE II

Ajudar a se educar

5

Uma nova cultura curricular: relevância e profundidade

Na escola Ross, não aprendemos outras culturas apenas por meio de livros e leituras, dançamos a sua música, comemos a sua comida, compomos os seus ritmos, criamos arte dentro do seu estilo, debatemos as suas formas políticas, analisamos a sua filosofia, utilizamos as suas ferramentas e a sua matemática e tentamos compreendê-las a partir de múltiplas perspectivas.

(MYERS, 2011, tradução nossa)

UM CURRÍCULO EDUCATIVO?

Nos capítulos que compõem esta segunda parte, não cabe esperar um tratado detalhado de didática geral, no qual se discorra de forma exaustiva sobre os elementos que condicionam os processos de ensino e aprendizagem, nem uma proposta completa, prescritiva do trabalho educativo. Proponho-me a oferecer um conjunto de sugestões, orientações ou princípios de procedimentos que possam favorecer uma maneira de entender e atuar de acordo com as finalidades da escola que eu considero educativa. Essas sugestões e orientações, discutidas e desenvolvidas em princípios de atuação, são acompanhadas de exemplos de práticas ou experiências nacionais e internacionais que considero relevantes e que oferecem uma ideia concreta e comprovada das muitas formas possíveis que a tarefa docente pode adotar para estimular, provocar, facilitar e acompanhar o complexo processo de educar-se.

A escola educativa, bem como o sentido das competências como finalidades da vida escolar, é o tema da segunda parte do livro. O que significa e como pode ser abordado o propósito de ajudar a educar todos e cada um dos indivíduos de cada geração? Como conceber a escola e os processos de ensino e aprendizagem para incentivar o desenvolvimento das três competências básicas em todos e em cada um dos seus cidadãos?

Levando em consideração o panorama atual da escola convencional, analisado no Capítulo 2, cabe destacar a mudança substancial e radical que representa propor as competências ou qualidades humanas básicas como as finalidades do currículo e da escola. Em primeiro lugar, o conceito de competências não se encaixa na escola convencional centrada na transmissão e reprodução de conteúdos. Em segundo lugar, dos três eixos de competências que compõem esta proposta, dois deles se encontravam praticamente ausentes no currículo convencional, tanto que se considerava e ainda se considera, segundo grande parte da opinião pública e até mesmo uma parte importante dos professores, que o desenvolvimento desses componentes é responsabilidade exclusiva da família. Para esses setores, a função da escola é instruir, ensinar os conteúdos convencionais das disciplinas, aqui reunidos no primeiro eixo – desenvolvimento do cidadão inteligente –; o restante, as outras duas competências básicas – o desenvolvimento do cidadão solidário e autônomo – não correspondem nem à escola nem, em particular, aos docentes.

Adotar as competências, capacidades ou qualidades humanas básicas como metas ou intenções do currículo escolar e, portanto, da vida nas salas de aula das escolas, na minha opinião, representa uma transformação substancial e radical de todos os elementos envolvidos no complexo sistema educacional. Trata-se de uma mudança de cultura, de visão e de práticas. Em última análise, significa situar o conceito de educação, não o de instrução, nem o de socialização, no centro da vida escolar (PÉREZ GÓMEZ, 1998, 2007).

Entendo *socialização* como o processo pelo qual cada indivíduo, à medida que cresce e satisfaz as suas necessidades vitais, adquire os significados que a sua comunidade, ampla ou restrita, usa para atuar no cenário que habita: ideias, códigos, costumes, valores, técnicas, instrumentos, comportamentos, atitudes, modos de sentir, estilos de vida, regras de convivência, estruturas de poder. O processo de socialização é a ferramenta central para que as novas gerações incorporem as aquisições acumuladas durante o processo de humanização da espécie. É um mecanismo basicamente conservador, de transmissão de cultura, de aculturação das novas gerações, para que elas aproveitem o legado da humanidade acumulado em cada comunidade humana. O processo de instrução pode, em princípio, ser a intensificação e o aperfeiçoamento sistemático e regulamentado do processo de socialização prévio.

Entendo *educação* como o processo pelo qual cada indivíduo tem a oportunidade de forma isolada e/ou cooperativa de questionar e reconstruir os efeitos das influências que recebeu no processo de socialização, ou seja, a oportunidade de conhecer e questionar a origem, sentido e valor dos significados que moldam os seus modos de pensar, sentir e agir. A educação transcende os limites da própria cultura na comunidade que rodeia a existência de cada indivíduo, a fim de ter acesso aos significados de culturas mais distantes no espaço e no tempo. O processo educativo envolve a aceitação e o reconhecimento do caráter contingente dos significados construídos pela comunidade humana em qualquer tempo e em qualquer espaço, portanto, o seu caráter é parcial, temporário e limitado, assim como a sua necessidade de reconstruir permanentemente os significados e os eixos de sentido à luz de novas descobertas, experiências e criações dos seres humanos.

De maneira similar, Wenger (1998) acredita que a educação no seu sentido mais profundo significa abrir e expandir a identidade, explorando novas formas de ser, novas formas de negociar a si mesmo. E, por isso, não é apenas um processo meramente formativo, mas pode ser considerada um caminho que transforma, a metamorfose do sujeito.

Portanto, a educação não se reduz à escola ou à infância, ocorre ao longo de toda a vida e inclui todas as parcelas ou componentes da personalidade. A educação envolve a construção total da pessoa durante toda a vida. Não pode ser confundida com o período de socialização ou acuturação inicial dentro de uma comunidade social, mas envolve uma incorporação ativa e criadora na vida em transformação da comunidade, a abertura a outras comunidades, a outras culturas e à comunidade global. Tudo deve ser acessível ao conhecimento e à experiência, ao existente, ao já consolidado e ao possível, ao local e ao global, à identidade herdada e à personalidade escolhida, buscada e emergente.

Educar-se significa muito mais do que a aquisição de conteúdos reificados, consolidados na cultura, recebidos na herança cultural de cada comunidade e transmitidos na escola por meio da explicação do professor ou do estudo do livro didático. A reificação é um processo de descontextualização e mecanização da aprendizagem como aquisição de conteúdos consolidados, produtos sem processo, em ausência da dúvida e da problematização necessária, criada para reproduzir dados e dominar técnicas e algoritmos de ordem inferior, que governa os processos usuais na escola convencional. Na prática educativa que visa ajudar a educar, deve-se priorizar a negociação de significados sobre a transmissão e a aquisição, as experiências significativas sobre os mecanismos de aprendizagem. Em determinadas circunstâncias, é possível ensinar e provocar a aprendizagem contra a vontade do próprio aprendiz, mas não é possível educar sem a participação voluntária, sem o desejo de aprender do próprio sujeito. Em uma interpretação radical do conceito, ninguém pode educar ninguém, o sujeito educa a si mesmo, só podemos e devemos ajudar cada indivíduo a viver este complexo e rico processo nas melhores condições possíveis e resguardado por cenários mais desafiadores, ricos e acolhedores.

Dado o caráter sistêmico das competências, vou tentar esclarecer a mudança necessária nos principais componentes do sistema educacional escolar se a pretensão for a de ajudar a desenvolver essas competências em cidadãos contemporâneos e se nos propusermos a ajudar cada pessoa a construir o seu próprio projeto de vida e se educar. Com este fim, vou comentar as mudanças fundamentais necessárias no projeto e no desenvolvimento do currículo escolar: conteúdos, métodos, avaliações, corpo docente e contextos.

Se o que se pretende na escola educativa é ajudar o indivíduo a se educar, o primeiro componente a ser substancialmente modificado é o currículo escolar como uma expressão do que é ensinado e trabalhado na escola. O projeto do currículo não pode estar restrito a uma simples ou complexa lista de conteúdos de conhecimento, mas deve contemplar um conjunto de componentes que constituem as competências ou qualidades humanas básicas: conhecimentos, habilidades, emoções, atitudes e valores.

Neste sentido, o primeiro ponto que questiono é o conceito habitual de conhecimento que se utiliza no currículo e na escola e convencional. Como já mencionei em vários capítulos deste livro, entendo que o conhecimento é um conjunto diversificado e heterogêneo de significados que os seres humanos foram produzindo ao longo de sua história. No conhecimento, estão incluídos os dados, os conceitos, as proposições, os modelos-esquemas, as teorias e os paradigmas, tanto quanto a aspectos substanciais de qualquer âmbito real como quanto a aspectos metodológicos relacionados com a forma de produzir esses significados. Não podemos *confundir o conhecimento com a mera acumulação de dados*. Os dados representam o elo imprescindível, mas inferior da complexa cadeia que constitui o conhecimento. A verdadeira riqueza do conhecimento está no potencial das ideias, modelos e teorias.

Além disso, na sociedade da informação, os dados estão ao alcance de um simples clique do *mouse* ou na tela de qualquer computador ou dispositivo móvel de comunicação. Compreender os conceitos, as proposições, os modelos e as teorias já exige um maior grau de organização e atividade intelectual.

Portanto, o objetivo principal da atividade escolar não será o mesmo que foi até agora, quando o aluno acumula a maior quantidade de dados ou informações na sua memória em curto prazo, para reproduzi-las fielmente em uma prova, mas, sim, que construa ideias, esboços, modelos e mapas mentais e, quando for possível, teorias contrastadas que lhe permitam pesquisar, selecionar e utilizar a quantidade infinita de dados acumulados nas redes de informação, para interpretar e intervir da melhor maneira possível na realidade. A acumulação de dados não é tão importante como o seu uso estratégico e a sua comunicação. Schanck (2005) acredita que os contextos de aprendizagem educativos devem enfatizar o envolvimento ativo nas histórias, casos e projetos autênticos em contextos reais.

O princípio básico é o de envolver o aluno em situações problemáticas que, para serem compreendidas, requerem a utilização de conhecimentos e habilidades significativas com relação à situação. O conhecimento se manifesta como uma ferramenta para entender e governar a ação, na qual estão envolvidos o pensar e o refletir sobre a situação e sobre a ação.

Será necessário, portanto, superar o habitual e resistente modelo de ensino baseado na transmissão (FISCHER, 2009), em que o conhecimento é considerado mais um conjunto de objetos e resultados possuídos pelo professor do que processos de investigação e construção por parte dos alunos. Temos de insistir que o conhecimento necessário no mundo contemporâneo é, obviamente, muito mais relacional e aplicado, utilizado como instrumento heurístico de descoberta, propostas de problemas e geração de hipóteses. Parece estar claro que, como alegou Linn, Davis e Bell (2004), conseguir ser aprendizes estratégicos ao longo da vida requer o desenvolvimento de habilidades e atitudes de investigação. Portanto, na concepção do currículo escolar devem ser contemplados espaços, materiais e atividades para ajudar os alunos a aprenderem a observar, comparar, fazer previsões, elaborar hipóteses, verificar e contrastar os prognósticos com os demais e com a realidade, criticar as ideias alheias e as próprias (DAVIS; SUMARA, 2006). Será conveniente elaborar um currículo que facilite que os alunos vivam em contextos de investigação nos quais observem o comportamento complexo dos seres humanos quando investigam.

Como afirma Lanzon (2011), seria desejável que as escolas cumprissem pelo menos duas nobres funções: desenvolver na criança hábitos cívicos de convivência (sala de aula como um laboratório da cidade) e transmitir o amor, a paixão pelo saber, o amor pelas disciplinas muito mais do que o conhecimento positivo delas. Durante os anos escolares, não há tempo para que o aluno assimile sequer os rudimentos de literatura, língua, matemática ou física, mas, sim, "aprender como aprender" apaixonando-se por essas matérias, pois terá o resto da sua vida, especialmente os anos de universidade, para aprofundar-se com autonomia nas disciplinas em que elas se baseiam.

PROPOSTAS: RELEVÂNCIA, PROFUNDIDADE, OPCIONALIDADE, FLEXIBILIDADE E EMERGÊNCIA

Destacarei a seguir, brevemente, um conjunto de princípios ou sugestões que acredito que auxiliem a projetar um currículo que pode ajudar a se educar, que pode favorecer o desenvolvimento das competências fundamentais de cada sujeito.

- As competências não podem ser consideradas um conteúdo agregado ao currículo tradicional, mas devem ser entendidas como as intenções, as finalidades, *o marco de referência* para a seleção de conteúdos e experiências em virtude da sua possível utilidade, da sua potencialidade prática, do seu potencial para ajudar a compreender a complexidade do mundo real. Nas tradições acadêmicas, ao meu ver, mais respeitáveis, a verdade, a bondade e a beleza foram propostas como as principais áreas fundamentais que permeiam a cultura da humanidade e, portanto, devem saturar os conteúdos curriculares. O valor agregado do conceito de competência, como vimos nos Capítulos 3 e 4, está em evidenciar que não é suficiente estudar e aprender componentes dessas três áreas, que o desenvolvimento da personalidade educada exige vivência, prática, experiência no rico, turbulento, surpreendente e sempre, em parte, imprevisível rio da vida social, natural e cultural. A verdade, a bondade e a beleza não pode ser consideradas tópicos genéricos e abstratos a serem estudados, mas virtudes específicas a serem praticadas, princípios que orientam a vida e enriquecem a experiência de cada um dos aprendizes.
- O currículo, portanto, deve abordar todas as *dimensões do desenvolvimento pessoal:* o conhecimento (habilidades e conteúdos), identidade (pertencimento, emoções, autoestima e valores) e a ação (atitudes, comportamentos, rotinas e estratégias). O currículo escolar atual expressa uma preferência tão abusiva da dimensão intelectual e abstrata do desenvolvimento humano que exclui qualquer consideração dos elementos emocionais, corporais e atitudinais. Como vimos no Capítulo 3, não tem sentido parcelar de uma maneira tão unidimensional o desenvolvimento humano, porque isso é uma mera ficção. Na vida real, cada indivíduo utiliza todos os recursos e os componentes de sua personalidade tanto ao compreender e interpretar como ao decidir e atuar. Uma vez que as dimensões tácitas, cognitivas, emocionais, atitudinais estão intimamente incorporadas aos hábitos, não podem ser reconstruídas educacionalmente, a não ser que todo o sujeito se envolva ativamente e na prática, a menos que viva novas experiências relevantes. Por isso, o projeto do currículo que visa ajudar a se educar requer integrar a mente e o corpo, a racionalidade e as emoções, a consciência e os componentes que atuam abaixo da consciência. O trabalho manual e a experiência corporal são fundamentais para quebrar o monopólio de uma concepção abstrata e descontextualizada do intelecto.
- É necessário fazer uma *redução drástica das prescrições centrais do currículo.* O currículo oficial deve ser visto como um documento de orientação e um guia que indica prioridades genéricas e não como uma lista interminável de conteúdos mínimos, classificados por matérias. O currículo deve ser o resultado do debate público sobre os objetivos, intenções, competências ou qualidades humanas que devem ser desenvolvidas pelo dispositivo escolar (Finlândia, Nova Zelândia, Reino Uni-

do, Austrália reduziram drasticamente o documento que define o currículo e propõe modelos adaptáveis), as concreções do conteúdo, e os métodos de ensino e de avaliação deve fazer parte da competência profissional dos professores.
- *Menos extensão e mais profundidade.* É necessário conseguir um adequado equilíbrio na determinação do conteúdo, para permitir o seu desenvolvimento em profundidade e, consequentemente, a formação de capacidades mentais de ordem superior. Temos na Espanha um currículo que se estende por quilômetros e, no entanto, só dispõe de milímetros de profundidade. Na educação, *menos é frequentemente mais e melhor*, porque concentrar o foco de trabalho permite o desenvolvimento em profundidade, a consideração de múltiplas e diferentes perspectivas sobre o mesmo foco, a investigação dos aspectos e variáveis ocultas, assim como o aprendizado dos processos de busca, seleção, organização, aplicação e avaliação da informação. Por outro lado, a amplitude dos conteúdos atuais leva à saturação, à superficialidade e à assimilação mecânica por memorização, sem aplicação e sem real compreensão. Convém, a este respeito, lembrar a diferença entre a aprendizagem superficial e a aprendizagem profunda de Ramsden (2003) e Winter (2003) ou entre o conhecimento com valor de troca e o conhecimento com valor de uso de Pérez Gómez (2007).

Portanto, a tarefa do currículo escolar é justamente a seleção rigorosa e qualitativa do conteúdo de informação que deve ser feita para assegurar o desenvolvimento em cada indivíduo das capacidades cognitivas de ordem superior que lhe permitirão aprender ao longo da vida. Quanto maior for o volume de dados e informações acessíveis, maior será a importância da capacidade de selecionar, priorizar, avaliar e sintetizar. A busca da relevância e da qualidade, e não da quantidade, deve ser o principal critério na seleção do currículo escolar contemporâneo.

Como bem observado por Gardner (2006), uma pessoa terá maior probabilidade de aprender a pensar como um cientista se examinar minuciosamente um tema específico (como as causas do câncer, da pobreza ou do estresse) do que se tentar assimilar centenas de exemplos diferentes de uma dúzia de campos científicos.
- Contemplar no currículo tanto o conhecimento de algo como a história e os modos que levaram a produzi-lo, bem como os fatores que condicionaram o aparecimento e a consolidação dos modelos ou teorias dominantes em uma época, em cada campo do saber e do fazer, para que o aprendiz compreenda o *caráter sempre contingente e relativo do conhecimento* que produzimos e assim evitar a tendência ao dogmatismo e às afirmações acríticas.
- A importância da elaboração e da concreção local do currículo. É essencial fortalecer a competência dos professores e dos centros educacionais no projeto concreto para acomodar o currículo, os conteúdos e as atividades às necessidades e aos interesses de cada grupo e de cada aluno e a seu ritmo de desenvolvimento e aprendizagem.
- Tendência à *integração das disciplinas* em processos de compreensão dos problemas complexos da vida cotidiana. Para facilitar o enfoque interdisciplinar tão distante das tradições escolares convencionais, será,

portanto, necessário propor alguns módulos interdisciplinares ou multidisciplinares já experimentados e debatidos, que ajudem os professores a compreenderem as suas possibilidades e a evitarem as suas reticências. A integração de conhecimentos implica processos de abertura a diferentes campos, a fim de dispor de ferramentas sensíveis que permitam a percepção diferenciada, o contraste, a organização de dados, a análise e a avaliação, para lidar com as complexidades e compreender as relações e interações entre as partes e com o todo. Os aprendizes escolares, ao contrário, manifestam na atualidade um conhecimento que se assemelha a um repertório ou mosaico incoerente, frágil e fragmentário de ideias sobre temas específicos que dificilmente podem ser utilizados para compreender a realidade e planejar a intervenção pessoal.

– Neste contexto, cabe propor a transposição de um currículo baseado em disciplinas a um *currículo baseado em problemas ou situações* (PÉREZ GÓMEZ, 1998). Schank (2010) sugere a necessidade de um repensar a fundo do conteúdo do currículo escolar para organizá-lo em torno de processos de pensamento, de modo que sejam contemplados e priorizados os elementos metodológicos e os processos de produção, criação e aplicação do conhecimento sobre a mera reprodução de dados, regras, leis e fórmulas. Essa decisão implica celebrar a complexidade, o caráter misto, dinâmico, turbulento, não linear da realidade e de suas representações mentais, admitir a diversidade, a variedade e a desordem que envolve compreender a natureza sistêmica de toda a realidade e, em particular, a humana, que envolve auto-organização e interação. Será preciso começar a trabalhar sistemas, em vez de elementos ou fragmentos isolados da realidade natural ou social (MEADOWS, 2008).

Explorar a dimensão operacional, *a utilidade dos conteúdos* do currículo para compreender os problemas e atuar sobre eles. A cultura tem de ser percebida pelos alunos como algo útil e operacional. O conhecimento com valor de uso e não apenas com valor de troca, de intercâmbio por notas, certificações, classificações e titulações requer exemplificações ilustrativas, aplicadas à vida cotidiana. A utilidade deve ser entendida de um modo amplo. É preciso ter um conhecimento útil para contemplar, criar, produzir, resolver problemas, descobrir novos horizontes ou causar prazer intelectual.

– Mais do que enfatizar a relevância dos dados isolados e a necessidade de sua retenção por memorização, destacar a importância fundamental de *modelos, mapas e esquemas mentais,* não como formulações abstratas, mas como ferramentas operacionais para compreender a vida em diferentes campos do saber e do fazer. Os dados e as informações devem ser integrados em histórias, relatos ou modelos de interpretação, para que adquiram vida e despertem a curiosidade. A meu ver, este deve ser o nível privilegiado no trabalho escolar: a construção e reconstrução permanente de modelos, esquemas e mapas mentais que cada indivíduo utiliza para compreender e atuar em qualquer âmbito da vida. A memorização dos dados, dos conceitos e das técnicas ou destrezas simples pode ser perfeitamente guardada, em sua maioria, nos dispositivos digitais à nossa disposição.

- O projeto do currículo deve ser concebido de maneira tão flexível e dinâmica que permita o aparecimento do *currículo emergente*, aquele que facilita que cada aprendiz e cada grupo, a qualquer momento e com base em seus interesses e propósitos, levante novas propostas de conteúdos, problemas, informações e focos de interesse. Os alunos têm o direito de participar da definição e realização dos focos de atenção nos quais vão concentrar o seu trabalho, pois desse modo os conteúdos de aprendizagem podem se aproximar dos interesses e preocupações que eles estão vivendo em sua complexa e rica vida cotidiana atual. Gardner (2008) em sua interessante proposta sobre as cinco mentes que requer a era digital, defende que um currículo geral para uma sociedade democrática deve ser organizado em torno de problemas e preocupações pessoais e sociais atuais, pois, ao trabalhar em situações sociais e naturais reais, proporciona-se aos aprendizes valiosas oportunidades de viver e experimentar soluções democráticas para problemas reais e complexos. Aprender a colaborar na concepção e no planejamento das atividades coletivas será uma habilidade cidadã crítica em uma sociedade democrática.
- O conhecimento cotidiano, comum, popular deve estar presente no currículo escolar como expressão das ferramentas habituais que o cidadão utiliza para compreender e atuar, não para reproduzi-las e consolidá-las, mas para entender a sua lógica, as suas limitações e as suas possibilidades à luz do conhecimento mais rigoroso oferecido pelo conhecimento disciplinado, crítico e criativo. Por outro lado, como demonstra Willis (1990), esse conhecimento, essa linguagem e essa cultura popular são a chave para conseguir o envolvimento dos alunos de classes e grupos socialmente desfavorecidos e marginalizados e representam as estruturas de apoio que facilitam a metamorfose educativa, que lhes permite utilizar as analogias imprescindíveis para conectar a sua biografia, a sua identidade e o seu contexto às propostas originais da cultura escolar.

Especial atenção merece ser dedicada ao projeto do currículo escolar *aberto à optatividade*. Como temos enfatizado repetidamente, o desenvolvimento das competências ou qualidades fundamentais em cada cidadão é incompatível com um currículo de modelo único, comum, homogêneo e uniforme. Estimular e não somente respeitar a diversidade e a diferença é uma condição da riqueza humana, sobretudo na época contemporânea, em que cada indivíduo deve encontrar o seu singular espaço de desenvolvimento. Fortalecer os processos educacionais para que cada sujeito construa a sua personalidade escolhida, o seu singular e inigualável projeto de vida requer, como vimos nos Capítulos 3 e 4, a autonomia, isto é, liberdade e responsabilidade. O currículo deve fornecer opcionalidade suficiente para que cada aluno encontre o seu próprio "elemento" (ROBINSON, 2011), escolha e construa o seu próprio itinerário, oriente criativamente o seu desenvolvimento pessoal, social e profissional.

Este aspecto merece atenção especial, pois significa remar contra a maré de um dos eixos intocáveis da cultura escolar convencional. Nós, professores, os formadores de professores, os gestores educacionais, os especialistas universitários, as famílias e até mesmo os próprios alunos fomos formados e socializados nas entranhas do currículo comum de modelo único para todos, próprio da era industrial e legitimado pela racionalidade cartesiana. Assim, construídos os saberes formais instrumentais básicos: leitura, escrita e cálculo, não há nenhuma exigência pedagógica que demande que todos os meninos e meninas da mesma idade trabalhem e aprendam ao mesmo tempo e da mesma forma, a mesma quantidade de geografia, história, literatura, música, educação artística, educação física, química, biologia, sociologia e filosofia ao longo de toda a escolaridade obrigatória e menos ainda que aprendam na mesma sequência temporal e com a mesma intensidade. Alguns podem se interessar antes e outros mais tarde, com maior ou menor intensidade, extensão e profundidade pelas diferentes parcelas do conhecimento e do fazer humano. O que é realmente importante é que cada um possa desfrutar de oportunidades de valor equivalente em quantidade e qualidade no desenvolvimento de seu próprio e escolhido projeto de vida. Por isso, proponho-me começar a considerar a igualdade de oportunidades como a estratégia pedagógica para propor e desenvolver oportunidades de valor equivalente e não impôr situações homogêneas próprias de um currículo de modelo único. Acredito sinceramente que este é um dos aspectos mais difíceis de serem aceitos pela tradição academicista da cultura escolar em que crescemos.

Um currículo flexível, com altas doses de optatividade, ou seja, que reconheça e fomente a possibilidade de múltiplos e dignos caminhos, é um desafio profissional para o professor de primeira ordem: atender de maneira personalizada a cada aluno. Um desafio, hoje em dia, para a profissão, pelos extraordinários recursos que as novas tecnologias da comunicação estão tornando acessíveis a todos, dentro e fora do espaço escolar, para ajudar e facilitar a formulação personalizada do programa de trabalho individual e do trabalho em grupos. As dificuldades e as resistências não são evidentemente de caráter técnico, mas de concepções pedagógicas arraigadas no inconsciente individual e coletivo dos profissionais e da comunidade.

Por isso, no projeto do currículo, temos de enfatizar mais os processos de aprendizagem: como propor problemas, como colaborar com os seus colegas, desenvolver e aplicar a sua capacidade de pensamento crítico, gerenciar as suas falhas, formular hipóteses e propor alternativas novas e criativas. O projeto curricular deve colocar os alunos em situações reais relevantes, contraditórias e incertas, nas quais eles não encontrem respostas predeterminadas em documentos escritos, mas no próprio processo de cada um deles inicia, pois serão essas capacidades que terão de utilizar em sua vida acadêmica, pessoal e profissional. Não se trata de fazer o aluno somente acumular dados e informações, mas aprender a utilizá-los para entender problemas e situações relevantes, incertas e sempre, em parte, novas e desconhecidas.

O currículo assim entendido é mais um itinerário de experiências transformadoras do que uma lista de conteúdos. Nesta jornada, os aprendizes exploram o que eles são, o que não são e o que desejam ser. De qualquer maneira, não se deve esquecer que há uma descontinuidade inerente e inevitável entre o projeto e a realização, pois a prática não é o resultado do projeto, mas, sim, uma resposta de um sistema vivo a um projeto proposto.

Neste sentido, o projeto do currículo educativo tem de questionar a separação radical estabelecida pela escola industrial convencional que herdamos entre o currículo acadêmico e o currículo vocacional e começar a integrar o trabalho manual e o trabalho intelectual como componentes necessários e complementares em toda a experiência humana na vida real. Como vimos no Capítulo 3, a separação entre o trabalho manual e o mental é o resultado de uma concepção racionalista do saber e da experiência, adaptada às exigências da concepção piramidal da era industrial que não pode satisfazer as exigências da complexa e mutável vida na era digital.

Práticas relevantes

O currículo em espiral desenvolvido pela escola Ross,[1] em Nova York, parece-me um exemplo excelente para entender a mudança na concepção do currículo que aqui proponho. Seguirei a revisão deste modelo que faz John Myers, em janeiro de 2011, em um artigo publicado na revista *Teachers College Record*.

O currículo em espiral da escola Ross se baseia na proposta de Bruner e na ideia do historiador William Irwin Thompson de que a aprendizagem é mais bem adquirida quando acontece de forma cronológica o desenvolvimento histórico e cultural de cada área do conhecimento. O currículo de cada ano escolar é baseado em um período da história cultural da humanidade. Esta interpretação cultural da história fornece uma base para a abordagem interdisciplinar. Por exemplo, no 5º ano, é abordada a época das "culturas ribeirinhas do antigo Egito, Mesopotâmia e Índia". É uma maneira de considerar, em certa medida isomórfica, a história da humanidade e a história de cada indivíduo, a filogênese e a ontogênese.

O conceito de espiral adotado por Bruner respeita a complexidade, pois considera a realidade como um conjunto de sistemas.

A espiral sugere que, independentemente do conteúdo que se trabalhe, sempre se valoriza a imersão, a profundidade e as perspectivas múltiplas para compreender a diversidade de fatores e influências que condicionam a vida social de uma comunidade em uma época histórica. A partir de qualquer ponto da espiral, é possível ver os elementos que compõem o todo. Todos os elementos-chave de uma cultura, objeto de estudo na escola, estão presentes em cada período histórico. O importante é que o aluno possa compreender de forma vital, experiencial, por meio de vivências e simulações, como se relacionam entre si os aspectos substanciais que influenciam a vida das pes-soas em cada época e como eles evoluem exatamente pela interação interna e externa de cada comunidade humana.

O modelo de currículo em espiral da escola Ross estabelece os seguintes períodos históricos que correspondem aos seguintes anos escolares:
 – *5º ano*: as culturas ribeirinhas do antigo Egito, Mesopotâmia e Índia (3500-1450 a.C.);
 – *6º ano*: as profecias e a transformação cultural: Moisés, Pitágoras, Buda, Confúcio, Lao Tzu, Antiga Grécia (1450-250 a.C.);
 – *7º ano*: impérios e religiões (350 a.C.-800 d.C.);
 – *8º ano*: o clima na Idade Media (800-1450);
 – *9º ano*: o Renascimento, a Reforma e o Novo Mundo (1416-1688);
 – *10º ano*: o Iluminismo e o Romanticismo (1688-1865);
 – *11º ano*: o Modernismo (1865-1948); e
 – *12º ano*: a era contemporânea (de 1948 até os tempos atuais).

Em cada época, há um tema principal que percorre todas os anos, por exemplo, a vida e a cultura nas margens dos rios, ou a influência da energia, ou os princípios da democracia.

O currículo em espiral pretende exemplificar a evolução da vida, do conhecimento, da técnica, da ciência, das artes e das instituições de uma maneira dinâmica e real, cercada por histórias pessoais e sociais que encarnam as interações entre fenômenos que de outra maneira aparecem como conceitos abstratos. Por isso, incentiva-se e estimula-se a participação dos alunos. A história da cultura serve como núcleo em torno do qual são integradas as diferentes disciplinas. Estuda-se arte, matemática, línguas e as demais disciplinas no contexto de sua evolução histórica. A espiral evolutiva inclui profundidade disciplinar, uma sensibilidade global da cultura, pluralidade de inteligências e projetos baseados em atuações estimulantes e interessantes.

> Na escola Ross, não aprendemos outras culturas apenas por meio de livros e leituras, dançamos suas músicas, comemos sua comida, compomos seus ritmos, criamos arte dentro de seu estilo, debatemos suas formas políticas, analisamos sua filosofia, utilizamos suas ferramentas e sua matemática, e tentamos compreendê-las a partir de múltiplas perspectivas (MYERS, 2011).

Os alunos chegam ao último ano como pensadores integrais, aprendizes permanentes, com a consciência histórica da humanidade incorporada em suas entranhas, envolvidos na comunidade global.

No último ano, eles escolhem um projeto pessoal "relevante" relacionado com a sua paixão ou vocação, com seus interesses mais destacados, que têm de desenvolver, apresentar e exibir em público, no qual têm de cuidar tanto do conteúdo como da forma, do processo, do produto e da apresentação.

O currículo em espiral da escola Ross é cronológico, abrangente, integral e holístico na sua composição e temático na sua organização.

Seis elementos são essenciais no modelo: *ethos* ou caráter distintivo, currículo em espiral, práticas pedagógicas ativas e abrangentes, bem-estar e serviços para os alunos, tecnologia e ambiente de aprendizagem colaborativo e autônomo.

Os seus valores mais destacados são cooperação, valentia, gratidão, integridade, responsabilidade, significado e respeito. No cotidiano escolar, é apreciada a diversidade e rejeitada a separação entre o corpo e a mente, enfatizando a importância do trabalho manual, da arte e da ciência.

Cada professor monitora 10 alunos, atendendo e orientando o seu desenvolvimento, a sua situação pessoal e acadêmica, as suas relações pessoais e institucionais e as suas opções profissionais, criando um contexto de envolvimento. Os docentes se responsabilizam mais pelas pessoas do que das matérias.

É uma escola particular, de alto custo, à qual não é qualquer cidadão que tem acesso, apesar de sua importante política de bolsas de estudo, mas a sua filosofia e o seu modelo curricular podem servir de inspiração para qualquer escola pública. Um dos seus ativos mais admiráveis é a estreita colaboração entre a pesquisa universitária, especialmente com Harvard, e a inovação escolar permanente. O sucesso acadêmico tem sido confirmado repetidamente pelo alto índice de incorporação dos seus formandos nas mais prestigiadas universidades do país. O seu êxito humano é ainda mais admirado pela orientação regida por toda a escola de aprendizagem e serviço à comunidade.

NOTA

[1] É possível consultar mais sobre o assunto no *site* da organização, onde se pode encontrar *links* para os diferentes aspectos e referências que compõem o seu modelo: Ross School [20--] e Ross Institute(c2014).

6
Novas formas de ensinar e aprender

Esquecemos o que ouvimos; lembramo-nos do que vemos e aprendemos o que fazemos.

(Texto atribuído a CONFÚCIO)

Propor as competências ou qualidades humanas básicas como objetivos curriculares exige, na minha opinião, orientar os processos de ensino e aprendizagem de acordo com os seguintes princípios:

PRIMAZIA DA ATIVIDADE

O ensino e a aprendizagem relevantes exigem a atividade do sujeito em um processo contínuo de construção e reconstrução, como a ciência cognitiva vem afirmando há muito tempo (Baldwin, Dewey, Bartlett, Piaget, Vygotsky, Bruner, Johnson, Laird) e a neurociência leva cerca de 30 anos afirmando (BLAKEMORE; DAMASIO, 2010; FRITH, 2007). É fundamental ressaltar a importância do envolvimento dos alunos no processo de aprendizagem: a aprendizagem deve ser vista como um processo ativo de indagação, investigação e intervenção. Qualquer aplicação do conhecimento é uma nova oportunidade para aprender e toda nova aprendizagem abre uma nova oportunidade de aplicação.

Neste sentido, cabe lembrar também as valiosas sugestões de Wittgenstein, quando recomenda que o fazer e o demonstrar deve estar acima do dizer, como estratégias didáticas privilegiadas. Aprender para Witgenstein é se envolver em atividades práticas para aprender novas formas de envolvimento e desaprender certos hábitos filosóficos perversos (PETERS; BURBULES; SMEYERS, 2008).[1]

Em sentido convergente, Peter, Burbules e Smeyers (2008) ou Wenger, White e Smith (2009) enfatizam e ampliam o conceito de atividade como um eixo de ensino relevante. Ao falar de ensino tácito ou de imersão em práticas sociais, destaca a importância da participação ativa do aluno e a discreta e velada presença do professor nas práticas cotidianas, em que se aprende aparentemente sem ensino, pela "mera" participação ativa do aprendiz nas atividades que constituem a vida do grupo social. As práticas são aprendidas ou ativadas quando são produzidas de maneira frequentemente mecânica, ritualista e não consciente ou quando se aperfeiçoa e se transforma de forma reflexiva. Do mesmo modo, ao brincar e participar se aprendem e se reproduzem as regras de convivência, elas são mudadas e inventadas.

Além disso, como vimos no Capítulo 3, a pesquisa em neurociência cognitiva mostra que o conhecimento é baseado na atividade. Quando vivemos ativamente a nossa experiência, esta mesma experiência esculpe e configura de uma forma determinada o modo como funciona o nosso cérebro (WILLIS, 2006, 2010a). Quando simplesmente nos expomos a fatos e informações (sem agir sobre eles), o nosso cérebro não parece se modificar ou se esculpir de maneira tão importante (FISCHER, 2009; PILLARS, 2011).

O conceito de prática, como acertadamente qualifica Wenger (2010), conota um fazer em um contexto social e histórico que dá sentido e estrutura ao que fazemos. Por isso, em certo sentido, a prática é sempre uma prática social, um processo de aprendizagem interativo no seio de uma comunidade social. É a aprendizagem dos membros mais experientes que convida os membros mais novatos a aprenderem. Enquanto fazemos, aprendemos, mostramos e ensinamos aos outros membros de nossa comunidade. A aprendizagem como consequência da participação ativa na vida da comunidade é sempre uma experiência significativa, uma experiência de negociação de significados, em que se assumem os significados já consolidados na comunidade – reificação – e se propõem novos significados ou significados relativamente reconstruídos – participação.

Produzimos novos significados nas interações sociais que supõem ampliação, reorientação, reinterpretação e modificação dos significados anteriores. No processo social de negociação de significados, a interpretação e a ação, o fazer e o pensar estão envolvidos tão intimamente que dificilmente podemos estabelecer barreiras entre eles. Os significados não existem somente em nós e nem só no mundo, mas na relação dinâmica que estabelecemos ao viver no mundo.

Novamente, confirma-se a necessidade de aplicar uma concepção holística da personalidade que, ao atuar, falar, pensar e sentir, está envolvendo o corpo, a mente, as emoções e as relações sociais. Quando participamos da vida social da nossa comunidade, colocamos em jogo todos os aspectos da nossa personalidade nas relações de colaboração ou conflito que estabelecemos e, consequentemente, a comunidade que permite ou incentiva uma maneira de participar configura a nossa experiência, da mesma forma que o modo singular como reagimos e participamos constitui, em parte, a comunidade ou o contexto de atuação.

Por isso, as atividades educativas na escola não podem pretender apenas a assimilação do que a comunidade já reificou, não perseguem a realização de certas ações, a posse de certa informação ou o domínio de certas habilidades de maneira abstrata e descontextualizada, mas, sim, a capacidade de interagir com outros membros e responder de forma singular diante dos desafios e situações problemáticas, a capacidade de entender os problemas e de assumir a responsabilidade de intervir de maneira mais adequada. Somente a prática pode desenvolver tais capacidades, e apenas observando, analisando e questionando a prática é possível constatar o grau de desenvolvimento desta.

Assim, a prática educativa não é uma prática rotineira, mas uma prática significativa, heurística, que recria a si mesma. É, definitivamente, uma prática de investigação sobre problemas autênticos e situações reais. O que confere relevância à escola não é o conteúdo do ensino, que pode ser adquirido por outros meios, em outras fontes de acesso fácil e está onipresente na era digital, mas a natureza da experiência de aprendizagem que provoca e a forma de experimentar a identidade pessoal com relação à comunidade de aprendizagem. O que realmente importa, do ponto de vista educativo, é como se transforma o modo de entender a si mesmo e o mundo como resultado das experiências escolares que provocamos (CONTRERAS; PÉREZ DE LARA, 2010; WENGER; WHITE; SMITH, 2009). Os alunos devem ter a possibilidade de inventar a si mesmos em comunidades de práticas em cada área do saber ou em áreas interrelacionadas.

O ENSINO COMO INVESTIGAÇÃO

Como afirma Hansen, Driscoll e Arcilla (2003), compreender algo é impor significados a realidades anteriormente sem forma. Por meio da pesquisa, estabelecemos relações que criarm modelos de interpretação, cuja consistência, validade e confiabilidade são colocadas em dúvida ao viver as experiências nos contextos sociais de intervenção e vida. Este processo, quando é proposto de forma intencional e sistemática, configura a investigação.

O ensino educativo implica a adoção de um enfoque de aprendizagem estratégico, não superficial, quando nos confrontamos com novas situações ou novos aspectos de situações conhecidas (RAMSDEN, 2003). Convém, portanto, destacar o excelente valor pedagógico da investigação como estratégia de ensino e aprendizagem, pois envolve os aprendizes no desenvolvimento pleno de suas competências ou qualidades básicas de compreensão e ação. O ensino como investigação envolve, prende a atenção os alunos em um processo intencional e ordenado de diagnóstico de problemas, busca de informação, observação e coleta de dados, diferenciação de alternativas, elaboração e planejamento da investigação, formulação de hipóteses, discussão entre iguais, busca de informações de especialistas, desenvolvimento de processos de análise, formulação de argumentos e propostas de sínteses. A aprendizagem como investigação é sempre, em parte, imprevisível e inesperada.

Uma variante de extraordinária potencialidade pedagógica é o que se denomina currículo baseado em projetos (LINN; DAVIS; BELL, 2004; WIGGINS; MCTIGHE, 2007), que pode ser considerado uma forma de aprendizagem baseada em problemas, situações ou projetos em que a investigação está focada na produção, realização criativa de objetivos, situações e aplicações úteis, significativas e belas. Significa fazer algo novo, original, útil, bom e belo (BOUD; FELETTI, 1991). O projeto é, definitivamente, a busca da utilidade enriquecida pela significação em termos éticos e estéticos. É interdisciplinar, convida-nos a pensar de forma holística todos os aspectos que podem influenciar a prática e devem estar presentes no projeto. O projeto deve levar em conta tanto os aspectos técnico-científicos como as dimensões éticas e estéticas que configuram e acompanham os cenários e as situações humanas. O projeto como base do currículo é concebido como a forma atual ou uma versão moderna das artes liberais e das ciências humanas na era digital. O projeto, em sua forma mais simples, é a atividade de criar soluções, é algo que todos, melhor ou pior, fazemos diariamente. A utilidade e a beleza devem ser os elementos das soluções que propomos para lidar com os problemas da vida cotidiana. A beleza pode melhorar as formas de viver, sentir e pensar das pessoas. O potencial do projeto como estratégia de ensino e aprendizagem reside na sua natureza intencional, aberta, desafiadora, criativa, ousada e inovadora, de enfoque progressivo e sensível à avaliação e à melhoria. Definitivamente, ele obriga a investigar, propor e realizar.

O ensino baseado na investigação e no projeto de programas de intervenção é um compromisso inevitável com a prática e com as condições reais do cenário complexo onde se realiza essa prática. O ensino por meio do projeto está baseado na premissa de que os alunos aprendem mais profundamente, quando, com a ajuda do professor, envolvem-se na criação de produtos que requerem a compreensão e a aplicação do conhecimento. Essa maneira de compreender os processos de ensino-aprendizagem exige, como veremos no Capítulo 9, um esforço para criar na escola uma cultura de experimentação e um contexto de investigação, no qual a preocupação não é evitar os erros, mas corrigi-los e transcendê-los.

No mesmo sentido, convém lembrar como Dewey que a atividade que tem potencialidade pedagógica é a atividade significativa e relevante, ou seja, aquela que gira em torno de *situações reais, problemas autênticos* e fenômenos complexos que exigem aproximações interdisciplinares, científicas, técnicas, éticas e artísticas. As atividades de aprendizagem relevante têm de ser enquadradas, portanto, em projetos coerentes e relevantes de investigação e de intervenção, ou seja, projetos sobre temas atuais ou preocupações relevantes para a comunidade e que partam dos interesses dos aprendizes ou possam estimular e despertar a sua curiosidade.

Além disso, se a investigação, a produção e o projeto também envolvem uma experiência criativa, a tarefa do professor não é ensinar tudo, é provocar de maneira artística uma experiência apaixonante que remova os próprios esquemas de interpretação e de ação. Por isso, é tão importante desencadear experiências nas quais os aprendizes tenham de se perguntar o que aconteceria se, resistindo à tentação de ensinar tudo e de verbalizar e explicar tudo, impedindo, assim, que os alunos o descubram. Como dizia Piaget, de certa forma, em tudo o que ensinamos impedimos que os alunos descubram por si mesmos. A potencialidade pedagógica da investigação e do projeto está no fato de introduzir os alunos em situações complexas e incertas, em que eles têm de buscar e se perder, sob o escudo da confiança no olhar próximo do professor que o acompanha.

A verdadeira investigação incentiva a liberdade para aprender, não só como a possibilidade de desenvolver as próprias inclinações, mas também como a possibilidade de acessar novas tendências, novas formas de pensar e fazer. Como em contextos reais, os projetos escolares devem levar a experiências autênticas, devem ser multidisciplinares, mistos, incertos. Os alunos têm de identificar e planejar os problemas, compreender a complexidade e propor formas de intervenção.

O ensino baseado em investigação e projetos recebeu a confirmação reiterada da pesquisa educacional nas últimas décadas. Em Barron e Darling-Hammond (2008), podem ser encontradas pesquisas que confirmam a influência positiva desta forma de ensinar e aprender sobre o desempenho acadêmico do aluno, mais particularmente sobre os processos de pensamento de ordem superior, tão essenciais na vida contemporânea.

Podemos destacar os seguintes princípios como os principais elementos da metodologia pedagógica baseada na investigação e na elaboração de projetos, problemas e situações:

– os alunos têm de assumir a responsabilidade de sua própria aprendizagem, e o professor atuar como um tutor, orientador, conselheiro que apoia de forma contínua os processos de aprendizagem;

- o currículo baseado em projetos, problemas ou preocupações deve ocupar um lugar central, constituir a base pedagógica do currículo escolar, e não ser um episódio isolado de uma unidade didática;
- os projetos devem envolver investigação e construção do conhecimento;
- os problemas devem ser autênticos, aqueles que preocupam as pessoas do mundo real que rodeia o aprendiz;
- os problemas, projetos ou situações devem ser apresentados de forma aberta e pouco estruturada, de modo que permitam a investigação livre e criativa e a formulação de múltiplas hipóteses e caminhos de busca, e não como problemas simples que podem ser abordados por meio de soluções mecânicas ou algorítmicas;
- a aprendizagem deve abranger e integrar várias disciplinas e campos do conhecimento, pois os projetos, situações e problemas reais exigem abordagens multi e interdisciplinares e a fragmentação disciplinar terá dificuldade ou impedirá o desenvolvimento desta metodologia;
- a colaboração é essencial. Ninguém tem uma única visão correta do problema nem dispõe das únicas soluções válidas, pelo contrário, cada indivíduo traz suas riquezas diferenciais, indispensáveis para abordar o problema satisfatoriamente. As contribuições individuais, fruto do trabalho independente, não podem ser justapostas, mas devem contribuir para a reformulação do problema, do diagnóstico e das propostas de intervenção;
- é necessário desenvolver análises compartilhadas sobre o que foi aprendido e um debate sobre as conclusões, os novos problemas emergentes e, quando necessário, sobre os projetos futuros a serem realizados;
- o processo de autoavaliação e de avaliação em pares é fundamental para identificar os pontos fortes e fracos de cada indivíduo e do grupo como um todo, de modo que possam estabelecer processos de melhoria para o futuro.

Práticas relevantes

— Um exemplo de ensino baseado no projeto pode ser encontrado na Charter High School for Architecture and Design (CHAD),[2] fundada em 1999 na Filadélfia. Ela se apresenta como uma comunidade de aprendizagem comprometida com um programa inovador que integra o processo de elaboração, com uma forte ênfase na educação humanística e artística. A escola oferece a cada aluno a oportunidade de formação como cidadão responsável e aprendiz ao longo de toda a vida. O objetivo é criar um clima acadêmico que suscita o amor pela aprendizagem, pela curiosidade intelectual, por novas maneiras criativas de olhar. Cria aulas fortemente concentradas na aprendizagem dos alunos e na convivência democrática.

Em termos de pedagogia que orienta o ensino e a aprendizagem, a CHAD enfatiza a utilização do processo de elaboração em todo o currículo como um veículo para o pensamento analítico e criativo, respeitando as diferenças e estimulando a singularidade de cada aluno. As suas práticas demonstram o poder do projeto para expandir as mentes dos jovens, ao mesmo tempo em que dissolvem o mito de que o projeto e a criação são um privilégio de poucos. Enquanto nas escolas

> públicas da Filadélfia a taxa de participação geral gira em torno de 63%, na CHAD é de aproximadamente 95%.
>
> – Outro exemplo de experiência de ensino que utiliza a investigação como estratégia de ensino e aprendizagem pode ser encontrado no projeto chamado The Web-Based Inquiry Science Environment (WISE). Ele fornece uma plataforma on-line para o trabalho das ciências no ensino médio e superior, em que os alunos trabalham colaborativamente em projetos de pesquisa, com base em evidências de processos de investigação e de experimentação virtual.

DA ATIVIDADE À EXPERIÊNCIA: VIVÊNCIAS, RELATOS, SENTIDO E SIGNIFICADO

As práticas e a experiência como eixo metodológico do currículo educacional representa o envolvimento dos alunos em *atividades com sentido*. A atividade em si mesma não produz enriquecimento pessoal. O valor educativo da atividade está na busca do sentido, não do significado abstrato, em geral, nem para o professor, mas do ponto de vista do aprendiz, no que atende aos seus conhecimentos, interesses, expectativas e experiências prévios. Estabelecer a ponte entre a base anterior já construída pelo próprio sujeito e o horizonte de possibilidades aberto pelos intercâmbios educacionais é o propósito da metodologia didática.

A transferência da atividade para a experiência exige a participação entusiástica dos alunos, a sua participação efetiva na codeterminação dos processos, conteúdos e experiências de aprendizagem dentro das autênticas comunidades de aprendizagem. Um dos instrumentos privilegiados dessa metodologia para a compreensão em busca do sentido é, sem dúvida, a narrativa pessoal, repleta de metáforas e analogias. A dedução e a indução são estratégias que constituem o pensamento analítico e são certamente valiosas e intensamente utilizadas no âmbito acadêmico em que se intercambiam conteúdos abstratos, supostamente neutros. Contudo, na vida cotidiana, a dedução e a indução estão saturadas de pensamento analógico para acomodar as emoções, as intuições, os propósitos e os interesses.

Conforme destaca Wormeli (2009), as narrativas e o pensamento analógico e metafórico são extremamente importantes para estabelecer pontes entre o que cada menino e cada menina trazem em sua bagagem pessoal, em função de sua singular experiência de vida, e as propostas e perspectivas que a escola terá de abrir para ajudá-los a enriquecer e reconstruir seus próprios critérios de compreensão, decisão e atuação. As metáforas e as analogias são precisamente pontes cognitivas entre o conhecido e a novidade. Na realidade, qualquer construção de significados é fundamentalmente de caráter metafórico. Construímos significados em parte ligados ao que já é conhecido e em parte abertos a novas formas de ver e interpretar, a tal ponto que Pinker (2007) chega a afirmar que a verdade é uma competição entre metáforas. As metáforas desorganizam sistematicamente o senso comum das coisas, unindo, ao mesmo tempo, o abstrato e o concreto, o físico e o mental, o físico e o psicológico, o agradável e o desagradável, reorganizando tudo em combinações inusitadas. Por outro lado, as metáforas são usadas de maneira tão massiva, habitual e inconsciente em nossa linguagem cotidiana que não as vemos, embora elas influenciem o que e como pensamos. Conforme declara Geary (2012), as metáforas e as analogias são as estruturas do nosso pensamento e da nossa expressão, de tal modo que em uma conversa normal de cada 20 palavras que dizemos uma é metáfora; falamos oito metáforas a cada minuto. Os seres humanos são criadores de metáforas. As metáforas, como afirma Lakoff (2011), são um elemento importante da sinfonia que compõe a nossa existência, pois os processos humanos de pensamento, diferentemente do modo de proceder dos computadores, são fundamentalmente metafóricos, entendem o novo relativamente ao antigo, envolvem uma racionalidade imaginativa, não mecânica ou linear. As metáforas representam a alma da arte e da comunicação compreensiva, pois insinuam conexões emocionais e comunicam novas experiências. Grande parte da autocompreensão envolve a busca de metáforas pessoais apropriadas e que deem sentido às nossas vidas.

Poucas estratégias e instrumentos educacionais chegam a ter tanta influência na aprendizagem, a curto e em longo prazo, quanto as analogias e as metáforas que os professores utilizam para esclarecer conceitos e modelos desconhecidos e para propor projetos ou para avaliar processos, que somados às que os próprios alunos geram, dão sentido às suas tarefas, sentimentos e desejos. O uso de analogias e metáforas é uma poderosa ferramenta pedagógica para ajudar os alunos a construírem novos significados, ativando os seus contextos cognitivos prévios ou criando novos contextos de interpretação, ampliando, por analogia, os elementos já conhecidos e transferindo-os para outras áreas ou territórios desconhecidos. Aqui Pink (2005) destaca que a criatividade significa cruzar as fronteiras que dividem os territórios disciplinares, arriscar pensamentos não convencionais, estimular a miscigenação conceitual. As ideias inovadoras surgem em pessoas com importante fundo cultural, mentes multidisciplinares e amplo espectro de experiências.

Tornar visível o invisível pela comparação explícita e aplicando conhecimento de uma disciplina a outra, ou seja, por meio do pensamento metafórico, ajuda os alunos a construírem a aprendizagem mais profunda, que vai além da mera memorização. O convite a imaginar o que aconteceria se... e o pensamento hipotético podem ser considerados, no fundo, uma estratégia metafórica, ao quebrar as barreiras e classificações conhecidas para se arriscar a encontrar novas conexões e ao fomentar a flexibilidade e a ousadia na utilização do que já é conhecido para experimentar, recriar, imaginar e sonhar.

Da mesma forma, Wormeli (2009) e Davidson (2011) consideram, com diferentes perspectivas, que a narração imaginativa e o relato podem se tornar um instrumento fundamental do pensamento e, portanto, uma estratégia fundamental nos processos de ensino e aprendizagem que visam ajudar os indivíduos a encontrarem e construírem o sentido de suas aprendizagens e de suas vidas. A maioria das nossas experiências é organizada como histórias e relatos. Quando os dados crescem exponencialmente e são facilmente acessíveis de qualquer local e a qualquer momento, deixam de ser tão importantes em si mesmos de forma isolada. Começa a adquirir importância a capacidade de situar esses dados em contextos adequados e relacioná-los com o seu impacto emocional, o seu sentido, a sua importância para as pessoas afetadas, ou seja, incorporar histórias relevantes e significativas.

As histórias e os autorrelatos nos ajudam a organizar e exteriorizar, para nós mesmos, a compreensão dos nossos desejos, crenças e hábitos íntimos e tácitos (FISCHER, 2009). Ocupam, portanto, um lugar crítico no ensino educacional que tem como objetivo ajudar cada aluno a construir o seu próprio projeto de vida.

Outro aspecto fundamental na construção das próprias histórias, do indivíduo e da comunidade, refere-se ao desenvolvimento das capacidades expressivas e de comunicação dos aprendizes. A comunicação e a expressão pessoal, em suas diversas formas, são objetivos fundamentais do processo de formação, principalmente agora, quando as artes expressivas foram praticamente deixadas de lado e excluídas do currículo convencional. Aprender a utilizar as múltiplas formas de expressão e comunicação à disposição dos cidadãos contemporâneos é a chave para a construção do sentido e do significado pessoal e para o desenvolvimento dos cidadãos no complexo e interconectado mundo globalizado em que têm de viver.

Consequentemente e ao contrário do que acontece na escola convencional, a aprendizagem relevante e personalizada que se pretende provocar na escola educacional requer considerar *primeiro as vivências e depois as formalizações*. Por exemplo, em linguagem não faz muito sentido que os alunos se torturem em tediosas análises sintáticas, se com isso estamos arruinando a sua vontade de ler, escrever, contar, dramatizar ou submergir nas muitas formas possíveis na aventura da linguagem oral ou escrita, na beleza da expressão literária dos sentimentos, situações e problemas humanos. Do mesmo modo, em ciências, por exemplo, também não tem muito sentido educativo ensinar a tabela periódica dos elementos químicos em vez de introduzir os alunos na aventura de uma experiência química que transforma a matéria, as formas e a cor diante de seus olhos e pelas suas próprias mãos. O conhecimento útil é o conhecimento que os alunos conseguem manipular para compreender a realidade e compreender a si mesmos. O envolvimento pessoal e a motivação intrínseca supõem a imersão em vivências que gradualmente é necessário analisar, discriminar e formalizar. Toda aprendizagem supõe, de alguma forma, um ato de reinvenção. Quando alguém se apropria de um conteúdo já conhecido por outras pessoas, de certa forma, sempre o redefine, ajusta-o e o singulariza-o se realmente o integra em suas vivências.

Práticas relevantes

O Story Centered Curriculum (SCC) (SCHANK, 2010, 2011) é uma interessante proposta que integra a potencialidade pedagógica dos relatos e o desenvolvimento do espírito científico, a fim de criar oportunidades para trabalhar em problemas do mundo real. Pretende transferir o foco do currículo das disciplinas para os aprendizes.

A ideia por trás do currículo centrado nas histórias SCC é que um currículo deve consistir em uma história na qual os alunos desempenham um papel protagônico relacionado com o mundo real do trabalho e da vida social. O efeito pretendido com isso é fazer verem os alunos desenvolverem as capacidades necessárias para realizar a tarefa desejada enquanto trabalham na história proposta no currículo.

Em contraste com o ensino convencional de conteúdos e habilidades independentes, à margem dos contextos, o SCC tem como objetivo desenvolver na prática o princípio de *aprender fazendo*, sentindo, integrando os aspectos mais relevantes das tarefas autênticas no mundo real e vivendo o sentido que adquirem os objetos e os acontecimentos do mundo real quando são integrados a relatos compartilhados.

PERSONALIZAÇÃO, METACOGNIÇÃO E APRENDIZAGEM AUTORREGULADA

Outro aspecto fundamental da pedagogia para desenvolver competências consiste em promover e estimular a *metacognição* como um meio para desenvolver a capacidade de autonomia e autorregulação da aprendizagem e do desenvolvimento, aprender como aprender, conhecendo os próprios pontos fortes e fracos em cada âmbito do conhecimento e do fazer. O ensino educativo não pode consistir na transferência dos modos de compressão próprios do professor aos alunos, mas deve se destinar a ajudar cada aluno a desenvolver as suas próprias maneiras de olhar para as situações e problemas, cada vez mais poderosos e consistentes (ROBINSON, 2011).

Wenger, em 1998, já destacava a importância de que a escola deve capacitar os alunos para que eles se conheçam, conheçam o que são e o que podem ser, que compreendam de onde vieram e para onde podem ir, ou seja, priorizar um currículo que ajude a autorreconstrução, que aposte no desenvolvimento de uma identidade subjetiva, que ajude a escolher, a se autogovernar em cenários de complexidade, incerteza e mudança.

Como expõem Bruner (1996) e Resnick, Levine e Tasley (1991), a aprendizagem relevante é uma *aprendizagem intencional*, consciente das estratégias bem-sucedidas e das fracassadas. Uma das características da aprendizagem intencional é que os alunos assumem a responsabilidade de sua aprendizagem, são agentes conscientes da sua própria aprendizagem. A consciência dos pontos fracos e fortes das próprias competências introduz o elemento de *ruptura* necessário em todo processo de aprendizagem, ao desestabilizar as hipóteses inquestionáveis que cada sujeito incorpora ao internalizar a cultura e as rotinas do seu contexto habitual. Devemos ajudar, estabelecer atividades, momentos e condições na vida cotidiana da escola para que os alunos aprendam não somente a pensar sobre o mundo exterior, mas também a analisar os próprios pensamentos, sentimentos e condutas.

Na programação de atividades, tempos e contextos, e estreitamente relacionados com as estratégias de avaliação, nós, docentes, temos de lidar com o desenvolvimento de três mecanismos complementares, ligados à metacognição, como vimos com certo detalhamento no Capítulo 4: *conhecimento sobre as próprias formas de conhecer, sentir e atuar*, para que cada aluno conheça o que sabe e o que não, assim como que ele saiba as próprias estratégias de aprendizagem; *autoestima,* valorizar e apreciar o que cada um é e o que pode chegar a ser; e a *autorregulação*, que envolve a tomada de decisões sobre o que fazer e sobre o que modificar, uma vez avaliadas as próprias estratégias e formas de aprender.

A ênfase na metacognição é uma clara orientação na direção da *aprendizagem personalizada,* pois a aprendizagem avança quando o aluno compreende o processo de aprendizagem e sabe o que conhece, como conhece e o que mais precisa conhecer. Esses princípios, próximos do conceito de *apropriação de Bakhtin*, foram reunidos recentemente no construto já famoso de "aprender como aprender" (JAMES, 2007). A metacognição, em suma, é o eixo fundamental de um ensino personalizado que promove o desenvolvimento exclusivo de cada indivíduo, valoriza positivamente a diversidade humana e rejeita a uniformidade pedagógica (LINN; DAVIS; BELL, 2004).

A atenção personalizada ao desenvolvimento do projeto pessoal de cada aprendiz induz à motivação e ao otimismo pedagógico nos alunos e os professores (JOHNSON, 2011). Como já foi mencionado no Capítulo 3, as expectativas positivas e a autoestima por parte dos alunos provocam rendimentos mais satisfatórios que a baixa autoestima e a falta de expectativas. No mesmo sentido, cabe afirmar que, como o *efeito Pigmalião* demonstrou, as expectativas do docente condicionam as expectativas e o rendimento dos alunos. O que nós acreditamos determina o que fazemos, as teorias sobre nós mesmos determinam significativamente os nossos projetos, as nossas ações e as nossas avaliações sobre o que fazemos e podemos fazer.

Por isso, uma pedagogia que pretenda desenvolver plenamente as qualidades únicas de cada aluno deve ser uma pedagogia otimista, que enfatize as expectativas e a confiança de cada aluno, que ajude os alunos a acreditarem em si mesmos, em suas possibilidades e pontos fortes. Quando o foco habitual na escola convencional é a mudança de comportamento dos alunos para que atinjam as nossas expectativas, pode ser apropriado insistir na necessidade de que cada indivíduo, cada aprendiz possa e deva encontrar o seu próprio, diferente, único e valioso modo de estar no mundo, o seu próprio projeto. Todos os alunos podem aprender se aprendermos como ensiná-los de forma adequada e personalizada (CSIKSZENTMIHALY, 1997; 2008; SELIGMAN, 2002; 2011). Não devemos esquecer que educar significa estimular a partir do interior, ajudar a criar e ampliar as próprias capacidades e os talentos únicos de cada um. É preciso consolidar a confiança e o otimismo, no entanto, não vale qualquer motivação. Não podemos esquecer que a motivação extrínseca, as recompensas e as punições têm inevitáveis efeitos colaterais que podem arruinar o propósito educacional (PINK, 2009).

A motivação educativa e a motivação intrínseca devem estar ligadas à autodeterminação e à capacidade de escolher e desenvolver o próprio projeto de vida, o que requer liberdade e responsabilidade, autonomia e esforço. Como destacam repetidamente Dweck (2000) e Ericsson (1996), o esforço é um dos aspectos que dão sentido à vida, porque significa o envolvimento pessoal do indivíduo nas atividades que ele realiza. Mas o esforço se converte em calvário quando o indivíduo não deseja, não entende ou não compartilha o sentido da tarefa que tem de realizar. Portanto, o esforço educativo é aquele que se relaciona com o desenvolvimento do próprio projeto de vida que cada sujeito constrói em suas três dimensões básicas: pessoal, social e profissional.

O esforço deve estar relacionado com o conceito de *flow* (CSIKSZENTMIHALY, 1997; 2008), o envolvimento na tarefa como resultado da motivação intrínseca. Esse é um dos aspectos mais destacados dessa nova pedagogia. Como nos recordam Suarez-Orozco e Sattin-Bajaj (2010), o aprendiz comprometido está presente com todos os seus recursos, trabalhando no limite das suas possibilidades, com o apoio próximo e atento do tutor. O envolvimento entusiástico parece obviamente relacionado com os interesses, expectativas e propósitos pessoais, o que requer questionar, uma vez mais, a validade de um currículo uniforme de modelo único e a necessidade de desenvolver programas personalizados de alguma forma. Contextos de aprendizagem cooperativos e estimulantes, tarefas relevantes, conteúdos sugestivos que abordem problemas significativos para a vida do aprendiz, programas e métodos flexíveis e adaptáveis que permitam a criatividade e professores apaixonados e próximos parecem ser a chave para estimular a participação do aprendiz.

> **Práticas relevantes**
>
> Sobre esse assunto, convém destacar aquelas experiências pedagógicas inovadoras que levaram o respeito à identidade individual de cada aprendiz para o topo de suas expectativas, finalidades, métodos e formas organizacionais, dentre as quais podemos distinguir: *Summerhill, Sudbury Valley, Paideia, Pelouro e Big Picture*,[3] claros representantes de uma pedagogia libertária que entende a educação como a expressão e potencialição ideal da personalidade singular de cada aprendiz.
>
> Outras experiências que podem inspirar modelos para o desenvolvimento de uma escola personalizada são representadas pelo *movimento das escolas pequenas*.[4] O movimento das escolas pequenas se baseia na necessidade de reduzir o tamanho das escolas para personalizar os processos de ensino e aprendizagem, para atender adequadamente ao desenvolvimento da identidade singular de cada indivíduo e do seu próprio projeto de vida e os múltiplos caminhos que cada indivíduo deve transitar em sua vida como cidadão e profissional. Com um máximo de 12 alunos por classe, os professores conhecem os objetivos acadêmicos, pontos fortes, pontos fracos, estilos de aprendizagem e a personalidade de cada um de seus alunos. O modelo de aprendizagem que fundamenta a pedagogia desse modelo potencializa o atendimento personalizado, as estreitas relações de tutoria entre professores e alunos, o autoconhecimento e a autodeterminação. Informações mais detalhadas podem ser encontradas em Daniels e Bizar (2005).
>
> Também merecem atenção especial os programas e instrumentos desenvolvidos por Csikszentmihaly (2008),[5] para promover o autoconhecimento, a autoestima e a autorregulação, assim como as propostas desenvolvidas por Robinson (2008), para ajudar a descobrir, fortalecer e enriquecer as qualidades pessoais mais excelentes, o que ele chama de *The Element*.

COOPERAÇÃO E EMPATIA: A PEDAGOGIA DO AMOR

Na minha experiência pessoal docente, bem como nas pesquisas a respeito (DARLING-HAMMOND et al., 2008), a *cooperação* aparece como estratégia pedagógica privilegiada tanto para o desenvolvimento dos componentes cognitivos como dos componentes emotivos e atitudinais das competências e inclusive dos processos de metacognição e autorregulação, que também se desenvolvem muito bem por meio de atividades colaborativas. Os enfoques metodológicos como o ensino recíproco entre iguais são formas de autorregulação de que os alunos podem se apropriar e internalizar (ROGOFF, 1990).

Como afirmam McCombs e Miller (2007), a aprendizagem se enriquece em contextos onde os aprendizes têm relações de apoio, experimentam sensações de propriedade e controle dos próprios processos de aprendizagem e podem aprender de e com os outros. Os cenários de cooperação, atenção pessoal e de apoio mútuo favorecem a aprendizagem tanto por estimular o intercâmbio de informações como por permitir que os aprendizes mergulhem, sem medo, no território incerto da busca, da investigação e da inovação. Além disso, como nos lembram Wells e Claxton, na complexa era digital

> [...] os **problemas reais** raramente são resolvidos por indivíduos isolados, ao contrário, são geralmente trabalhados por um grupo que, ainda que compartilhe um mesmo propósito, pode possuir vários tipos e níveis de experiência e, ao mesmo tempo, distintos valores, motivos, interesses e estratégias preferidas para trabalhar junto. (WELLS; CLAXTON, 2002, p. 199, tradução nossa).

A aprendizagem em grupos desenvolve as capacidades humanas críticas para participar de forma responsável das sociedades democráticas. Promove a habilidade de compartilhar as nossas perspectivas, ouvir os outros, lidar com pontos de vista diferentes e até mesmo contraditórios, buscar conexões, experimentar a mudança de nossas ideias e negociar conflitos democrática e pacificamente. O debate e o contraste necessitam documentar e argumentar nossas próprias posições, abrir-se às diferentes perspectivas e visões sobre a realidade e cuidar dos processos de observação e análise, bem como dos momentos de reflexão e elaboração de propostas alternativas. Lidar com a complexidade envolve a necessidade de articular uma compreensão compartilhada, sem ignorar as diferentes perspectivas dos distintos grupos e pessoas. A aprendizagem cooperativa aproveita os talentos e os diferentes olhares de cada indivíduo. Nem todo mundo é bom em tudo. A diversidade e a singularidade de expectativas, interesses, experiências e qualidades constituem uma riqueza dos grupos, devidamente entendida e aproveitada no mundo da pesquisa e no empresarial, por exemplo, que também precisa ser explorado na educação.

Darling-Hammond et al. (2008) em seu importante trabalho chamado de *Powerful Learning – What we know about teaching for understanding* apresentam evidências para afirmar que a aprendizagem ativa e colaborativa, por projetos, têm efeitos mais significativos sobre os resultados da aprendizagem do que qualquer outra variável, incluída a variável que se refere às aquisições passadas e à origem sociocultural do estudante.

Por outro lado, é necessário lembrar que a empatia é a base da cooperação. Pink (2005) considera a empatia como a habilidade de imaginar a si mesmo na situação do outros e intuir o que o outro está sentindo. A empatia constrói a autoconsciência, facilita o trabalho cooperativo, liga os seres humanos e proporciona a base da nossa moralidade. Contudo, a empatia não parece ser um valor em ascensão na era neoliberal, em que se exige distanciamento e frieza para aceitar as escandalosas desigualdades sociais e a desastrosa situação de pobreza e miséria na qual vive um terço da humanidade. No entanto, o ensino é uma profissão que, como veremos no Capítulo 8, requer empatia em altas doses, para se conectar com cada aprendiz, a fim de inspirar e enriquecer a sua vida e cuidar do desenvolvimento do seu singular projeto de vida.

Por outro lado, convém destacar que a colaboração celebra a diversidade, a diferença e a identidade singular como o potencial à disposição do ser humano para lidar com a complexidade do mundo inconstante em que vivemos. Nas redes virtuais, a qualquer momento e para qualquer situação, podem mudar os papéis e as lideranças, aquele que lidera na rede um grupo de discussão ou um coletivo circunstancial a respeito de um assunto pode ser o aprendiz novato em outro grupo e com outro tema. Essa potencialidade pedagógica das redes sociais pode e deve ser explorada na escola para preparar os indivíduos para desenvolverem as diferentes habilidades e papéis sociais que lhes exige o cenário social contemporâneo.

As redes sociais e as redes de informação e trabalho na internet elevam a cooperação a um nível até então desconhecido pelo acesso fácil, econômico e permanente a múltiplos fóruns e grupos humanos interculturais que facilitam a aprendizagem contínua. Participar desses grupos é como participar das *jazz-sessions*, sessões de improvisação e criação compartilhada para a elaboração de *software* ou de trabalhos e projetos de interesse comum, que facilitam as inovações ao compartilhar soluções ou alternativas e criam um tom global de inclusão e colaboração que rompe as barreiras raciais, culturais, religiosas, ideológicas e econômicas que dividiram e foram enfrentados pelos grupos humanos ao longo de toda a história.

De qualquer modo, nós, professores, devemos estar concientes de que a autêntica cooperação é uma estratégia, em grande medida, contracultural e contracorrente na época do individualismo e da competitividade, ainda que paradoxalmente a colaboração circunstancial e temporária seja a base da maioria dos intercâmbios das novas gerações nas redes sociais. Em todos os casos, as pessoas não chegam à escola preparadas para cooperar, e a cooperação deve ser aprendida com paciência e sistematicamente por meio de experiências reiteradas de cooperação e utilizando múltiplas estratégias de rotação de funções que ajudem os aprendizes a experimentarem a satisfação da ajuda e do cuidado mútuo, da execução de projetos comuns e da empatia das emoções compartilhadas.

Como estão mostrando os estudos e pesquisas atuais, a aprendizagem cooperativa pode ser considerada uma das mais importantes inovações pedagógicas. Mais de mil pesquisas confirmam e documentam a eficácia dos métodos e programas cooperativos, entre os quais as estruturas de Kagan são um dos mais elaborados.

Entre os pontos fortes mais confirmados e documentados da aprendizagem cooperativa, podemos distinguir os seguintes:

- aumenta o rendimento acadêmico, especialmente dos mais atrasados;
- melhora as relações pessoais entre os aprendizes, favorecendo as relações amistosas, o desenvolvimento de habilidades sociais, a atenção, o carinho, a liderança e o apoio, bem como e também o clima geral da sala de aula e da escola;
- aumenta a autoestima, especialmente dos mais desfavorecidos;
- estimula o desenvolvimento dos modos de pensar de ordem superior, incluindo a capacidade de questionar, argumentar, desenvolver hipóteses, avaliar e sintetizar;
- favorece a transferência do conhecimento e a sua utilização em contextos diferentes daqueles em que se aprende.

Nel Noddings (1992, 2012), por sua vez, incorpora explicitamente o carinho na cooperação educativa. Ele formulou uma proposta feminina da ética do cuidado para a escola. Argumenta que o objetivo mais importante da escola é conseguir fazer que os alunos e as alunas se sintam amados(as) e, portanto, cresçam e se tornem pessoas carinhosas, que amam e são amadas. Propõe quatro estratégias principais:

- *ser o exemplo:* o professor se converte em um testemunho de relações de cuidado com os seus alunos. Este exemplo é fundamental, uma vez que é uma pedagogia em que se aprende vivenciando;
- *incentivar o diálogo:* o diálogo aberto e honesto é essencial para desenvolver relações de cuidado;
- *instigar a confiança e as expectativas:* significa aceitar que os alunos estão em uma busca sincera de si mesmos e mudar a atual mentalidade docente, que parte de uma desconfiança natural para com o aluno e as suas motivações; e
- *celebrar a prática:* praticar a pedagogia do cuidado, pois o cuidado se aprende cuidando, portanto, devemos dar oportunidade aos alunos para que, conforme vão crescendo, também possam aprender a cuidar dos outros.

Práticas relevantes

Entre as múltiplas experiências escolares centralizadas na cooperação (DARLING-HAMMOND et al., 2008; ROGOFF, 1990), parece-me interessante destacar o projeto Making Learning Visible (MLV) e a sua realização em colaboração com o *Project Zero* da Universidade de Harvard e as escolas de Reggio Emilia. O seu principal objetivo é compreender, documentar e promover o trabalho colaborativo nas escolas, prestando especial atenção ao poder dos grupos como cenários de aprendizagem, em um mundo globalizado em que fora da escola e por meio da rede, como vimos criteriosamente no Capítulo 2, os indivíduos participam de maneira contínua de redes, coletivos e grupos de intercâmbio e cooperação, enquanto na escola somente se enfatizam o trabalho individual e os resultados individuais.

Como resultado do projeto que vincula intervenção e investigação à potencialidade pedagógica da cooperação entre iguais, afirma-se que a aprendizagem em grupo ajuda não só a aprender o conteúdo, mas também ajuda os alunos a conhecerem a aprendizagem e compreenderem a si mesmos e, desta maneira, desenvolverem capacidades humanas críticas para participar da vida democrática, ouvir opiniões alheias, lidar com diferentes perspectivas, compartilhar e defender as suas próprias propostas e perspectivas, buscar conexões, mudar as próprias ideias e negociar os conflitos utilizando o diálogo.

Informações mais detalhadas podem ser encontradas em: Harvard Graduate School of Education (c2014) – http://pzweb.harvard.edu/mlv/index.cfm.

Menção especial a este respeito merece a proposta de Kagan (2003, 2009) sobre as estruturas e estratégias organizacionais para estimular a cooperação autêntica. Reunindo as propostas das teorias situacionistas, Kagan acredita que são as situações, mais que outra variável, que determinam o comportamento social, e que o determinante mais potente do nível de cooperação das crianças é o tipo de situações que elas enfrentam. Afirma repetidamente que se pode conseguir que qualquer pessoa seja extremamente cooperativa e extremamente competitiva, dependendo do tipo de situação em que ela vive (KAGAN, 2003, p. 2). Além disso, Kagan tem convicção de que aprender a importância de certas habilidades comunicativas não conduz à sua aquisição, a menos que essas habilidades sejam praticadas em situações reais de interação. As estruturas de Kagan pretendem representar um contexto natural em que se pratiquem, não só se aprenda verbalmente, habilidades de interação comunicativa, em atitudes e disposições consideradas valiosas, habilidades de tomada de decisões, pensamento de ordem superior, habilidade de resolução de conflitos, liderança e outras habilidades sociais.

Com estas premissas, Kagan se propõe criar e inventar estruturas formais que organizem as interações entre os aprendizes, para que todos possam ser induzidos a participar das atividades, processos e projetos de aprendizagem que forem realizados. As primeiras estruturas de Kagan são invenções provenientes da pesquisa ou da observação dos modos organizativos utilizados pelos professores, muito simples, para ordenar a interação como o diálogo entre pares, a intervenção sequencial respeitando os turnos, que se tornam complexos à medida que os professores e os pesquisadores abarcam mais aspectos da interação entre os aprendizes, para abordar atividades e processos cada vez mais complexos. Atualmente emprega mais de 200 estruturas, cada uma com um nome diferente, para as distintas tarefas nas diferentes disciplinas ou projetos interdisciplinares.

Todas as estruturas se propõem a cumprir quatro princípios básicos:
– interdependência positiva (os indivíduos devem interagir para construir);
– responsabilidade individual (além da criação grupal, deve-se exigir a criação individual);
– igualdade de participação (é necessário garantir que todos participem de maneira equivalente); e
– interação simultânea (quanto mais indivíduos estiverem participando ativamente de cada momento, mais rica será a colaboração).

> Se as estruturas são cuidadosamente escolhidas, os professores podem incentivar o caráter, a cooperação, as inteligências múltiplas, o pensamento de alto nível, etc. Por exemplo, se o professor pede a seus alunos que pratiquem problemas de matemática utilizando a estrutura "sábio e escriba" *(Sage-N-Scribe)*, eles podem aprender melhor matemática, mas, ao mesmo tempo, também aprendem a ser responsáveis, a se interessar pelos demais, a elaborar estratégias para a resolução de problemas e de interação com outros, a ter paciência, a aperfeiçoar as suas habilidades de comunicação, a assumir o papel do outro. A estrutura "debate", por exemplo, ajuda a aprender conteúdos, mas principalmente ajuda a preparar argumentos verbais, a assumir o papel do outro, a identificar falácias, a analisar e sequenciar um argumento, a ouvir respeitosamente, a defender com convicção as próprias posições, a se abrir para os argumentos alheios e a desenvolver destrezas de trabalho em equipe, responsabilidade e respeito, entre outras coisas. As estruturas, portanto, incentivam as dimensões do caráter, a inteligência emocional, as inteligências múltiplas e as destrezas de pensamento como parte de qualquer lição.
>
> Em vez de dar e explicar lições complexas de aprendizagem cooperativa, com as estruturas, os docentes tornam a aprendizagem cooperativa parte integrante de qualquer lição.

O SENTIDO E O VALOR PEDAGÓGICO DOS *VIDEOGAMES*, DAS REDES E DOS MATERIAIS DIGITAIS

As interações em redes sociais e jogos em rede, que saturam a vida das novas gerações, oferecem excelentes oportunidades para o desenvolvimento de algumas das habilidades exigidas na era digital. Em jogos e intercâmbios virtuais, são desenvolvidas atividades autênticas, problemas relevantes em contextos reais, virtuais ou presenciais, pois o contexto envolve a necessidade de abordar questões abertas, estimular a enxurrada de ideias o mais diversas e divergentes possível, celebrar a ascensão de riscos, identificar e compreender as falhas e os erros como oportunidades de aprendizagem, assim como estimular as estratégias de melhoria e reformulação, ou seja, as redes de intercâmbio ou de jogo constituem ambientes de aprendizagem que estimulam o envolvimento, o compromisso, a vontade e a criatividade. De acordo com Davidson (2011), o jogo é certamente um dos mais paradigmáticos exemplos desses contextos e, sem dúvida, a forma cultural concreta mais importante e representativa da era digital.

Os *videogames*, na era digital, sem dúvida, representam um novo contexto de aprendizagem para os cidadãos, especialmente na infância e na adolescência. Requerem a navegação e a exploração de todo o espaço, tempo, contextos virtuais organizados, os outros jogadores em rede, as regras e os recursos à sua disposição e são, definitivamente, sistemas sociais em constante evolução.

Como já defendia Ericsson, em 1968, o jogo é o trabalho da infância. Einstein também afirmava insistentemente que o jogo é a mais alta forma de investigação. A menina e o menino utilizam o jogo para descobrir, experimentar, separar-se do adulto e desenvolver a sua própria identidade. Além disso, no jogo, eles aprendem a diversidade, o acaso, as resistências dos objetos, das pessoas e dos contextos, a complexidade e a mistura, os êxitos e as decepções da vida real do mundo ao seu redor. No mesmo sentido, Thomas e Brown, em seu interessante trabalho de 2011, e Robinson, em 2011, propõem uma nova cultura de aprendizagem para a era digital, na qual o jogo, a imaginação e a inovação ocupem um lugar central.

Como evidencia o relevante relatório denominado *The Pew study* (MADDEN, 2011; RAINIE, 2011) sobre o uso de *videogames* e da internet, os mecanismos que ativam os jogos são a base de centenas de programas de simulação e de reabilitação amplamente utilizados na formação profissional. Além disso, absorvem mais de 90% da aprendizagem informal das meninas e dos meninos, porque fascinam os participantes, produzem o estado de fluidez, *flow* (CSIKSZENTMIHALY, 1997), de envolvimento entusiástico que, como vimos no Capítulo 3, rodeia as atividades criativas que prendem as pessoas ao ponto de fazê-las perder a noção do tempo e do espaço.[6]

Davidson (2011), por sua vez, destaca que os jogadores são especialistas no desenvolvimento da atenção, sabem que a concentração de esforços, combinada com o pensamento estratégico e colaborativo que presta atenção não só à ação principal, mas a tudo o que acontece ao redor e na periferia, é o que os leva ao sucesso. O jogo pode ser considerado uma forma de cognição que se atenta a todos os componentes de um problema, elabora estratégias adaptadas às situações e aos objetivos pretendidos, considera as possibilidades de sucesso e fracasso, escolhe as melhores respostas e corrige os erros. Definitivamente, ensina a pensar de maneira estratégica, interativa e situacional. Esta forma de pensamento alcança a sua melhor forma de expressão, em um novo nível de complexidade, nos jogos do tipo *role-playing game* (RPG) *on-line*, com vários participantes – um dos exemplos mais característicos disso é o *World of Warcraft*, por meio do qual se pode aprender sobre a natureza humana, sobre a forma de como atuam os indivíduos e os grupos, quando são incorporados a uma atividade com um propósito definido e com as capacidades próprias para projetar, interagir, persuadir, organizar, liderar e assumir os sucessos e fracassos.

Todas essas atitudes e habilidades são necessárias na aprendizagem baseada na investigação e imprescindíveis na vida cotidiana pessoal, social e profissional contemporânea. Os jogos digitais podem ajudar a desenvolvê-las nos alunos, mas a escola está bem distante desses cenários. Podemos nos perguntar como trabalhar os conteúdos que são considerados relevantes na escola utilizando contextos de aprendizagem que incorporem as virtudes pedagógicas dos jogos digitais. Já que na escola, consciente ou inconscientemente, são ensinados conteúdos e métodos, os professores devem decidir não apenas que conteúdos ensinar, mas que modos e formas de conhecer serão oferecidos na escola na hora de trabalhar os conteúdos relevantes. É possível, como sugere Davidson (2011), que alguns *videogames* sejam uma forma ideal de preparação das novas gerações para o mundo interativo, em transformação, incerto, de tarefas simultâneas e colaborativo em que eles terão de viver, navegar, liderar e transformar.

De qualquer modo, convém destacar que o trabalho e o esforço não são necessariamente contrários ao jogo. O trabalho e o esforço satisfatório estão sempre relacionados com a capacidade de inspirar, desafiar, estimular, emocionar, descobrir e criar. A herança taylorista da concepção do trabalho rotineiro, mecânico e fragmentado na cadeia de montagem levou, obviamente, à separação entre o trabalho e o jogo, e ao banimento do jogo, não só do trabalho, mas da educação como etapa de preparação para este.

Outro aspecto importante que destaca Davidson (2011) é a consciência de autoria, de atuação, de aprender a fazer e produzir algo novo e interessante, de escolher a forma de atuar e se relacionar que incluem alguns *videogames*, criativos e desafiadores, assim como a necessidade de continuar construindo o próprio perfil pessoal e profissional nas redes virtuais. Onde se ativa a imaginação ocorre aprendizagem. Cuidar da própria imagem, dar forma e expressão a uma identidade escolhida requer imaginação, criatividade e destreza expressiva e comunicativa, aproveitando as diferentes possibilidades técnicas do meio.

Pink (2005), por sua vez, diz que o oposto do jogo não é trabalho, mas a depressão. Jogar envolve uma participação entusiasmada, comprometida com a atividade ou projeto que se tem na mão, porque envolve ilusão. Os jogos atuais em rede podem estimular o trabalho em equipe e também os valores e a responsabilidade como um meio para atingir os objetivos desejados. Para a geração atual, os jogos em rede chegam a ser um instrumento para a resolução de problemas e um veículo de autoexploração e autoexpressão (VAN ECK, 2010).

Kane (*The Play Ethic*), apud Davidson (2011), afirma que o jogo pode ser para o século XXI o que o trabalho significou nos últimos 300 anos do desenvolvimento industrial, o nosso modo dominante de conhecer, fazer e criar. Além disso, parece estar claro que o jogo desenvolve a capacidade de transferir, sintetizar e inovar, estimula, portanto, circuitos do hemisfério direito, geralmente adormecidos pela cultura analítica dominante na escola, mas necessários para a vida contemporânea, em que tudo interage com tudo de formas complexas através do espaço e do tempo.

Os jogos em rede também podem estimular a empatia, pois exigem que o sujeito se coloque no lugar do outro, por exemplo, em RPG em que um assume um papel, um personagem com um caráter e uma forma de interpretar que se tem de simular em de diferentes situações, circunstâncias, encontros e eventos. Oferecem, além disso, oportunidades para experimentar diferentes formas de interação social e funções intelectuais evoluídas, de superior da ordem.

Outra função importante dos jogos é ensinar a desfrutar do trabalho com outras pessoas. As redes sociais possibilitam a abertura da imaginação a novos espaços, problemas e horizontes, pois envolve a interação com colegas ao redor de todo o mundo, independentemente de barreiras culturais, linguísticas, ideológicas ou religiosas. Por outro lado, como afirma Davidson (2011), quando interagimos com outras pessoas que não compartilham das nossas opiniões, crenças e valores, podem se abrir novas possibilidades para desaprender e reaprender algumas de nossas tradições e costumes não questionados.

Outro aspecto a ser considerado, dentro das possibilidades que abrem as novas tecnologias da comunicação na era digital é a potencialidade pedagógica dos livros *didáticos interativos,* como os apresentados pela *Apple* em janeiro de 2012 para os dispositivos eletrônicos como *tablets*, com a pretensão de substituir os tradicionais livros didáticos impressos. É verdade que eles representam múltiplas vantagens: são chamativos, permitem acessar gráficos, animações, vídeo, 3D; são interativos e multimídia; permitem a aprendizagem no ritmo de cada indivíduo; podem ser atualizados a qualquer momento sem grandes custos econômicos; permitem anotações, comentários, grifos, elaboração de fichas, com a facilidade de agrupar tudo isso, classificar, construir mapas conceituais facilmente acessíveis e modificáveis nos próprios arquivos digitais de cada aprendiz; também nos livram do peso excessivo das mochilas atuais. Outras vantagens de valor extraordinário são a simplicidade e a versatilidade da ferramenta *Author ibooks* para criar os próprios materiais ou livros interativos, ao alcance de qualquer professor ou grupo de professores ou dos próprios alunos que desejem experimentar a potencialidade didática de materiais organizados, selecionados e, inclusive, criados por eles mesmos. De qualquer forma, independentemente dos importantes pontos fortes das novas ferramentas para utilizar e criar materiais, elas continuam sendo livros didáticos, por enquanto, disciplinares, projetados mais para a transmissão de resultados do que para provocar o desenvolvimento do espírito científico, de suas dúvidas, do complexo processo metodológico, da história de suas controvérsias, e pouco preparados para provocar e facilitar os projetos de trabalho, de experimentação, investigação e inovação que requer o ensino atual. Eles são, naturalmente, instrumentos relevantes e valiosos para a transmissão e evidentemente podem facilitar a aprendizagem mais significativa, atrativa e relevante, mas deveriam estar abertos a um tratamento transdisciplinar e interdisciplinar, como o *The National Geographic Jason Project*, em que os alunos aprendem ciências experimentais, matemática, estudos sociais e língua em projetos conjuntos de experimentação e investigação. Por outro lado, espera-se que logo liberem o material em código aberto, para que se possa trabalhar com ele em todo tipo de *tablets* e dispositivos digitais.

Práticas relevantes

— Um exemplo da incorporação do *videogame* na escola é o *Q2L*, uma escola de Nova York que utiliza *videogames* como ferramentas habituais de trabalho em diferentes disciplinas e projetos de trabalho, com o objetivo de formar qualidades humanas úteis e necessárias na vida contemporânea, na qual, por exemplo, não ensinam matemática, mas, por meio dos jogos, tenta-se provocar o desenvolvimento do pensamento e das destrezas matemáticas em cada criança.

— Outro exemplo de utilização pedagógica dos *videogames* e dos jogos *on-line* no ensino superior pode ser encontrado nos cursos de graduação oferecidos pela Riegle (2007), nos quais se utilizam os jogos *on-line* (*MMORPG, EverQuest, 2*) que requerem a cooperação e o intercâmbio em redes sociais, a simulação de personagens, o jogo do tipo RPG, para compreender as diversas formas de perceber, sentir, tomar decisões e atuar dos diferentes indivíduos envolvidos, e que são uma oportunidade privilegiada para conhecer a si mesmo e investigar os esquemas e hábitos implícitos que cada um desenvolveu ao longo da vida sobre diferentes problemas e situações.

— O *projeto de Jason* é outro exemplo interessante de desenvolvimento de materiais didáticos digitais integrados a programas de experimentação e investigação. É um programa curricular de ciências para o ensino médio, destinado a motivar os alunos a participarem da descoberta e da experimentação científica nas áreas das ciências naturais, sociais, matemática e engenharia. O seu principal objetivo é fazer que os alunos participem de projetos de pesquisa reais em situações complexas e desafiadoras da vida real, acompanhados por cientistas e especialistas de renome, com o amparo de organizações pioneiras na pesquisa atual, como a NASA, a National Oceanic and Atmopheric Administrations (NOAA) ou a National Geographic Society.

O *projeto de Jason*, fundado por Robert D. Ballard em 1989, tem desenvolvido centenas de programas de pesquisa atrativos sobre temas e situações relevantes, disponíveis de forma gratuita *on-line* para qualquer aprendiz, professor ou escola que o deseje. Recebeu múltiplos prêmios e reconhecimentos nacionais e internacionais e tem conectado e envolvido em suas atividades mais de 10 milhões de alunos.

PLURALIDADE E FLEXIBILIDADE METODOLÓGICA

É improvável que uma forma concreta de estabelecer a interação entre o ensino e a aprendizagem, um método de ensino particular, seja eficaz e adequado para qualquer objetivo de aprendizagem, qualquer aprendiz ou grupo de aprendizes, em qualquer contexto e para qualquer campo do conhecimento. Portanto, será necessário recomendar a pluralidade e a flexibilidade didáticas, para atender à diversidade de pessoas, situações e áreas do conhecimento. Em suma, os princípios metodológicos que desenvolvemos neste capítulo aconselham uma aprendizagem mais experimental e indutiva em atividades grupais ou individuais e a ênfase no pensamento de ordem superior: conceitos fundamentais, modelos e esquemas. Ou seja, ter poucos tópicos e tempo para desenvolvê-los em profundidade, compreender a complexidade das variáveis envolvidas e a dinâmica de seu movimento e mudança; desenvolver o espírito de investigação, descoberta e produção criativa por meio da participação ativa em projetos e problemas autênticos em contextos reais; potencializar as capacidades expressivas e de comunicação adequadas às exigências da era digital por meio da construção de relatos e do projeto e produção de realidades novas e originais; atender à diversidade e viver a justiça solidária, a empatia e as experiências democráticas nas escolas; conceber a sala de aula e a escola como uma comunidade interdependente de aprendizagem; e aumentar a personalização de programas e projetos, permitindo a opcionalidade e a flexibilidade necessárias para facilitar o desenvolvimento do próprio projeto de vida único de cada um dos aprendizes.

As aulas magnas, para pequenos grupos, atividade em pares, seminários de trabalho, oficinas de aprendizagem, trabalhos de campo, centros de interesse, grupos de discussão, tutoria personalizada, apoio e tutoria entre pares, aprendizagem baseada em problemas ou projetos de investigação, inovação e criação, portfólios, etc. são iniciativas e modalidades didáticas disponíveis para o professor, que deve decidir o que, quando, onde e por que utilizar uma ou outra ou uma combinação peculiar delas.

Na minha opinião, as oficinas escolares em suas muito diferentes formulações são a expressão mais adequada da teoria construtivista da aprendizagem, em que os professores e os alunos na prática e a partir desta reinventam e singularizam em qualquer área do conhecimento em que se envolvam. Os alunos precisam de menos fala e mais ação, mais interpretação, música, arte, poesia e menos prescrição.

NOTAS

[1] A esse respeito, parece-me muito recomendável o trabalho de Peter, Burbules e Smeyers (2008) *Witgenstein. Showing and doing*, do qual foram extraídos estes pensamentos.

[2] Para mais informações: Charter High School for Architecture + Design, [20--].

[3] *Big Picture* é um movimento de escolas dos Estados Unidos preocupadas prioritariamente com o desenvolvimento pessoal e singular de cada aluno. É verdade que a sua filosofia não pode ser identificada com as posições libertárias do resto das escolas mencionadas anteriormente, mas os seus princípios pedagógicos convergem na distinta atenção às peculiaridades do desenvolvimento pessoal de cada aprendiz, inclusive dentro da estrutura das escolas convencionais (THIERER, 2010). Pode-se encontrar mais informações em http://www.bigpicture.org.

[4] Diferentes estudos recentes sugerem que os alunos do movimento das escolas pequenas obtêm melhores resultados acadêmicos, têm taxas mais elevadas de presença, sentem-se mais seguros, experimentam menos problemas de comportamento e participam mais frequentemente de atividades comunitárias e extracurriculares. No entanto, a

memória coletiva das gerações adultas dos Estados Unidos ainda exaltam as escolas superiores de enormes dimensões em que se formaram, com equipes campeãs de futebol e basquete, e relutam em aceitar a potencialidade pedagógica das escolas pequenas (GRAUE, 2001).

5 Para facilitar o autoconhecimento, Csikszentmihaly (2008) desenvolve o *Experience Sampling Method*, que basicamente pede a cada aprendiz que, em oito diferentes momentos aleatórios de um dia de sua vida, descreva as suas relações, tarefas, equipes, propósitos e estado mental.

6 Os pesquisadores do relatório *Pew* identificaram cinco principais atributos que constituem a disposição do jogador: 1) orientam-se a partir da base; 2) compreendem o poder da diversidade; 3) entendem e apreciam a mudança; 4) veem a aprendizagem como mais uma atividade interessante e divertida; e 5) aprendem a navegar na fronteira, na inovação alternativa.

7

Avaliar para aprender

*Nem tudo o que é importante pode ser medido,
e nem tudo o que se mede é importante.*

(Einstein)

A AVALIAÇÃO DE COMPETÊNCIAS

Não é fácil superestimar a importância da avaliação na configuração de toda a vida escolar. Poucos duvidam na atualidade, e PISA veio a confirmar mais uma vez que as formas de avaliar a aprendizagem dos alunos determinam substancialmente os processos de ensino dos professores, a seleção dos conteúdos curriculares, as práticas de ensino e, especialmente, a configuração das experiências e estilos de aprendizagem dos alunos, assim com o clima das relações sociais e dos ambientes de aprendizagem escolar. Um aluno, como afirma Boud (1995), pode escapar dos efeitos de uma má qualidade de ensino, mas dificilmente escapa das consequências de uma forma perversa ou equivocada de conceber a avaliação e desenvolver os exames e a atribuição de notas. A avaliação constitui o verdadeiro e definitivo programa, pois indica *o que realmente conta* na vida escolar.

A avaliação das aprendizagens é uma parte decisiva da mudança necessária na escola contemporânea. A avaliação por provas objetivas ou testes que verificam o grau e a fidelidade de retenção e recuperação de dados e informações de diferentes disciplinas, muito comum na escola convencional, respondia, embora de maneira perversa, às demandas da escola industrial, mas não serve para os propósitos escolares exigidos na era digital. De nenhuma maneira, avalia as qualidades humanas ou competências básicas.

É óbvio que a avaliação deve ser congruente com a definição dos objetivos do currículo em termos de competências ou qualidades humanas fundamentais. O que nos interessa saber, por meio dos processos de avaliação, é se cada aluno está construindo as competências e qualidades humanas que lhe permitam estar em uma posição mais autônoma e relevante na sua vida. Pouca importância tem para este propósito básico se o aluno é capaz de repetir de memória listas de informações ou classificações que não lhe ajudam a entender melhor a realidade complexa em que vive nem a organizar de modo racional e responsável a sua conduta pessoal, profissional e social. Muitas vezes, o rigor nos processos de avaliação tem sido identificado com o rigor na definição e concretização de padrões de avaliação. Para mim, não é o rigor formal o que qualifica os padrões, mas a qualidade e a relevância de seu conteúdo. Podemos, como de costume, medir muito bem e com rigor o conteúdo errado. Os padrões determinam o que os alunos devem aprender. Nas práticas mais comuns da escola convencional, estão cristalizados em intermináveis listas complexas de conteúdos para uma determinada matéria e a sua seleção é feita em virtude da facilidade para ser medido nas provas escritas de múltipla escolha. Estes padrões implicam, na minha opinião, a superficialidade na aprendizagem, a memorização, a recordação e a reconhecimento. Quais devem ser os critérios de avaliação na atualidade?

Avaliar competências fundamentais requer *avaliar os sistemas de compressão e ação* e, portanto, avaliar atuações, com consciência da complexidade dos elementos presentes nas ações humanas. Sem dúvida, envolve a busca de novos propósitos e uso de novos modelos, estratégias e instrumentos de avaliação, adequados para detectar a complexidade do comportamento humano, que vai além das provas escritas convencionais. A avaliação de competências exige questionar o valor e o sentido das notas e enfatizar o valor dos relatórios detalhados e completos com o diagnóstico dos processos, resultados e contextos educativos

Avaliação e classificação

Desde o início, é necessário distinguir claramente entre os dois termos e conceitos que são confundidos no uso cotidiano, inclusive dos profissionais envolvidos nos processos de ensino e aprendizagem: avaliação e classificação. Avaliação, avaliação educativa ou avaliação formativa é um processo complexo e o mais completo e flexível possível de diagnóstico, de descrição e interpretação do desenvolvimento dos indivíduos, de suas qualidades, pontos fortes e fracos, do grau de configuração atual de cada um dos componentes das competências: conhecimentos, habilidades, emoções, atitudes e valores, assim como do funcionamento das competências como conjunto, como sistemas de compreensão, tomada de decisão e atuação. A avaliação conduz e se conclui em um relatório compreensível e acessível a todos, mas especialmente à pessoa que está sendo avaliada, para que, ao se conhecer, ela possa tomar decisões de se autorregular no futuro, a curto, médio e longo prazo.

Classificação ou avaliação somativa é a realização, a redução do diagnóstico a uma categoria, numérica ou verbal, para facilitar a comparação, classificação e seleção dos indivíduos. Todo processo de redução de um relatório abrangente e complexo a uma categoria é, inevitavelmente, uma distorção perversa das possibilidades pedagógicas do diagnóstico educacional. A categoria não só perde a riqueza da informação descritiva de uma situação ou momento de desenvolvimento como também perde a possibilidade de compreender processos, fatores que interferem e, portanto, de propor formas de melhorar ou corrigir quaisquer erros, lacunas ou deficiências. A classificação só se justifica, na minha opinião, quando precisamos classificar os diferentes componentes de um grupo humano, a fim de selecionar os mais adequados para uma tarefa, cargo ou responsabilidade; ou quando, como no ensino obrigatório – que se propõe à formação básica, não profissional dos cidadãos –, não há nenhuma necessidade de selecionar, pois desejamos que todos se formem explorando o limite de suas possibilidades, e não há tampouco qualquer necessidade de classificar e, portanto, de qualificar. Na escolaridade obrigatória, será necessário promover a avaliação, a avaliação formativa e reduzir ou até mesmo erradicar a classificação.

Avaliar para aprender

A avaliação contínua e formativa é, portanto, a chave da mudança da cultura convencional da escola. Por isso, é urgente uma modificação radical das formas de examinar, e a primeira proposta que surge das propostas anteriores é que a avaliação deve ser concebida como uma ferramenta e uma oportunidade para a aprendizagem. Aí está o seu sentido formativo (FENWICK, PARSONS, 2009; JAMES, 2007). A avaliação educativa (aquela que ajuda o sujeito a se formar de maneira autônoma) do rendimento dos alunos deve ser entendida principalmente como uma avaliação formativa, com a convicção de que os alunos consigam as melhores aprendizagens quando entendem o que estão aprendendo e o sentido do que aprendem e quando conseguem o *feedback* necessário para avaliar como eles estão fazendo isso e recebem o apoio necessário para saber como fazê-lo melhor no futuro.

Podemos dizer que o salto qualitativo a ser dado com relação ao sentido educativo da avaliação pode ser concretizado na troca da *avaliação das aprendizagens* pela *avaliação para as aprendizagens* e a *avaliação como aprendizagem,* de um mero requisito de controle burocrático, mecânico e externo por um processo complexo, qualitativo, de conhecimento da realidade, reflexão sobre ela e planejamento compartilhado de projetos de melhoria, em que no final a avaliação incorporada como uma cultura na escola se converta na melhor ferramenta de aprendizagem por meio da reflexão na ação e sobre a ação.

O objetivo por trás dessa nova forma de entender a avaliação é o de favorecer um estudo mais abrangente dos diversos fatores que influenciam as aprendizagens e as atuações de cada um dos alunos em diferentes níveis do sistema de ensino. A avaliação educativa, ou seja, aquela que favorece a educação, não pode se contentar com a constatação fiel do grau de desenvolvimento e aprendizagem alcançado pelos aprendizes, deve fornecer a informação adequada e suficiente para que cada aluno possa reformular seus pensamentos e suas práticas, a fim de melhorar suas competências como pessoa, cidadão e profissional. Deve, portanto, abranger obviamente, os *produtos*, mas também os *processos* e os *contextos* de aprendizagem.

A questão-chave dentro da filosofia da avaliação formativa é: *O quê, por que e para que serve o que os alunos aprendem na vida escolar?*

A PERVERSÃO DOS TESTES E PROVAS OBJETIVAS

Assim, o problema de qualquer avaliação é estabelecer os critérios de avaliação e desenvolver as ferramentas de diagnóstico. O problema que envolve a medição do desenvolvimento humano levou a limitar o objeto de avaliação ao que é facilmente mensurável, que custa menos medir e que é, ao mesmo tempo, a medição mais fiável. São precisamente esses objetos de medição relacionados com as respostas exatas nas provas escritas os que induzem à perversão dos processos de avaliação, pois reduzem a compreensão do desenvolvimento das qualidades humanas à mera reprodução de memória de informações e dados, deixando de fora mais de 90% dos componentes que constituem as competências básicas dos seres humanos (conhecimentos, habilidades, atitudes, emoções e valores), bem como os sistemas de compreensão, tomada de decisões e atuação. Como medir as emoções, as habilidades, os processos, os comportamentos complexos, as performances criativas em objetivas e econômicas provas escritas? Os testes medem geralmente os processos de pensamento de ordem inferior, a reprodução de dados e a execução de algoritmos, exatamente as tarefas que hoje podem perfeitamente ser feitas pelas máquinas digitais, mas se esquivam ou são cegos aos processos mentais de ordem superior: compreensão, investigação, avaliação, criatividade e inovação, qualidades que os computadores, por enquanto, não podem replicar. Além disso, os testes favorecem a memorização mais do que o pensamento lógico, os fatos e dados descontextualizados, os detalhes desconectados da análise, a uniformidade e despersonalização mais do que a idiossincrasia e a diversidade.

Como medir e avaliar os processos de aprender, desaprender e reaprender, que são, na minha opinião, a essência dos processos educativos?

A obsessão pela medição objetiva e replicável do desempenho acadêmico, além de tudo, levou, como pode ser visto na maioria das escolas dos Estados Unidos na última década, à aberração de reduzir o ensino à preparação para os testes, ou seja, a ensinar para passar nos testes. Não só se esquece da finalidade educativa da escola, mas também se marginaliza o ensino dos conteúdos disciplinares e se restringem os processos de ensino e aprendizagem a uma preparação academicista para passar nas provas ou testes. Mais do que explicar conteúdos, são treinadas habilidades para superar com êxito os possíveis itens de uma previsível prova, por meio de repetição exaustiva dos itens de provas anteriores.

O *Salthouse* (1989) faz uma crítica implacável e bem fundamentada das contradições e carências de fundamentação dos testes de Kelly e Binnet e conclui que nos Estados Unidos, atualmente, grande parte do ensino se resume ao treinamento para passar em contraditórias, inconsistentes e inconclusivas provas de pensamento de ordem inferior. Inclusive Ravitch (2010), principal responsável pela configuração das políticas educacionais baseadas nos testes, durante a presidência de Clinton e Bush, criticou recentemente, de forma impiedosa, o valor dos testes, denunciando o desastre que foi tolerado no sistema educacional norte-americano. A situação é tão grave e ridícula que, além de causar o desconcerto e a desilusão geral, está fazendo muitas escolas inovadoras formarem qualidades de ordem superior de setembro a março e dedicando os últimos meses do ano para desenvolver capacidades de ordem inferior e memorização exigidas nos testes.

Resnick e Matsumura (2007) são da mesma opinião quando afirmam que os testes têm substituído o currículo nas escolas dos Estados Unidos e que, consequentemente, quanto mais são implantados exames padronizados de avaliação objetiva, menor é o desenvolvimento nos alunos das capacidades de pensamento de ordem superior, necessários na complexa e variada vida contemporânea na era digital. Quanto mais se sobe na escala de padrões de avaliação por meio de testes, menor é o nível de formação dos alunos para enfrentar as exigências da complexa era digital.

A educação baseada em padrões se apoia nas seguintes hipóteses:
– existe um corpo de conhecimento universal que todo aluno deve adquirir;
– o valor de uma escola, um professor e um aluno pode ser quantificado;
– todo aluno, independentemente de suas diferenças de personalidade,

habilidades, interesses e experiências, pode responder ao mesmo e uniforme ensino;
- a aprendizagem é um produto; e
- a educação mensurável é igual à qualidade da educação ou, o que é o mesmo, à qualidade da educação se reduz ao que pode ser medido.

Essas hipóteses contradizem a esmagadora maioria das pesquisas que analisamos e contrastamos no Capítulo 3 e que confirmam repetidamente que a aprendizagem é um processo permanente, apoiado por aprendizagens prévias, não um produto acabado; que as aprendizagens requeridas na era digital são as aprendizagens de ordem superior e não as meramente reprodutivas; que os aprendizes são diferentes do ponto de vista cultural, genético, social, emocional e intelectual, têm e desenvolvem recursos pessoais singulares de aprendizagem, modos de perceber, organizar, reagir e avaliar claramente diferentes uns dos outros, diversificados e mutáveis; e que a riqueza do indivíduo e da sociedade está precisamente no respeito e incentivo à diversidade criativa de todos e cada um dos seus membros.

De fato, como destaca Davidson (2011), quando os alunos contemporâneos têm fácil acesso à ilimitada e livre exploração *on-line* quando necessitam aprender habilidades de avaliação e pensamento crítico de ordem superior para formar os seus critérios de discriminação, avaliação, seleção e proposta de alternativas, a escola prioriza e, às vezes, reduz toda a sua tarefa de treinar e avaliar capacidades de pensamento reprodutivo, de baixo nível. As calculadoras têm relativizado a importância da aprendizagem por memorização do cálculo, e os buscadores como o Google tornaram obsoletas as provas de múltipla escolha, exceto para o jogo "Trivial" ou para os concursos de TV.

A AVALIAÇÃO EDUCATIVA

Levando a sério estes importantes aspectos da vida na era digital, seria necessário desaprender grande parte do que acreditamos sobre avaliação e medição. A avaliação educativa, formativa, autêntica, incentivada desde a década de 1990 pretende medir a aprendizagem, avaliar a compreensão dos alunos em contextos reais, para proporcionar aos professores, alunos e familiares a informação direta e imediata sobre as habilidades dos aprendizes para atuar no mundo real. Diferentemente das avaliações padronizadas por meio de testes, a avaliação autêntica considera que a melhor estratégia de avaliação é aquela que utiliza uma diversidade de instrumentos e *procedimentos congruentes com o sentido* dos processos de aprendizagem e das finalidades desejadas: ensaios, trabalhos e projetos, observação, portfólios, entrevistas, exposições orais, diários e cadernos de campo, seminários de debate e reflexão. Convém destacar, reiteradamente, que os critérios e padrões públicos que realmente valem a pena não necessariamente devem ser fáceis de medir e quantificar.

Para responder a esses propósitos fundamentais, a avaliação educativa deve atender aos seguintes requisitos básicos:
- *Caráter formativo.* O primeiro requisito de toda avaliação educativa, como acabamos de ver, é que ela seja formativa e ajude o sujeito a se educar, que indague tais territórios, que facilite aos aprendizes a informação necessária para conhecer melhor as suas próprias capacidades, atitudes e interesses, as peculiaridades do contexto em que atuam, a qualidade dos processos de ensino e aprendizagem que estão desenvolvendo, o valor dos produtos, bem como os seus pontos fortes e fracos, obstáculos e facilidades do cenário presente e as possibilidades de cená-

rios futuros mais adequados e satisfatórios. Os procedimentos, instrumentos e estratégias da avaliação educativa devem envolver diretamente aos afetados em um processo de autoconhecimento.

– *Caráter holístico.* A avaliação formativa, educativa, deve abranger todos os componentes da personalidade que influenciam as formas de perceber, interpretar, tomar decisões e atuar. Avaliar competências fundamentais requer *avaliar os sistemas de compressão e atuação*, avaliar desempenhos, com consciência da complexidade dos elementos presentes nas atitudes humanas. Ou seja, avaliar desempenhos, demonstrações, apresentações, atitudes, grau de motivação, interesses e compromissos, crenças mentais conscientes ou não, hábitos mentais e corporais, emoções e sensibilidades, enfim, todos os aspectos que avaliamos espontaneamente, não sistematicamente, nos contextos reais da vida cotidiana. O movimento *Big Picture* (LITTKY; GRABELLE, 2004) considera essa característica da avaliação fundamental para mudar a cultura escolar.

Da mesma forma, a natureza holística da avaliação educativa deve cobrir todos e cada um dos processos que consideramos imprescindíveis para o desenvolvimento das competências básicas dos cidadãos, ou seja, deve buscar informação relevante para constatar se o aluno aprendeu a compreender e diagnosticar situações simples e complexas, projetar e planejar de maneira consistente, flexível e criativa, agir estrategicamente, com sensibilidade e responsabilidade, e avaliar os processos, resultados e contextos, reformulando, assim, os seus próximos compromissos de atuação.

– *Transparência.* A credibilidade de qualquer sistema de avaliação e, neste caso, classificação, está na sua independência e na sua qualidade, e ambas características exigem a transparência necessária, para que os alunos conheçam em detalhes o que, como, quem e por que de todo processo de avaliação. O sentido, os critérios e as rubricas de avaliação devem estar sempre sobre a mesa à disposição de todos. A necessidade de estabelecer critérios de avaliação compartilhados e públicos, os padrões, não implica necessariamente a adoção de critérios restritos, universais e mecânicos que impedem a avaliação autêntica. O ensino educativo requer estratégias e critérios contrários à padronização mecânica: ensino e avaliações personalizados e envolvimento de toda a comunidade, incluindo famílias, recursos apropriados e contextos confiáveis, para permitir a investigação e a experimentação, o apoio próximo e rápido diante das primeiras deficiências. A transparência não deve envolver distanciamento, burocracias e descontextualização, mas, ao contrário, informação pública e controle democrático, pois exige a participação aberta e democrática de todos os envolvidos, para construir e chegar a um acordo sobre os critérios, o sentido, os procedimentos, as ferramentas e as consequências.

– *Flexibilidade e pluralidade.* A complexidade de contextos, situações, processos e propósitos da vida escolar, que visa formar competências, requer que os programas de avaliação educativa manifestem a flexibilidade exigida para responder às diferentes necessidades. A flexibilidade deve ser refletida na pluralidade metodológica de estratégias (qualitativa e quantitativa) e técnicas (questionários, análise de documentos e materiais, bases de dados, entrevistas, estudos de caso, grupos de estudo, grupos de trabalho), assim como na definição de indicadores ou padrões flexíveis e genéricos e na formulação de propósitos e projetos específicos. O portfólio pode ser considerado uma ferramenta valiosa, e, eu diria, privilegiada para a avaliação das aprendizagens relevantes por sua versatilidade, flexibilidade e utilidade como uma ferramenta formal para qualquer área acadêmica ou profissional. Como destacam Paulson, Paulson e Meyer (1991), os portfólios contam a história dos aprendizes para eles mesmos e para os demais, a história dos processos de conhecer as coisas, situações, relacionamentos e a si mesmos. São as próprias histórias dos aprendizes, das coisas que eles conhecem, por que acreditam que conhecem, por que valorizam o que eles conhecem e quais são as suas prioridades (FERNÁNDEZ NAVAS; PÉREZ GÓMEZ, 2012; SERVÁN; PÉREZ GÓMEZ, 2012; SOTO GÓMEZ, 2012). O portfólio se converte em um ponto de apoio fundamental para a autoavaliação. A autoavaliação deve ocupar um lugar central, se quisermos que cada sujeito assuma progressivamente a responsabilidade de conhecer e *autorregular* seus processos de aprendizagem e atuação. A avaliação será formativa se capacitar o aluno para compreender e valorizar seu próprio processo de aprendizagem e se contribuir para o desenvolvimento da metacognição.

– *Relevância*. A informação relevante na avaliação educativa é toda aquela que serve para entender e melhorar os processos de ensino e aprendizagem, a fim de atingir os propósitos considerados valiosos. Levando em conta que os programas de avaliação do desempenho dos alunos condicionam substancialmente os processos de ensino dos professores e os processos de aprendizagem dos alunos, as provas de avaliação têm de responder cuidadosamente aos propósitos educativos e não às tradições avaliativas de sistemas já obsoletos. É preciso avaliar de acordo com os valores que são considerados educativos e não com as tradições acadêmicas. A qualidade não consiste em fazer melhor as coisas erradas, mas em corrigir a direção, pois a confiabilidade de um instrumento de medição não carrega nenhuma relevância educativa do que é medido. Nas avaliações por testes, estamos medindo aspectos que não representam a qualidade do pensamento, mas os elementos de modos inferiores de conhecimento. Cabe recordar mais uma vez o pensamento de Elliot Eisner, quando ele diz que nem tudo o que é importante pode ser medido, e nem tudo o que se mede é importante. Além disso, as comparações são irrelevantes ou perversas quando o que medimos são realidades e sujeitos ampla e claramente diferentes. Frequentemente estamos gastando nosso tempo e nosso dinheiro em objetivos equivocados.

Levando em consideração o conceito de conhecimento como construção de significados que temos defendido ao longo deste texto, quando for necessário fazer o diagnóstico dos indivíduos ou dos grupos, a avaliação deve se *concentrar nas ideias, nos modelos e mapas mentais e* em padrões que o sujeito utiliza para compreender e propor formas de atuação, e não na repetição de memória de dados ou informações. Uma consequência lógica deste princípio será permitir *o livre acesso dos aprendizes à informação em qualquer prova* ou diagnóstico, porque o que nos interessa é detectar não os dados que eles são capazes de recordar, mas a capacidade que eles desenvolveram para utilizá-los de maneira disciplinada, crítica e criativa em problemas e situações da vida cotidiana pessoal ou profissional.[1]

– *Caráter tutorial*. Outro aspecto fundamental da avaliação educativa é o *feedback*, o comentário reflexivo que o professor ou os colegas fazem sobre os trabalhos

do aprendiz. O *feedback* construtivo é fundamental para o progresso da aprendizagem relevante e para a autorregulação por parte dos alunos de seus próprios processos de aprendizagem. O comentário argumentado do docente, atento à evolução e ao progresso do aluno, deve permitir gradualmente a autoavaliação do próprio aprendiz. Por meio do *feedback*, os professores proporcionam critérios de aprendizagem e oportunidades de reflexão aos aprendizes, não de maneira teórica e abstrata, mas focada e aplicada aos modos e estilos de aprender e fazer dos alunos. A avaliação dos professores e companheiros ajuda o aluno se:
- os critérios de avaliação são públicos e explícitos;
- o *feedback* é fornecido regularmente; e
- oferece a oportunidade de refletir sobre a compreensão e atuação dos aprendizes e sobre as barreiras e obstáculos que impedem melhores desenvolvimentos.

– *Confidencialidade e autoavaliação*. A participação voluntária dos aprendizes na avaliação e autoavaliação como processo de aprendizagem é um requisito fundamental na avaliação formativa, educativa, cuja finalidade é contribuir ao enriquecimento dos processos de aprendizagem. Esta participação desejada necessita da contrapartida do anonimato e da confidencialidade que os próprios aprendizes desejem ou necessitem para participar abertamente de sua própria reconstrução como pessoas. Não podemos esquecer que a finalidade da avaliação educativa é ajudar o aprendiz a se conhecer para se autorregular, de modo que a sua participação voluntária e interessada é fundamental em todo este processo. São relevantes sobre esse assunto os resultados das pesquisas oferecidos por Fields (2010), nos quais ele evidencia o enorme impacto das avaliações ou classificações indesejadas no bloqueio do desempenho fluido, eficaz e criativo das pessoas, inclusive quando tais processos de avaliação indesejada ocorrem em climas de interações não hostis ou particularmente tensos

Em suma, um dos maiores erros que, na minha opinião, podemos cometer na avaliação educativa é enfatizar os produtos sobre os processos, reduzir os produtos a respostas idênticas para todos e desvincular os produtos dos processos e os processos dos contextos. A avaliação educativa não pode se opor à multiplicidade de variáveis que estão interferindo e nem à complexidade das interações que são estabelecidas entre elas ao formar os sistemas de compreensão, tomada de decisões e atuação. A avaliação para e como aprendizagem tem de ser pessoal, desafiadora e relevante, se quisermos envolver e conseguir a atenção dos estudantes.

Em vez de medir a uniformidade na aquisição de formas de pensamento de ordem inferior, o mundo contemporâneo e a era digital nos obrigam a investir na criatividade, no pensamento divergente de nível superior, na imaginação, na inovação e na invenção.

Práticas relevantes

– A Finlândia, por exemplo, rompe com a imagem convencional do ensino reprodutivo e da avaliação somativa. Tem um calendário escolar com o menor número de dias, não utiliza testes padronizados, desenvolve a autonomia profissional dos professores, cultiva a criatividade e desenvolve processos de pensamento de ordem superior, não inclui repetição de anos e atende e apoia os alunos com problemas ou desenvolvimento deficiente desde as suas primeiras manifestações. Em vez de medir o desenvolvimento deficiente das crianças mais desfavorecidas, preocupa-se de maneira prioritária em começar a atendê-las o mais cedo possível.

– A Coalition of Essential Schools pode ser um exemplo de prática relevante no uso de portfólios e da avaliação educativa focada no desempenho. As avaliações baseadas no desempenho e na atuação exigem um acompanhamento próximo e intenso da vida cotidiana escolar dos alunos, observar e documentar como eles se comportam quando se envolvem com entusiasmo em projetos de investigação, criação ou inovação, quando planejam e atuam de maneira solitária e quando interagem e colaboram em projetos compartilhados.

Os alunos têm de demonstrar suas conquistas, o desenvolvimento de suas competências diante da comunidade escolar, apresentando seus trabalhos, projetos e ilusões. O certificado ou titulação deve ser concedido quando o aluno tiver demonstrado domínio por meio de uma "exposição", de uma apresentação pública dos seus trabalhos, dos seus portfólios.

Uma vez que os alunos trabalham principalmente em projetos, a avaliação deve se tornar em um instrumento para compreender, analisar e melhorar o desenvolvimento dos projetos, portanto, confunde-se com o próprio processo de reflexão antes, durante e depois da conclusão do projeto, utilizando os critérios de avaliação que alunos e professores construíram juntos.

A Coalition of Essential Schools, em sua exposição de princípios pedagógicos, recomenda a utilização dos portfólios como estratégia privilegiada para ajudar na aprendizagem reflexiva e permitir a avaliação educativa, mas insiste nas apresentações públicas como uma oportunidade de aprendizagem e para demonstrar o aprendizado e as competências desenvolvidas, assim como para a aprovação e o *feedback* contínuo do professor, que observa dia a dia o desempenho do estudante.

Informações mais detalhadas podem ser encontradas na página de recursos da CES (COALITION OF ESSENCIALS SCHOOLS, c2014).

- Outro exemplo de práticas relevantes sobre avaliação de habilidades de ordem superior na universidade é o projeto de pensamento crítico na Universidade do Estado de Washington. Nele são identificados sete critérios fundamentais para avaliar as produções oferecidas nos portfólios:
- identifica, resume e reafirma o problema, a questão ou o tópico proposto;
- identifica e considera a influência das pressuposições e do contexto (sociocultural, educacional, tecnológico, político, científico, econômico, ético ou experiencial);
- desenvolve, apresenta e comunica posições, hipóteses e perspectivas pessoais;
- apresenta, avalia e analisa evidências e dados de apoio apropriados;
- integra tópicos, utilizando posições e perspectivas de outras disciplinas (para qualificar as análises que realiza);
- identifica e avalia conclusões, implicações e consequências; e
- comunica de maneira eficaz.

No centro de aprendizagem para o ensino da Universidade de Washington, múltiplos pesquisadores das mais diferentes disciplinas têm adaptado e aplicado esses critérios de modo satisfatório às necessidades de seus respectivos e diferentes âmbitos acadêmicos e profissionais (LOMBARDI, 2007).

– Outra experiência relevante acontece nas escolas suecas Vittra. Durante quase duas décadas, elas experimentam, com notável satisfação dos envolvidos, a potencialidade pedagógica do portfólio de cada criança. O plano individual de desenvolvimento (PID) é proposto como um instrumento privilegiado para documentar e avaliar o desenvolvimento de cada aluno. O chamado *Vritta Book de* cada aprendiz, acompanhou os mais de 8.500 alunos que já passaram pela escola *Vritta* ao longo de toda sua história. Atualmente, o *Vritta Book é* desenvolvido pelo *site*, o que facilita o conhecimento, a disseminação, o *feedback* construtivo sobre todos os aspectos do trabalho escolar, ao mesmo tempo em que preserva a intimidade quanto aos aspectos que cada criança considera privados.

Informações mais detalhadas podem ser encontradas em Vittra [20--].

– Também merece menção especial a tentativa de transformar o sentido, as formas e o instrumentos de avaliação dos rendimentos dos estudantes iniciada em um projeto da Universidade de Barcelona, que envolveu 30 escolas primárias. O aspecto mais espetacular que chamou a atenção até da imprensa e dos meios de comunicação, principalmente na Catalunha, é a possibilidade de que, para algumas provas ou exames, os alunos possam consultar a internet e outras fontes de informação.

O projeto intitulado **Rumo a um desenvolvimento curricular bimodal**[2] representa uma aposta equilibrada em substituir a pura reprodução de definições por uma avaliação de capacidades de ordem superior, para a qual é necessário repensar o que e como ensinar e o que e como avaliar na escola.

Seguindo, em parte, as diretrizes e a filosofia dos testes do PISA, fomenta-se um ensino não para a memorização de dados e conceitos, mas para o desenvolvimento de competências, ou seja, para a utilização adequada dos conhecimentos na solução de problemas, planejamento de situações, formulação de hipóteses e desenvolvimento de alternativas. Consequentemente, a avaliação deve levantar, como o PISA, problemas e situações problemáticas que é preciso interpretar, analisar e resolver da melhor maneira. Quando as situações ou problemas precisam de dados ou fórmulas para a sua solução, as próprias provas os oferecem ou se permite que os alunos consultem as fontes que considerem adequadas para encontrá-los.

O projeto é chamado de "currículo bimodal", porque é proposto um currículo que considera, embora com pesos diferentes, as duas modalidades: a memorização e a aplicação. Assim, os alunos têm de aprender e se examinar a partir de um conjunto de conceitos considerados fundamentais, em provas escritas, sem materiais. Essas provas de memória são responsáveis por 30% da nota final. Os outros 70% derivam das provas que buscam a aplicação do conhecimento aos problemas e que permitem consultar fontes externas. O projeto está em desenvolvimento, por isso não permite conclusões precipitadas, mas representa, na minha opinião, um passo muito importante no cenário escolar espanhol.

NOTAS

[1] As provas do PISA podem ser consideradas um exemplo positivo dessa proposta. Nas provas de compreensão de leitura, raciocínio matemático e conhecimento científico, não se procura a reprodução mecânica de nenhum dado, mas a aplicação de modelos, mapas e esquemas mentais. Quando o problema exige algum dado ou alguma fórmula, o próprio enunciado o fornece.

[2] Liderado pelo professor da Universidade Autônoma de Barcelona (UAB), Pere Marqués Graells (2011), que coordena uma equipe de pesquisa e inovação educacional preocupada com a potencialidade educativa das novas ferramentas TICs nos contextos escolares.

8

A natureza tutorial da função docente: ajudar a se educar

Nenhum sistema de ensino é superior à qualidade de seus professores.
(ORGANIZACIÓN PARA LA COOPERACIÓN Y EL DESARROLLO ECONÓMICO; PROGRAMME FOR INTERNATIONAL STUDENT ASSESSMENT, 2011)

MUDAR O OLHAR: AJUDAR A APRENDER

A função docente, obviamente, terá de experimentar uma transformação tão radical quanto o resto dos componentes do sistema educacional. A visão terá de mudar de uma concepção do docente como um profissional definido pela capacidade de transmitir conhecimentos e avaliar resultados para a de um profissional capaz de diagnosticar as situações e as pessoas; elaborar o currículo *ad hoc* e preparar materiais; desenvolver atividades, experiências e projetos de aprendizagem; configurar e criar os contextos de aprendizagem; avaliar processos e monitorar o desenvolvimento integral dos indivíduos e dos grupos. Evidentemente, este docente exige *competências profissionais* mais complexas e distintas das tradicionalmente exigidas, para poder enfrentar uma atividade tão rica quanto difícil: provocar, acompanhar, questionar, orientar e estimular a aprendizagem dos alunos.

Ajudar a se educar é o objetivo e a tarefa central do docente na era digital. Assumindo a filosofia pedagógica de que os alunos devem ser os geradores de seu próprio conhecimento e os professores os facilitadores deste processo, abrem-se múltiplas possibilidades metodológicas que devem estar permanentemente disponíveis para o docente. Entre elas e segundo Mortimer (1984 apud MOYA, 2008), podemos destacar três:

– Instrução direta ou ensino transmissivo: neste papel o objetivo principal é ajudar a adquirir informação e habilidades por meio da modelagem e da instrução. Inclui leituras, apresentações orais ou multimídia, questões convergentes, demonstrações, exemplificações, guias práticos, *feedbacks*. A tarefa de transmitir, explicar e sintetizar informação, conceitos, ideias, modelos, esquemas, mapas e teorias continua sendo relevante na responsabilidade do docente atual, desde que ajude e não substitua ou atrapalhe o processo de construção de si mesmos em que os aprendizes se encontram envolvidos. Mas essa não pode ser considerada nem a única nem a principal tarefa do docente. Na sociedade digital, o aprendiz tem à sua disposição múltiplas fontes, acessíveis e baratas, que proporcionam, de maneira atrativa, informações e conhecimento, relevante, rigoroso e atual.

– Facilitação: o objetivo básico é ajudar a construir significação e a compreender ideias e processos importantes em cada campo do conhecimento. O docente orienta os alunos no processamento ativo de informação, quando explora problemas complexos por meio de estratégias de busca, utilização de analogias, esquemas e gráficos, desenvolvimento de hipóteses, simulações, provas e questionamento divergente, incentivo da aprendizagem baseada em problemas e projetos, organização de seminários heurísticos e socráticos, estimulação de debates e comunicação entre pares, sempre reforçando a auto-avaliação.

– *Coaching*, monitoria, tutoria pessoal: neste papel, o professor proporciona aos alunos oportunidades de transferir o conhecimento e as habilidades para situações reais cada vez mais complexas e incertas nas quais o aprendiz deve atuar com autonomia, com a ajuda próxima do docente, mas sem que este intervenha nelas; esclarece propósitos; e proporciona modelos e *feedback* personalizado. A tutoria personalizada tem o objetivo fundamental de ajudar a construir o projeto de vida (pessoal, social e profissional) de cada aluno. A principal tarefa do professor se concentra em ajudar cada aluno a aplicar o melhor conhecimento disponível no governo de sua própria vida, na construção de sua personalidade escolhida com base na reconstrução contínua da estrutura consciente e inconsciente que configura sua personalidade adquirida.

Geralmente, não há uma única e melhor maneira de ensinar, mas todas as estratégias e técnicas devem estar à disposição da relação pedagógica, para ajudar a lidar com as diferentes situações que surgem para os diferentes aprendizes nos distintos momentos em que se encontram. O que realmente importa é que o docente tenha assumido claramente a natureza tutorial de seu papel profissional, que entenda que o que dá sentido à sua tarefa é ajudar cada indivíduo a se educar e que esta função se concretizará de modo coerente, mas de maneiras muito diversas, em virtude das diferentes situações e pessoas com as quais ele trabalha. Mais do que ensinar conteúdos disciplinares, professores ensinam e ajudam as pessoas a se educarem e a se construírem como sujeitos autônomos singulares, utilizando as melhores ferramentas oferecidas pelo saber e pelo fazer acumulados pela humanidade.

NOVAS COMPETÊNCIAS PROFISSIONAIS DO PROFESSOR: PAIXÃO PELO SABER E PAIXÃO POR AJUDAR A APRENDER

É evidente que esta nova e complexa função do docente requer o desenvolvimento de competências profissionais também mais complexas. Dede (2007) destaca entre essas competências a capacidade de comunicação do professor contemporâneo, para improvisar respostas e facilitar o diálogo em situações caóticas, imprevisíveis e comprometidas da vida da sala de aula, permitindo e incentivando a liberdade dos indivíduos, grupos e redes para desenvolver suas próprias práticas, buscas, elaborações e apresentações.

Na minha opinião, nós, docentes, devemos ser especialistas, sobretudo em um campo, os processos de ensino-aprendizagem e a educação. Devemos nos desenvolver como aprendizes permanentes dos processos de aprendizagem dos alunos, para ajudá-los a se autodirigirem, a fazerem as perguntas pertinentes, a enfrentarem problemas complexos, a distinguirem a informação que vale a pena, a se conectarem com estranhos em redes virtuais e interagir com eles com base em um projeto compartilhado de interesse comum e a preservarem a identidade e o anonimato, quando necessário. O docente tem de ser capaz de ilustrar esses processos de indagação no amplo, fascinante, caótico e complexo território virtual que abre horizontes tão enriquecedores como incertos na vida dos indivíduos (FEIMAN-NEMSER, 2012). Deve ver a si mesmo hoje como um núcleo importante na rede global de educadores, ensinando os aprendizes a criarem e gerenciarem suas próprias redes, a criarem um contexto onde todos nós somos docentes e aprendizes em uma comunidade que é, ao mesmo tempo, local e global. Nas comunidades de aprendizagem, locais e globais, que cercam a vida dos cidadãos contemporâneos devemos celebrar a inovação, a resolução de problemas, a experimentação, a criatividade, a autoexpressão e o trabalho em equipe. Schank (2010) também reafirma a natureza tutorial da função docente e considera que a forma mais eficaz de ensinar as novas habilidades é colocar os aprendizes no tipo de situações em que se necessite utilizar essas habilidades e oferecer uma tutoria próxima para ajudar quando for necessário. Assim, eles aprendem de forma relevante quando, por que e como usar determinadas estratégias, seus pontos fortes e fracos, em contextos complexos e variáveis da sala de aula.

Stoddard (2000), por sua vez, acredita que esta nova ênfase no componente pedagógico do docente envolve apoiar o profissionalismo, abandonar a ideia dos docentes como trabalhadores de linha de montagem e vê-los como profissionais com capacidade de diagnosticar e planejar de acordo com necessidades mutáveis e únicas de cada indivíduo. Recuperar o *status* profissional do professor é colocar em suas mãos o processo de desenvolvimento de cada um dos alunos, de suas potencialidades únicas e singulares e considerar o currículo e o contexto organizacional como variáveis dependentes. A sociedade em geral e seus representantes políticos em particular devem considerar de quais capacidades e competências os cidadãos contemporâneos necessitam, porém, não podem dizer aos docentes como desenvolvê-las, o que ensinar e como ensinar. Esta é a competência profissional deles: a capacidade de provocar o desenvolvimento das potencialidades únicas e diversificadas de cada aluno, amar a singularidade e adaptar o currículo às necessidades de cada aluno.

Nesse sentido, e seguindo as propostas de Darling-Hammond et al. (2008), destacam-se as seguintes qualidades ou competências fundamentais de docentes como investigadores de sua própria prática, comprometidos com a aprendizagem e o desenvolvimento dos alunos:

– criar e construir o currículo de formação com base nos interesses, pontos fortes e pensamento prático prévio dos alunos;
– construir um cenário aberto, democrático e flexível e um conjunto de atividades autênticas que pretendem provocar o envolvimento de cada aluno, a experiência educativa de cada aprendiz, respeitando suas diferenças e enfatizando seus pontos fortes;
– monitorar e orientar a aprendizagem de cada aluno, definindo as estruturas de apoio personalizadas necessárias;
– avaliar o processo de aprendizagem de tal forma que ajude aos alunos a compreenderem os seus pontos fortes e fracos e a assumirem sua própria autorregulação para melhorar;
– demonstrar respeito e afeto por todos os alunos, compreendendo suas diferentes situações pessoais e emo-

cionais e confiando em sua capacidade de aprender. Procurar uma interação e comunicação próxima e respeitosa, provocando nos alunos a sensação de que eles são respeitados e ouvidos;
- desenvolver em si mesmos as melhores qualidades humanas que querem provocar nos alunos: entusiasmo pelo conhecimento, investigação e curiosidade intelectual, justiça, honestidade, respeito, colaboração, compromisso, solidariedade e compaixão;
- tornar-se membros ativos da comunidade de aprendizagem, responsabilizando-se pelo projeto coletivo; e
- assumir a responsabilidade do próprio processo de formação permanente e desenvolvimento profissional, questionando o valor de seus próprios conhecimentos, habilidades, valores, crenças e atitudes, maneiras de pensar, sentir e agir como pessoas e como docentes.

Estas qualidades ou competências podem ser agrupadas em três competências profissionais básicas que sustentam a maioria dos programas mais inovadores de formação de docente:

- competência de planejar, desenvolver e avaliar o ensino que visa incentivar o desenvolvimento das qualidades humanas desejáveis nos alunos;
- competência para criar e manter contextos de aprendizagem abertos, flexíveis, democráticos e ricos culturalmente, em que se incentive um clima positivo de aprendizagem; e
- competência para promover o próprio desenvolvimento profissional e a formação de comunidades de aprendizagem com os colegas e com o resto dos agentes envolvidos na educação.

As competências, como nós vimos no Capítulo 3, são sistemas de compreensão e de ação e, por isso, incluem saber pensar, saber dizer, saber fazer e querer fazer. Portanto, o compromisso e a participação ativa do professor é a chave para o desenvolvimento de seu trabalho e para o seu desenvolvimento profissional, incluindo aspectos racionais e aspectos emocionais, conhecimento explícito e conhecimento implícito, técnicas e habilidades práticas e estratégias e modelos mais genéricos e abstratos.

Brown e Thomas (2011), em seu recente e interessante trabalho intitulado *Uma nova cultura de aprendizagem*, consideram que o papel dos docentes, como educadores, requer que eles deixem de ser especialistas em uma disciplina específica do conhecimento para se tornarem especialistas na capacidade de criar e configurar novos contextos de aprendizagem.

E concluindo, ao meu ver, são dois os pilares que sustentam a profissão docente bem-sucedida: paixão pelo conhecimento e paixão por ajudar a aprender.

Paixão pelo conhecimento: cada vez que, de uma forma ou outra, o professor está sempre no centro dos processos de construção de significados, ajudando as novas gerações a construírem os seus próprios a partir dos significados já consolidados pela comunidade humana. A paixão pelo conhecimento, pela construção e reconstrução permanente, disciplinada, crítica e criativa do conhecimento deve ser sua marca registrada. Como concluiu Bain (2006) em sua inspiradora e famosa pesquisa sobre os docentes que deixam marcas, os professores extraordinários estão a par dos desenvolvimentos intelectuais, científicos ou artísticos de importância de sua área, raciocinam de uma forma valiosa e original em suas disciplinas, estudam com cuidado e em abundância o que outras pessoas fazem em suas disciplinas, leem frequentemente muitas informações de outras áreas (em ocasiões muito distantes da sua) e têm muito interesse pelos assuntos gerais de suas disciplinas: as histórias, controvérsias e discussões epistemológicas, as transformações metodológicas, as descobertas e aplicações mais atuais. A investigação, portanto, deve se tornar a cultura que rodeia sua vida profissional. Neste sentido, por exemplo, para Van Manen, o "autêntico" professor de literatura não pode evitar poetizar o mundo, ou seja, pensar na experiência humana por meio do encantador poder das palavras.

Paixão por ajudar a aprender: o que realmente o constitui como professor, o que o distingue de um pesquisador em um campo disciplinar qualquer é a sua paixão por educar, por ajudar cada aprendiz que lhe é confiado a aprender a se educar. Esta singular paixão pedagógica requer a sensibilidade para discernir o que é melhor para cada criança, entender a vida de cada um dos alunos, os seus interesses, expectativas, medos e preocupações.

Essa dimensão pedagógica tem, a meu ver, duas vertentes, que coincidem com as sugestões de McCombs e Miller (2007): o professor sabe como desenvolver um currículo relevante e significativo que atraia a atenção dos alunos e que se conecte com seus conhecimentos prévios e reforce uma profunda compreensão do conteúdo? Ele tem o desejo e a paixão por ajudar a aprender, entusiasma-o ver os aprendizes crescerem e sente paixão por provocar as descobertas de cada aluno?

Como nos recorda Van Manen (2004), a dimensão pedagógica do ensino é moral, emocional e relacional e depende do humor, do tom ou da atmosfera que é capaz de criar ao seu redor. A competência pedagógica do docente se expressa principalmente em sua capacidade e em seu desejo de criar uma atmosfera, um clima de crescimento, de otimismo, de abertura de possibilidades, de criação partilhada e solidária, com expectativas positivas e com esperança para cada aprendiz. A esperança implica compromisso e trabalho.

No mesmo sentido, Contreras e Pérez de Lara (2010) também destacam a dimensão pedagógica da função docente como a paixão, a alma que dá sentido ao trabalho do professor que investiga e experimenta incansavelmente novas formas de ajudar, de acompanhar o crescimento pessoal de cada aluno. Um território singular onde cada pessoa encontra a confluência de sua experiência e de seu saber.

Bain (2006) insiste, a esse respeito, que a melhor docência não pode ser encontrada em regras ou práticas concretas, mas nas atitudes dos professores, em sua fé na capacidade de aprender com seus alunos, na sua predisposição de levá-los a sério e deixar que assumam o controle da sua própria educação. O ensino não é como a arte de pintar, mas como a arte de esculpir. Não envolve impor conhecimento, adicionar cores a partir de fora, mas ajudar a construir a partir de dentro, limpar resistências para formar uma imagem desejada, a personalidade eleita (GATTO, 2005). Assim, ajudar a fazer que os alunos entendam como suas crenças sobre si mesmos e sobre as demais pessoas influenciam a aprendizagem é tão importante quanto trabalhar as habilidades e conteúdos acadêmicos.

Testemunho e exemplo

Por outro lado, como propõem Bain (2006) e Tedesco (2000), o professor tem uma clara função de exemplificação. Sua função de testemunho para o bem e para o mal é inevitável, portanto, ele deve ser o *exemplo de boas práticas intelectuais de investigação e atuação*, demonstrar na prática uma maneira eficaz e honesta de construir e aplicar o conhecimento das situações e problemas reais. Os professores devem ensinar utilizando o seu testemunho explícito, os processos de construção e aplicação do conhecimento de forma disciplinada, crítica e criativa. Devem se manifestar como especialistas no desenvolvimento e execução de competências fundamentais em novos contextos e diante de situações incertas, ser especialistas estratégicos que conhecem o que sabem, que conhecem o que falta, que utilizam heurísticos e estratégias de investigação e que dominam os métodos de integração e de experimentação do conhecimento diante de problemas e situações complexas que requerem múltiplas revisões e perspectivas críticas e criativas.

Nós, professores, portanto, temos de ser aprendizes do século XXI e testemunhas vivas da aprendizagem por projetos em grupos colaborativos para lidar com problemas complexos em contextos reais. A formação do docente, de acordo com este enfoque, destacando-o como um especialista, desenvolve a sua atividade de tal modo que os alunos possam observar e construir um modelo conceitual dos processos necessários para cumprir com uma determinada tarefa. Trata-se, portanto, de exteriorizar o que geralmente é tácito e implícito. Os docentes influenciam seus alunos, não só com relação a por que e como ensinam um determinado conteúdo, mas pela forma como eles se relacionam e como ensinam e exemplificam comportamentos emocionais e sociais ao gerenciar a vida do grupo. Usando a recomendação de Gandhi: "Seja a mudança que você deseja para o mundo", poderíamos aplicá-la ao docente e ao formador de docentes: "Exemplifique e pratique as qualidades que você deseja que seus alunos desenvolvam". Menos instruções e mais exemplo, falar menos e escutar mais.

FORMAÇÃO DAS COMPETÊNCIAS PROFISSIONAIS: O PENSAMENTO PRÁTICO

Há evidências suficientes nas pesquisas dos últimos anos nesta área, bem como na experiência dos profissionais, para afirmar que a mera aprendizagem acadêmica de conteúdos teóricos não garante a formação e a retenção das competências profissionais anteriormente mencionadas. Considerando os resultados das pesquisas de Bereiter e Scardamalia (1989), Levine (2006) e Raelin (2007), é possível afirmar que o conhecimento acadêmico, abstrato e verbalizado, presente na maioria dos programas de formação de professores é fragmentado e descontextualizado, não induz a aplicações específicas e não causa, portanto, a reconstrução das concepções prévias dos estudantes.

O eixo deste processo de formação se centralizará de forma prioritária na identificação e na análise dos modelos mentais pouco analisados, contrastados e parcialmente equivocados que regem, frequentemente de modo inconsciente, o comportamento do profissional docente. Korthagen et al. (2001) consideram que a conduta específica dos professores ao responder às pressões da sala de aula é o resultado de um processo interno no qual interfere um conglomerado dinâmico de necessidades, valores, sentimentos, conhecimento tácito, significados e hábitos, denominado *gestalt* e que se ativa, em parte, de modo inconsciente, para responder com agilidade e antecipar as consequências das próprias ações ou omissões.

Como revelaram vários estudos (COLL; ONRUBIA; MAURI, 2008; LORTIE, 1975; PÉREZ GÓMEZ, 2010d), os efeitos da socialização escolar prévia, os conglomerados ou *gestalt*, instalados no pensamento prático de cada indivíduo, resistem à mudança. Assim, para compreender o pensamento e a ação do docente e promover a sua reconstrução, não basta identificar os processos formais e as estratégias explícitas do processamento de informação ou das tomada de decisões, é necessário penetrar na rede ideológica de teorias e crenças, intuições e hábitos, na maioria das vezes implícitos, que determinam a forma como o profissional docente dá sentido ao seu mundo em geral e à sua prática profissional em particular (KORTHAGEN, 2004; KORTHAGEN; LOUGHRAN; RUSSEL, 2006; PÉREZ GÓMEZ, 2010a, 2010b, 2010c).

A formação do pensamento prático dos professores, as suas competências e qualidades profissionais fundamentais requerem levar em consideração o desenvolvimento de suas teorias implícitas, pessoais e o núcleo duro de suas crenças e de sua identidade (KORTHAGEN, LOUGHRAN; RUSSEL, 2006; RODRIGO; RODRIGUEZ; MARRERO, 1993). Se as teorias explícitas e declaradas não se conectam com as teorias implícitas, com os esquemas, recursos, hábitos e modos intuitivos de perceber, interpretar, antecipar-se e reagir, elas se tornam meros ornamentos, úteis de qualquer modo para a retórica ou para a superação de exames, mas estéreis para governar a ação nas situações complexas, variáveis, incertas e urgentes da sala de aula. Convém recordar que as teorias e crenças implícitas são de natureza essencialmente não consciente, vinculada a emoções e sentimentos que permanecem ao longo da vida e cuja resistência à mudança é bem conhecida, mesmo quando seus fundamentos lógicos e racionais são bastante escassos. Por outro lado, como vimos com certo detalhe no Capítulo 3, até que o professor não consiga "reduzir" ou "precipitar" as teorias pedagógicas mais relevantes e as próprias teorias proclamadas em *gestalt* informadas em hábitos, em modos habituais de perceber e reagir mais elaborados, também não há garantia de que orientem adequadamente a prática concreta nas situações complexas da sala de aula.

Portanto, parece evidente que os esquemas intuitivos e inconscientes de compreensão e de atuação, só se formam e se reconstroem por meio das experiências práticas em contextos reais. As lições, cursos teóricos, instruções ou conselhos detalhados, ou a comunicação externa, oral ou escrita, de ideias ou sugestões podem ajudar, mas são insuficientes para provocar a reestruturação real dos hábitos ou crenças que influenciam constantemente as nossas interpretações e as nossas reações na vida cotidiana, pessoal e profissional. A prática docente em contextos reais é fundamental na formação dos novos docentes.[1]

No entanto, também é evidente que a prática por si só não provoca o desenvolvimento do conhecimento prático desejado, mas leva à reprodução de técnicas, preconceitos e hábitos convencionais transmitidos pela tradição. O desenvolvimento relativamente harmonioso e coerente do pensamento prático do professor e as suas competências profissionais requerem processos permanentes de investigação e reflexão sobre a ação, um caminho contínuo de ida e volta permanente das intuições e hábitos para as teorias e das teorias para as intuições e hábitos. Os docentes têm de se formar como pesquisadores de sua própria prática, para identificar e regular os recursos implícitos e explícitos que formam as suas competências e qualidades humanas profissionais. Tais processos de investigação e ação exigem de forma clara o cenário real da prática e a disposição constante da investigação. Nem a teoria ou a investigação descontextualizadas, nem a prática rotineira, repetitiva, à margem da reflexão e da crítica.

Assim, a formação de docentes poderia ser vista como um processo relevante de "metamorfoses", de "transição", um processo interno de reorientação e transformação pessoal, que aproveita e se baseia em aquisições prévias e que conduz a uma mudança consciente, desejada, durável e sustentável. Melhor dizendo, é um autêntico processo de educação (PÉREZ GÓMEZ, 1998).

Este processo de teorização prática, eixo da formação inicial e permanente de todo docente, pode ser orientado concentrando a reflexão nos seguintes aspectos (MERLEAU-PONTY, 1945; STRATI, 2007):
- questionar por que as coisas são e são feitas de uma determinada maneira;
- indagar o sentido do conhecimento local e informal que é difundido no contexto da sala de aula;
- considerar os processos históricos e sociais que afetam as próprias decisões, rotinas, rituais e hábitos da cultura escolar;
- aceitar as formas de conhecimento não tradicionais, como emoções, sentimentos, percepções, sensibilidades estéticas, intuições;
- questionar as próprias perguntas;
- buscar as discrepâncias entre o que se diz e o que se faz; e
- conscientizar-se do caráter racionalizador e autojustificativo dos próprios argumentos e das teorias declaradas.

Este enfoque baseado em competências inverte a lógica habitual do desenvolvimento dos currículos ou programas de formação de docentes. A lógica habitual é dedutiva e linear, então, se propõe: em quais situações eu poderei ilustrar ou aplicar o conhecimento teórico estudado neste programa? Dentro desta perspectiva, o conhecimento teórico vem primeiro, as situações que são trabalhadas não são mais pretextos para ilustrá-lo ou permitir a sua aplicação. Na perspectiva que pretende formar competências ou pensamento prático, ao contrário, a situação problemática prática está em primeiro lugar, e o conhecimento será um recurso no desenvolvimento do desempenho competente. A pergunta seria: para atuar com competência nesta situação, quais ações a pessoa deveria realizar e com que recursos? As teorias abstratas, desincorporadas (o que se deve transmitir) não são o mais importante na formação dos docentes, mas, sim, as crenças, os hábitos, os esquemas e os modelos mentais, majoritariamente à margem da consciência, que são desenvolvidos nos profissionais e condicionam a sua interpretação e a sua ação. Por isso, são necessários processos de investigação e ação. As estratégias, a filosofia e os instrumentos de investigação terão de se converter em filosofia, estratégias e instrumentos de ensino. A reflexão em e sobre a prática surge, portanto, como a ferramenta fundamental para a formação das competências profissionais (LAMPERT, 2010). Não aprendemos nem desenvolvemos competências sustentáveis por meio da experiência, mas da reflexão individual e cooperativa na experiência.

É fundamental que os futuros profissionais vivam a complexidade, a incerteza e a tensão da vida real da sala de aula e da escola, mas protegidos e monitorados por profissionais especialistas que acompanham e orientam a sua formação e a sua atuação, fornecendo conhecimento alheio relevante e provocando a reflexão sobre a situação, sobre a ação e sobre as consequências da ação. Os programas de formação de professores devem criar, de forma ativa e contínua, cenários e projetos educativos inovadores (discutidos nos Capítulos 6 e 9), nos quais os aprendizes de docentes tenham a oportunidade de experimentar a tarefa docente em sua complexidade, variabilidade e incerteza, bem como entender os seus pontos fortes e fracos pessoais e profissionais para o desenvolvimento de tal área. Ou seja, a prática deverá abrir oportunidades para experimentar o fazer do ensino e não só informação sobre o ensino: ajudá-los a aprender como ajudar a aprender.

A formação do docente é concebida como um processo não de mudança forçada externamente, mas de transição, de metamorfose interna, de reorientação e transformação pessoal que, a partir dos pressupostos anteriores, esclarece uma nova maneira de compreender, sentir e atuar (AMADO AMBROSE, 2001; PLSEK, 1997). Os adultos em geral e os professores em particular, envolvidos ativamente na sua própria formação pessoal e profissional, comportam-se como sistemas adaptativos complexos, auto-organizativos e interconectados, com liberdade para atuar de maneira não totalmente previsível, isto é, com graus de liberdade e criatividade.

Consequentemente, ela é fundamental para fazer da investigação uma parte essencial da formação de docentes, envolvendo os estudantes como amigos críticos em grupos de investigação. As ferramentas e estratégias de investigação chegam a se converter em recursos didáticos.

FORMAÇÃO, CAPACITAÇÃO E DESENVOLVIMENTO PROFISSIONAL DO DOCENTE

Nem a formação inicial nem a titulação e seleção dos professores nem a promoção do desenvolvimento profissional do professor espanhol correspondem a essa exigência fundamental de formar as competências ou o pensamento prático dos profissionais docentes.[2]

Formação inicial

Referente à *formação inicial*, cabem poucas dúvidas de que a universidade espanhola em geral e as faculdades de ciências da educação, em particular, encontram-se longe do ideal que é a formação de profissionais docentes competentes para a tarefa que exige a educação do século XXI. A Espanha tem uma tendência histórica para recrutar jovens que não podem entrar em outros campos profissionais mais valorizados, para a fragmentação e a descontextualização do currículo de formação, para a separação entre a teoria e a prática, a investigação e a ação, para o divórcio entre a escola e a universidade. Entre o conhecimento, as habilidades, as atitudes e os afetos se torna inviável o desafio de formar os profissionais do ensino que a nossa época demanda. Dentro desse panorama, cabe destacar, como uma das causas disso que os programas de formação de docentes, em geral, não têm considerado o valor formativo da prática, vista historicamente como uma disciplina de segunda ordem, uma matéria qualquer, marginal e justaposta, que qualquer um pode monitorar e em que todos os alunos são aprovados e, note-se, independentemente do que façam. Nesses programas, como na maioria dos programas de formação docente de outros países, pode-se constatar facilmente a hipertrofia de uma orientação abstrata, academicista, descontextualizada e com baixa potencialidade profissionalizante (LEVINE, 2006). Ao contrário, como estamos defendendo ao longo deste documento, a formação na, pela e para a prática é fundamental desde o princípio, não só para que a teoria adquira relevância e significação para cada aprendiz, mas também para que os futuros docentes se formem em hábitos, atitudes, emoções e valores que constituem as suas competências pessoais e profissionais mais decisivas.

Formação de formadores

Critérios similares aos sugeridos para a formação de docentes devem ser exigidos com mais intensidade na formação e na atuação dos formadores de docentes. Com muito mais razão, aqueles que se dedicam a formar docentes devem exemplificar em sua prática os modelos de ensino e aprendizagem que se propõem desenvolver nos futuros docentes (LOUGHRAN; BERRY, 2006; RUSSELL; MCPHERSON, 2001). A exemplificação se refere a dois aspectos complementares: praticar a pedagogia que se proclama e desconstruir esta mesma pedagogia de modo que os aprendizes de docentes possam acessar os pensamentos, habilidades e emoções que a sustentam. As qualidades que consideramos devem construir o substrato profissional do docente, devem presidir os contextos de aprendizagem, as interações dos centros de formação de docentes e as formas de atuar dos formadores de docentes.

Os formadores de docentes devem sentir a paixão pelos alunos e futuros professores (SNYDER; LOPEZ, 2007). A investigação deve permitir enfrentar os dilemas mais difíceis e comprometidos, os aspectos divergentes e discrepantes, os territórios desconhecidos. Se, hoje em dia, a capacidade de lidar com a incerteza, fomentar a colaboração e incentivar a autonomia e a criatividade é essencial na prática escolar, essas finalidades devem ser planejadas de forma inequívoca como os eixos críticos das instituições e dos profissionais responsáveis pela formação de docentes.

Assim, as seguintes competências podem ser destacadas como qualidades profissionais essenciais nos formadores de docentes (CONKLIN, 2008): criar experiências de aprendizagem adequadas, de modo que os aprendizes possam construir nelas *gestalt* apropriadas; promover a consciência e a reflexão dos futuros professores com relação às suas experiências, suas *gestalt* e seus esquemas, impregnados de *phronesis*, intuição, rotina e reprodução de práticas convencionais; oferecer noções teóricas fundamentadas na investigação, de modo que cada aprendiz possa conectar seus próprios esquemas com os esquemas e teorias que outros construíram e comece a compreender o equilíbrio necessário entre os aspectos comuns e os aspectos individuais de cada experiência holística de cada indivíduo e em cada contexto; guiar e acompanhar a prática de cada aluno nas situações concretas da complexa vida da sala de aula; e criar ambientes de aprendizagem seguros, amáveis e que estimulem a confiança e a cooperação.[3]

É muito difícil que possamos estimular o desenvolvimento de capacidades nos futuros docentes que negamos ou não somos capazes de desenvolver em nós mesmos.

Zeichner (2010) defende que o velho paradigma de formação de docentes baseado na universidade, onde o conhecimento acadêmico é visto como uma fonte autoritária do conhecimento, deve ser substituído por outro, em que se favoreça um jogo não hierárquico de interação entre o conhecimento da comunidade especialista, acadêmicos e estagiários. Para Darling-Hammond e Liberman (2012), a ausência de relação entre os cursos universitários e as experiências de campo são o calcanhar de Aquiles dos programas convencionais de formação de docentes. Da mesma forma, Cochran-Smith e Lytles (2009) defendem as experiências clínicas e práticas como o foco central na formação de docentes, desde que sejam desenvolvidas em centros inovadores e submetidas ao estudo da investigação compartilhada. Neste sentido, tanto Zeichner como Gutiérrez defendem a necessidade de criar um terceiro caminho entre a universidade e as escolas, para concentrar os processos de formação, prática e investigação, um espaço mais conceitual do que físico, que envolva uma mudança de mentalidade, para superar a insistente e perversa separação entre investigação e ação, bem como a concepção hierárquica da relação teoria e prática que despreza a sabedoria da experiência (GROSSMAN; LOEB, 2008; GUTIERREZ, 2008).

Práticas relevantes

Standford Teacher Education Program (STEP), Califórnia. Este programa de formação de docentes desenvolvido por várias universidades da Califórnia se propõe a formar docentes com as seguintes qualidades ou competências profissionais prioritárias: profundos sentimentos de amor e respeito às pessoas, insaciável fome de verdade e conhecimento e forte senso de autoestima, ou seja, com empatia, compaixão, compreensão, tolerância, amor e flexibilidade.

O STEP pretende formar professores preparados para trabalhar com diferentes *alunos*, refletir sobre suas práticas e investigar sistematicamente o que ocorre na sala de aula. Centra-se na prática informada pela pesquisa e vincula a formação inicial à permanente, promovendo seminários e oficinas de trabalho conjunto entre os professores em formação, os alunos iniciantes e os docentes experientes.

A Cingapura e a Finlândia são dois bons exemplos de políticas rigorosas de seleção e formação inicial dos professores. Ambos os sistemas dão especial atenção ao processo rigoroso de seleção dos melhores candidatos para a formação docente a partir do ingresso nas instituições de formação inicial, utilizando elevados padrões, não só nas disciplinas acadêmicas, mas também na identificação das qualidades humanas e profissionais mais adequadas à profissão docente, bem como as atitudes, interesses, motivações e valores convergentes com tal atividade. A profissão docente adquiriu um *status* elevado na sociedade, não só pelo salário digno pelas condições de trabalho adequadas, mas também pela relevância política concedida à profissão docente. Os processos de seleção dos candidatos à formação inicial são longos e intensos e incluem provas, entrevistas, portfólios e debates, para escolher normalmente 10% dos pré-inscritos. Os programas de formação incluem um poderoso componente prático estreitamente vinculado aos centros escolares e à reflexão sobre a ação, enfatizam a formação de competências como sistemas de compreensão e atuação profissional e destacam o papel do professor como tutor do aprendiz, responsável por facilitar e estimular a sua aprendizagem e investigador de sua própria prática (SCHLEICHER, 2011).

Escolas de Desenvolvimento Profissional. Outra experiência interessante de reforma substancial da formação de professores são as escolas de desenvolvimento profissional. São experiências iniciadas há duas décadas, de maneira marginal, pelo Holmes Group (1990). São escolas experimentais que, como os hospitais clínicos dedicados ao ensino, oferecem experiências educativas inovadoras em contextos reais, apoiados na investigação mais rigorosa e atual. Nessas escolas, os futuros docentes podem ver, elaborar e praticar, em contextos de investigação, experiências práticas inovadoras em toda a sua complexidade e incerteza, sob a tutoria especializada de profissionais que pesquisam e inovam. As escolas-laboratórios, as escolas de desenvolvimento profissional e as escolas criadas pelas universidades podem se considerar contextos nos quais a formação de docentes pode ser vinculada à investigação e à inovação, podem constituir os contextos deste terceiro espaço, mas encontram obstáculos graves associados com a intenção de acomodar duas instituições que têm interesses diferentes, culturas e tradições diversas, distintas formas de remuneração e às vezes até mesmo diferentes calendários.

UTRU, Boston. Na mesma linha, foram desenvolvidos os programas de residência de docentes Urban Teacher Residency United (UTRU), onde os estagiários aprendem como ajudantes dos melhores professores, ao mesmo tempo em que completam os cursos de educação, currículo e aprendizagem na universidade. A importância está em se sentir docentes, abordando os problemas reais em contextos reais, urbanos e marginais, sentindo com as situações esgotam os recursos emocionais e mentais, e como a cooperação proporciona o clima necessário para lidar com a incerteza; aprender a ser professores a partir da prática, dentro das salas de aula e escolas e rodeados

> por um contexto de apoio e atenção próxima tanto dos colegas em formação como dos docentes especialistas responsáveis por responder às necessidades imediatas dos alunos e abrir novos horizontes, novas formas de abordar os problemas e novas alternativas para a ação. Aí, usam-se a aprendizagem e o desenvolvimento dos alunos como principal medida da qualidade dos futuros professores. Defende-se uma cultura que respeite e celebra as evidências, não medições quantitativas, mas compreensões qualitativas dos efeitos reais e complexos das práticas. (URBAN TEACHER RESIDENCY UNITED, c2014).
>
> O Social and Emotional Learning (SEL) é um amplo e diversificado programa muito útil na formação de professores, mais precisamente no campo esquecido das qualidades e competências. O seu propósito é ajudar no desenvolvimento de competências para reconhecer e lidar com emoções, promover o cuidado e a atenção de outros, tomar decisões responsáveis e lidar com situações de risco.[4]

Credenciamento e seleção de docentes

Os *processos de seleção de docentes*, os famosos concursos públicos para a contratação de corpo de funcionários docentes na Espanha, é um exemplo desta histórica desconexão com as necessidades da prática profissional. Os testes de seleção são fundamentalmente escritos, de reprodução de conhecimentos substantivos ou metodológicos de caráter essencialmente fragmentado e abstrato, em que é impossível avaliar as habilidades, as atitudes ou o desejo e o compromisso docente ou a capacidade de atuar, criar e inovar dos candidatos a professores. Ao contrário, os processos de seleção e credenciamento de professores para a nova escola devem incorporar instrumentos e estratégias que permitam estimar o grau de desenvolvimento das qualidades ou competências profissionais básicas dos docentes, como sistemas de compreensão, tomada de decisões e atuação, como já foi especificado nos parágrafos anteriores. Somente o acompanhamento da prática pode detectar a qualidade do desempenho profissional, o saber dizer, o saber pensar e o saber fazer, bem como o compromisso e o querer fazer do docente, a paixão pelo conhecimento e a paixão por ajudar a aprender.

> **Práticas relevantes**
>
> Por exemplo, o National Board for Professional Teaching Standards (NBPTS), fundado em 1987, é um programa voluntário de certificação de docentes, que visa avaliar o desempenho satisfatório, não o conteúdo capaz de ser reproduzido em exames. Os candidatos devem elaborar um portfólio para demonstrar, com evidências, a sua capacidade de planejar, ensinar, analisar, avaliar e reformular. No portfólio deverão constar exemplos de planejamento, de vídeos de suas próprias atuações, exemplos de trabalhos de alunos...
>
> De forma similar, na Austrália, o National Council for Accreditation of Teacher Education (NCATE) estabelece o credenciamento dos docentes com base em duas fontes de dados: o portfólio docente e a entrevista reflexiva. Informações mais detalhadas podem ser encontradas em Larsen, Lock e Lee (2005), Jasman e Barrera (1998) e Mayer (2009).

Desenvolvimento profissional

Quanto ao desenvolvimento profissional do docente, há interessantes experiências na Espanha, relacionadas com os Movimentos de Renovação Pedagógica ou com os Centros de Professores, mas sempre com caráter marginal e minoritário e contaminado por um currículo academicista e uma cultura profissional individualista que os docentes, as famílias e a administração educativa se encarregaram de reivindicar e reproduzir. O ensino tem sido caracterizado, especialmente na Espanha, como uma profissão individualista, na qual os colegas podem trabalhar apenas a alguns metros de outros, mas podem se sentir a quilômetros de distância. Ao contrário, o desenvolvimento profissional dos professores requer criar *comunidades de aprendizagem* centradas na investigação, enriquecidas pela curiosidade, unidas pelo amor e vinculadas pela atenção mútua (DANIELS; BIZAR, 2005).

A formação contínua de professores mantém os mesmos princípios e exigências da formação inicial e, como já levantamos nos parágrafos anteriores, consiste em cultivar uma estreita relação entre eles. A transformação da cultura arraigada em crenças e hábitos dos futuros docentes ou dos docentes em exercício requer métodos e estratégias que incluam de forma contínua e convergente a ação, a investigação, a prática e a reflexão. Por isso, aparece cada dia com mais clareza a importância das propostas da I.A. (investigação ativa) participativa, como, na minha opinião, o caminho mais eficaz e satisfatório para a mudança. Por exemplo, as *Lessons* e *Learning studies* (LLS) tão difundidas nos processos de aperfeiçoamento de professores japoneses[5]. Envolver os futuros docentes em diálogos, análises e propostas em grupo sobre o seu próprio ensino, trabalhar planos de atuação, discutir estudos de casos, estimular a inovação e a teorização prática é o melhor caminho para promover a reflexão, o questionamento crítico dos valores, crenças e suposições sobre o ensino e possibilitar a reconstrução do conhecimento prático dos educadores, para que possa surgir um novo contexto epistemológico nas salas de aula, escolas e universidades na era do conhecimento.

Práticas relevantes

O Japão é o paradigma de uma cultura profissional bem diferente. Há mais de 100 anos, os professores participaram de forma sistemática de processos grupais de estudo e aprimoramento do ensino, com a intenção bem clara de melhorar a aprendizagem dos alunos. As denominadas *Lessons studies*, hoje estendidas a alguns países ocidentais (Estados Unidos, Suécia, Inglaterra, Noruega) com o nome de *Lessons* e *Learning studies*, têm provocado o desenvolvimento de uma cultura profissional de colaboração e inovação, refletida, por exemplo, na participação de vários professores em uma mesma prática de ensino ou na dedicação de metade do tempo de trabalho de cada docente à preparação, ao planejamento e à avaliação dos projetos de inovação dos quais ele participa.

– Menção especial merece também, na atualidade, a política de fortalecimento do desenvolvimento profissional dos docentes realizada na China com base nos seguintes princípios: formar professores que possam investigar sua própria prática como meio de formação, aprendizagem e inovação permanentes, escolha dos melhores docentes experientes como tutores e mentores para os professores novatos, promoção da colaboração, observação mútua e ajuda entre pares, consolidação, no horário de trabalho do docente, de espaços semanais para participar de projetos de inovação e melhoria das práticas, seguindo o modelo de *Lessons* e *Learning studies*, denominados *Teaching-Study Groups*.

– Outro exemplo sugestivo de desenvolvimento profissional é o Powerful Learning Practice (PLP). É uma plataforma em rede que oferece oportunidades para os docentes participarem de programas de desenvolvimento profissional de longa duração e integrados no local de trabalho. Programas imersos em contextos de aprendizagem do século XXI, as redes sociais, sobre as quais são criadas comunidades de aprendizagem globais centradas na revisão e melhora da própria prática. É uma experiência, não um curso de formação nem um evento isolado.

– Na mesma linha, pode-se destacar a APIS, a plataforma de apoio de informação pedagógica para os docentes, que oferece coleções de materiais organizados segundo diferentes critérios e que podem ajudar os novos docentes tanto na seleção de conteúdos como no projeto e desenvolvimento de programas de ensino e avaliação.

– Cabe também destacar o MERLOT, um *site* que apresenta as atividades e recursos de uma poderosa organização de docentes, principalmente dos Estados Unidos, preocupados em compartilhar experiências, materiais e recursos de inovação educativa baseados nas TICs.

– Finalmente, vale a pena mencionar o programa desenvolvido pelo Ministério da Educação de Cingapura chamado *Teacher Professional Development* (TPD), para aumentar decisivamente a formação permanente das competências profissionais dos professores. O docente tem de dedicar 100 horas anuais de sua jornada de trabalho a tarefas de aperfeiçoamento, fundamentalmente nas escolas e centros onde trabalha, desenvolvendo projetos de pesquisa e ação cooperativa sobre sua própria prática.

NOTAS

[1] Uma discussão mais detalhada dessas abordagens pode ser encontrada em Pérez Gómez (2010a, 2010b e 2010c).

[2] É possível consultar, sobre este assunto, a monografia publicada pela revista *Interuniversitaria de Formación del Profesorado*, na sua edição de agosto de 2010, intitulada "Reinventar la profesión docente", na qual foram publicadas as declarações do congresso internacional, com o mesmo título, que foi realizado em novembro de 2010 na Universidade de Málaga (PÉREZ GÓMEZ, 2010c).

[3] Consulte mais sobre esse assunto na interessante proposta denominada *Self study*, promovida principalmente nos Estados Unidos entre os formadores de formadores (ZEICHNER, 2007).

[4] É possível encontrar informação útil para a formação de docentes quanto aos diferentes programas que foram desenvolvidos dentro desta orientação em Merrell e Gueldner (2010).

[5] São relevantes a este respeito os movimentos de formação permanente de docentes denominados *Lessons Studies*, desenvolvidos fundamentalmente no Japão (LEWIS, 2002; LEWIS; PERRY; HURD, 2004, 2009) e a já mencionada proposta denominada *Self study*, promovida principalmente nos Estados Unidos entre os formadores de formadores (ZEICHNER, 2007).

9

Novos cenários e ambientes de aprendizagem

> *O ensino não é uma habilidade simples, mas uma atividade cultural complexa condicionada por crenças e hábitos que funcionam em parte além da consciência; um ritual cultural que foi assimilado por cada geração ao longo de vários séculos e que é reproduzido pelos professores, pela família e pelos próprios alunos sem terem consciência de seus fundamentos e implicações.*
>
> (NUTHALL, 2005)

HÁBITOS E HABITAT: A APRENDIZAGEM COMO PARTICIPAÇÃO EM PRÁTICAS SOCIAIS

Como já sugerimos anteriormente, toda aprendizagem, mas particularmente aquela que é relevante e duradoura, é produzida ligada às vivências, é essencialmente um subproduto da participação do indivíduo nas práticas sociais, por ser um membro de uma comunidade social. A aquisição eficaz de conhecimentos, habilidades, atitudes, valores e conhecimentos, ou seja, competências, acontece como parte de um processo de familiaridade com as formas de ser, pensar, sentir e ver o que caracteriza o grupo e o ambiente em que se desenvolve a nossa vida (LAVE; WENGER 1991; WENGER, 2010). O fato de que os seres humanos são seres sociais não é trivial, pelo contrário, é um aspecto central da aprendizagem. O conhecimento significa o envolvimento ativo no mundo, a participação em práticas dentro de comunidades sociais diversas e a construção de identidades com relação a tais comunidades. Portanto, a qualidade da aprendizagem depende definitivamente dos contextos de aprendizagem, porque os aprendizes reagem de acordo com a percepção que têm das demandas provenientes do contexto e das situações concretas às quais tem de responder.

Então, o pensamento, a ação e os sentimentos humanos crescem incorporados em contextos sociais, culturais e linguísticos, vinculados às práticas sociais que caracterizam cada contexto. O significado dos conceitos e teorias deve ser visto nas práticas da vida real, em que tais conceitos, ideias e princípios são funcionais e constituem recursos de compreensão e atuação para os aprendizes. Os conceitos abstratos e descontextualizados, desligados das experiências subjetivas, são difíceis de integrar aos esquemas ativos de compreensão e atuação por parte do aprendiz. Para Peters, Burbules e Smeyers (2008), que utiliza o termo ensino tácito, a educação é, em certa medida, uma iniciação, uma imersão em determinadas práticas sociais. Analisar o contexto de práticas culturais é imprescindível para compreender a natureza dos significados que cada indivíduo constrói de maneira inconsciente no princípio da existência. Por isso, nas práticas educativas, não devemos bloquear essas restrições e esses condicionantes da capacidade de reflexão crítica de cada indivíduo, uma vez que os sistemas com os quais percebemos, interpretamos e refletimos durante toda a vida são o efeito de viver imersos em determinados contextos de práticas sociais, com determinadas crenças, orientações, valores e atitudes.

Como já vimos com certo detalhe no Capítulo 3, grande parte do conhecimento na ação (Schön), do *habitus* (Bourdieu), do conhecimento prático, do *know-how* é implícito (Polanyi), aprendido não por meio da representação e argumentação explícitas, mas por meio de processos não falados de observação e emulação. Grande parte de nossa compreensão está implícita em nossa habilidade de aplicar as descrições aprendidas tacitamente às situações e ações nas quais nos envolvemos.

O mesmo acontece nos cenários escolares. Não podemos esquecer que, como destaca repetidamente Nuthal (2005), o ensino não é apenas uma habilidade, mas uma complexa atividade cultural profundamente condicionada por crenças e hábitos que funcionam em parte fora da consciência, um *ritual cultural* que foi assimilado por cada geração durante vários séculos e que os docentes, as famílias e os próprios alunos reproduzem sem consciência de seus fundamentos e implicações. Os rituais culturais se sustentam em redes de crenças e suposições estáveis, que fazem parte de nós mesmos de tal modo que permanecem invisíveis e, portanto, geralmente somos inconscientes de sua influência e controle. Similarmente, Stigler e Thomson (2009) propõem considerar o ensino como uma atividade cultural, composta por rotinas que se aprendem implicitamente por meio da participação, repletas de suposições, crenças, valores e posições não explícitas que trabalham para manter o poder do *status quo*. Estas rotinas culturais evoluem lentamente como expressão de uma tensão permanente entre o que se deseja e o que é possível em um determinado contexto cultural (GALLIMORE et al., 2009). Esse compromisso entre o desejável e o possível, relacionado com o que se percebe como possível em cada momento e situação é o que torna as instituições tão resistentes à mudança.

Sem modificar tais crenças e suposições arraigadas em formas de comportamentos, não será possível a transformação real e a reinvenção necessária da escola contemporânea, se as práticas sociais em que o indivíduo viveu desde o seu nascimento têm condicionado os esquemas, geralmente inconscientes, de interpretação e ação que usa na sua vida cotidiana e, se esses hábitos e conhecimentos práticos são resistentes à mudança e, em grande parte, imunes aos discursos e intercâmbios de significados e conceitos declarativos que saturam a vida acadêmica da escola. Como ajudar a provocar a sua transformação consciente? Como contribuir para a construção da personalidade escolhida, para o desenvolvimento da autonomia e da formação do próprio projeto de vida de cada sujeito?

A principal consequência de propor o desenvolvimento das qualidades e competências humanas básicas como os objetivos da escola é a necessidade de repensar e transformar substancialmente os contextos, os *habitats* e os cenários escolares que têm dominado a vida acadêmica durante mais de um século. Parece-me importante, portanto, focalizar o papel do professor e do resto dos agentes envolvidos no funcionamento do sistema educativo, no projeto e na criação dos contextos de aprendizagem adequados.

Que cenários e contextos facilitam o desenvolvimento ideal das qualidades e das competências básicas requeridas pelo cidadão contemporâneo?

A relevância socializadora dos modelos e contextos de práticas nos quais o indivíduo se socializa durante toda a sua vida deve se igualar à qualidade dos contextos de aprendizagem escolar em que esses indivíduos submergem em práticas educativas relevantes, poderosas e criativas. Apenas contextos novos de práticas inovadoras e relevantes para o sujeito podem oferecer a oportunidade de mudança e reconstrução dos sujeitos. Por isso, é tão decisiva a forma como organizamos e constituímos os cenários e ambientes de aprendizagem na escola ou em outros espaços educativos.

O ensino intencional, explícito, revela apenas a ponta do *iceberg* de todas as influências envolvidas na vida escolar dos indivíduos que a habitam. Todas as situações de ensino envolvem, inevitavelmente, um currículo oculto, algumas vezes para o bem e outras para o mal, porque todo ato de ensino e toda participação em uma comunidade de prática, embora seja tão artificial e descontextualizada da vida social como a escola, produz muitos efeitos intencionais ou não, mensuráveis ou não, em curto, médio e longo prazo, sobre todos e cada um dos indivíduos que compõem essa comunidade de práticas.

Quando concebidos como comunidades de práticas, nos contextos escolares, podemos incluir os modos de entender o ensino e a aprendizagem que invadem a comunidade, os recursos, as políticas, o espaço e o tempo, as relações, as crenças, os valores e as disposições culturais que caracterizam alunos e docentes que compõem a comunidade de práticas, ou seja, a cultura, a lógica e o funcionamento da instituição escolar como sistema social. Neste sentido, Gatto (2005) chega a afirmar que a força da instituição escolar é tão decisiva que, apesar do trabalho duro e bem intencionado de alguns professores, a instituição escolar é *psicopática* e leva a comportamentos neuróticos em quem a vive. Ou se transforma substancialmente o contexto escolar, a estrutura e o funcionamento do sistema escolar como um todo, ou os esforços singulares dos docentes isolados em longo prazo estão condenados ao fracasso.

Neste sentido, não podemos esquecer que, diferentemente da crença empírica mais difundida, o ensino não causa a aprendizagem, cria contextos, cenários e condições que oferecem melhores ou piores condições de aprender, o que não é o mesmo. O ensino, o docente e os materiais são recursos que o aprendiz utiliza para a aprendizagem, intermediada pelo contexto social que constitui a escola, geralmente de modos muito diferentes de como são projetados pelo docente. A aprendizagem é uma experiência emergente e subjetiva. Quando a aprendizagem escolar se distancia dos problemas reais da vida e deixa de interessar ao aprendiz, converte-se na aprendizagem "da" escola e "para" a escola, criando um desenvolvimento paralelo e justaposto, sem valor de uso para a vida cotidiana e apenas com valor de troca por notas, certificações ou titulações no mercado escolar (PÉREZ GÓMEZ, 1993).

É evidente, por outro lado, que os contextos escolares atuais têm de ser considerados, simultaneamente, como locais e globais, presenciais e virtuais, pois os estímulos que provocam, perturbam e afetam o aprendiz no dia a dia provêm de múltiplos, diversos e interdependentes cenários.

A ESCOLA COMO CONTEXTO EPISTÊMICO

Para compreender o funcionamento das escolas como sistemas, para entender o conhecimento, os valores, as atitudes, as emoções e as habilidades que as organizações educativas destilam e induzem, é conveniente levar em consideração a premissa básica de McLuhan de que o meio é a mensagem. O conteúdo crítico de qualquer experiência de aprendizagem é o meio, isto é, o processo por meio do qual e o contexto dentro do qual se desenvolve a aprendizagem. O meio escolar, o conjunto de elementos (currículo, pedagogia, organização do espaço, tempo e relações) que rodeiam os intercâmbios educativos, é realmente a mensagem que penetra lentamente, mas de modo eficaz no aluno e no professor, configurando o seu conhecimento prático, os seus sistemas de compreensão e atuação. Ao considerar os contextos de aprendizagem, estamos considerando todos os elementos que discutimos nos capítulos anteriores – currículo, metodologia, avaliação e docentes – porque nenhum deles é independente do resto e do funcionamento do conjunto. Os elementos se adaptam ao sistema e o sistema dá sentido e adapta cada um dos elementos.

Bernstein distingue três tipos de contextos educativos: de produção, de aplicação e de reprodução, que condicionam severamente o tipo de processos de aprendizagem que neles se desenvolvem.[1] Karmon (2007) resume a dois esses contextos ao considerar que o contexto de produção e o de aplicação compartilham características similares, do ponto de vista das disposições do aprendiz e da organização institucional do conhecimento nos cenários educativos.

1. *Contextos de inculcação* (de reprodução de Bernstein [1990]). Neste contexto, considera-se que a escola visa inculcar ou reproduzir o conhecimento existente, consolidado e assumido em cada comunidade. O professor e o aluno devem trabalhar com o conhecimento aceito, consensual, apresentado na forma de coleções de dados previamente organizadas em programas e livros didáticos. Pode ser considerado um conhecimento inativo, reprodutivo, que não questiona as suposições nem suas aplicações, um conhecimento muitas vezes simplista e estável que não chega a ser um instrumento de análise, compreensão e tomada de decisões para a prática, mas que se converte, na maioria dos casos, em simples moeda de troca por certificações. Nem a dúvida, nem a incerteza, nem a consciência da relatividade e da eventualidade aparecem como elementos constitutivos do conhecimento humano. Tal contexto utiliza fontes secundárias de informação, essencialmente nos livros didáticos, que compõem uma realidade própria e isolada do contexto. O currículo é concebido como o resultado da justaposição de diferentes organismos do conhecimento disciplinar. A transmissão verbal, escrita ou oral é o método preferido. O resto das propostas metodológicas, como o trabalho em grupo ou o trabalho por projetos, geralmente é considerado um desperdício de tempo. É uma concepção simplista da pedagogia como um processo de transmissão unidirecional e do conhecimento como um objeto neutro, sem conexão com sentimentos, valores e preconceitos, que é transferido de maneira simples da mente do professor para a mente do aluno. A aquisição de conhecimento é com-

provada por meio de exames de certificação, em que o dito conhecimento declarativo é apresentado como um conjunto de questões fechadas e soluções únicas. A função do professor se concentra principalmente em transmitir claramente os conteúdos do currículo estabelecido, manter a ordem e a disciplina para que os processos de transmissão e aquisição possam ser produzidos normalmente e avaliar com objetividade a aquisição destes pelos alunos. O espaço, o tempo e os recursos são variáveis predefinidas por exigências burocráticas que afetam e restringem as possibilidades de desenvolver outros modelos pedagógicos que não encaixam na rotina de transmissão. O clima de relações está impregnado pela hierarquia, pela competitividade e pelo individualismo que impulsionam a aprendizagem acadêmica.

Como vimos no Capítulo 2, este contexto de reprodução se estendeu e universalizou a partir da segunda metade do século XIX, para responder às demandas do mundo industrial já consolidado na maior parte do mundo desenvolvido, e permaneceu, saturando o funcionamento da escola convencional, praticamente sem mudanças substanciais até nossos dias.

2. *Contextos de produção* (produção e aplicação em Bernstein). Neste contexto se considera que o objetivo principal do dispositivo escolar e universitário é a produção do novo conhecimento e a sua transferência e utilização para atuar da forma mais adequada. O contexto de organização preferido é a investigação disciplinar ou interdisciplinar para dar conta de uma realidade complexa, sistêmica e mutável. A execução cognitiva preferida para provar e disseminar este conhecimento não são os exames fechados, mas, sim, os relatórios, criações e produtos da investigação e da inovação. Parte de questões abertas e problemas reais, dando especial atenção às áreas de incerteza e controvérsia. Utiliza fontes primárias de informação. A própria realidade é a principal fonte de informação. O procedimento metodológico mais valorizado é questionar as próprias concepções vulgares, criar novas ideias e interpretações científicas e artísticas, experimentar na prática e usar novos conhecimentos em novos contextos. Promovem-se a cooperação, o debate, a sinergia de recursos compartilhados, o contraste de opiniões e experiências. Cuida-se com zelo da construção de um ambiente social de cooperação, solidariedade e ajuda mútua, em que cada aluno pode encontrar a atmosfera adequada para o desenvolvimento ideal da sua singularidade. O contexto físico, o espaço, o tempo, assim como as relações e os agrupamentos são variáveis flexíveis, abertas e, de qualquer modo, dependentes do projeto pedagógico que se experimenta. Os alunos enfrentam a discrepância entre diferentes profissionais e entre eles mesmos quanto a temas polêmicos, assumindo a relatividade constitutiva do conhecimento humano. Mais do que abarcar coleções enciclopédicas intermináveis exaustivamente, é enfatizada a concentração em uma área de trabalho ou foco de atenção. Valoriza-se o desenvolvimento das habilidades cognitivas de ordem superior: o pensamento crítico, a formulação e a resolução de problemas, a criatividade e a inovação. O currículo é concebido mais como um conjunto de problemas e situações relevantes, disciplinares ou interdisciplinares, que desafiam a capacidade de compreensão e ação dos aprendizes, do que como um conjunto de fragmentos disciplinares justapostos. O conhecimento tem valor de uso, para descobrir e criar novos horizontes ou para resolver problemas e melhorar as condições da realidade. A troca do conhecimen-

to por notas, quando é requerido, é apenas uma condição secundária. A avaliação é concebida como uma ferramenta privilegiada para ajudar a conhecer o grau de desenvolvimento alcançado em todas as dimensões da personalidade, a fim de ajudar a promover melhora e autorregulação. O professor é um investigador que procura compreender a complexidade da vida no âmbito do saber e que se preocupa em ajudar a aprender e em facilitar os processos de desenvolvimento das qualidades humanas básicas em cada um de seus alunos, planejando e organizando, como um diretor de orquestra, os melhores cenários de aprendizagem e os programas de atividades e projetos mais apropriados.

Sem que percebamos, enquanto vivemos nas redes simbólicas que definem esses contextos epistêmicos e sociais, as suas regularidades formam as crenças, as imagens e as rotinas que compõem o conhecimento prático do aprendiz e do profissional. As diferenças entre alunos se devem ao peculiar intercâmbio de cada um, a partir de suas formas peculiares de interpretar e atuar, ou seja, de sua personalidade adquirida, estabelece ao longo de sua escolaridade com este contexto social de reprodução academicista que constitui, geralmente, a trama da escola contemporânea. Mudar o currículo deve envolver também mudar o contexto epistemológico: a organização institucional do conhecimento por meio da qual se transmite uma determinada concepção deste.

Se as competências são aprendidas a partir da experiência, ligadas às situações e aos contextos, é fácil compreender que o conhecimento escolar aprendido em contextos acadêmicos, exclusivamente por reprodução de conteúdos abstratos e desvinculados das experiências, além de custar muito para ser apendido e muito pouco para ser esquecido, é meramente reprodutivo e, portanto, em pouco ajuda na formação das competências criativas exigidas pela nossa participação ativa na vida social e profissional em um mundo complexo e cambiante da era digital. O propósito pedagógico nesta situação deve ser modificar os contextos escolares de modo que eles se convertam em cenários culturais mais ricos, diversificados e próximos da vida real da comunidade social, onde o conhecimento é produzido e aplicado de maneira crítica e criativa e onde a reprodução ocorre apenas como um meio para facilitar a produção ou a aplicação do conhecimento. Sem uma projeção dos saberes para a produção, a criação ou a aplicação, a sua mera reprodução tem escasso valor educativo.

Criar na escola ricos entornos de produção de aprendizagem de caráter natural e recursos cultivados é a melhor estratégia para a formação das competências, ou seja, entornos culturais em que os problemas e as situações habituais da vida natural e social sejam vividos, mas com linguagens, significados, ideias, modelos, expectativas e horizontes mais elaborados, cultivados, permanentemente submetidos ao questionamento, ao contraste e à crítica pública. Participar de projetos culturais, científicos, artísticos ou tecnológicos de elevada qualidade é a melhor garantia de formação das competências necessárias para a participação ativa nos complexos cenários sociais contemporâneos. Este propósito e este programa requerem definitivamente refundar, reinventar a escola que conhecemos. Reduzir o espaço de reprodução e ampliar ao máximo o espaço de produção e aplicação parece ser a chave para favorecer um ensino que eduque e que favoreça o desenvolvimento autônomo dos sujeitos do século XXI.

CONSTRUIR CONTEXTOS EDUCATIVOS

Das colocações anteriores, podemos derivar as seguintes sugestões:

– Uma vez que o dispositivo escolar é um sistema complexo, não só os conteúdos e os métodos de ensino e a avaliação são variáveis essenciais para alcançar a qualidade desejada das aprendizagens, como também é necessário considerar a qualidade do contexto ou ambiente de aprendizagem que criamos na sala de aula e na escola. Os contextos ou entornos de aprendizagem são sistemas e espaços ecológicos nos quais intervêm múltiplos aspectos ou variáveis que interagem entre si e cuja coerência devemos procurar para facilitar a aprendizagem pretendida.

– Os ambientes de aprendizagem como investigação na escola devem se tornar *espaços de trabalho e vivência* em vez de *locais de recepção e estudo*. Dentro deste sistema como um lugar de trabalho e vida, as variáveis do contexto (espaço, tempo, recursos, agrupamentos e clima das relações) devem ser consideradas elementos subordinados às finalidades e aos objetivos que se pretende alcançar na vida escolar. Não devem ser consideradas como elementos, *a priori*, imutáveis, estabelecidos pela tradição e pelos costumes, pois são variáveis dependentes, aspectos que devem ser acomodados ao projeto e às finalidades educativas que se pretende alcançar.

– *A pluralidade e a flexibilidade* são a chave dos novos contextos escolares de aprendizagem.[2] É necessário estabelecer uma configuração diversificada de espaços multiuso e tempos flexíveis a serviço dos projetos de aprendizagem: espaços de trabalho individual e estudo, espaços de trabalho em grupo e espaços de comunicação, exposição, discussão e debate. São necessários ambientes diversificados, polivalentes e ricos em recursos didáticos e humanos. Isso significa romper as fronteiras entre a escola, a cultura e a sociedade e abrir e integrar a escola à sociedade, de modo que se possa tirar proveito da riqueza cultural da família e da sociedade: voluntários, famílias, aposentados, profissionais, etc.

– Uma vez que as possibilidades de comunicação na era digital global são ilimitadas, na atualidade os contextos de aprendizagem acadêmicos podem e devem se abrir para *redes presenciais e virtuais* que formam comunidades de aprendizagem de riqueza incalculável, que se estendem por toda a vida sem limites espaciais e temporais. A introdução de tais redes em ambientes de aprendizagem escolar é uma das chaves para o sucesso futuro das nossas instituições. Os horários flexíveis e as "salas de aula abertas" são hoje mais imprescindíveis e mais acessíveis do que nunca em função do inabarcável e surpreendente horizonte que caracteriza as poderosas tecnologias da informação e da comunicação. A escola deve ser hoje mais um conceito do que um espaço e um tempo concretos, um cenário de aprendizagem sem barreiras e com todos os recursos culturais à sua disposição, por meio da utilização ágil e seletiva dos poderosos meios de intercâmbio digital.

– Por outro lado, e uma vez que os alunos diferem em muitos aspectos fundamentais – conhecimento específico prévio, habilidades, experiências, concepções sobre a aprendizagem, estilos e estratégias de aprendizagem, interesse, motivação, expectativas, emoções, crenças sobre as próprias capacidades, *background* cultural, social e linguístico –, os contextos de aprendizagem são mais eficazes quando são sensíveis às diferenças individuais e, portanto, flexíveis em suas formas de organização, nos espaços, no agrupamento dos alunos, no desenvolvimento das atividades, nos ritmos e nos recursos.

– As *rotinas organizativas* que não sejam justificadas pelas exigências da aprendizagem não devem permanecer: por exemplo, a maioria das estruturas ou formatos atualmente em vigor para organizar o tempo de ensino e aprendizagem são anacronismos (estruturas rígidas, uniformes, fragmentadas e monótonas) com relação aos nossos objetivos e possibilidades educativas atuais. São formatos espaciais e temporais acomodados a um ensino transmissivo de lições teóricas, com escassa ou nula participação do aprendiz, próprias da era industrial e da epistemologia academicista, como vimos no Capítulo 3.

Por exemplo, para quais finalidades e por quais razões permanecem os horários fragmentados de uma hora por disciplina que compõem a estrutura organizativa na maioria das salas de aula de ensino médio?

– *A organização do tempo deve ser uma variável flexível* que responda às exigências da natureza das atividades de aprendizagem que forem propostas em cada módulo do currículo (disciplinar, interdisciplinar e transversal). Um currículo interdisciplinar, baseado em problemas ou em situações, por exemplo, exige a participação ativa das equipes de professores e alunos trabalhando e indagando juntos em diferentes contextos espaciais e durante longos períodos de tempo. A fragmentação do tempo, horários rígidos de 55 minutos, no entanto, implica a irracionalidade de ter de abandonar uma tarefa talvez no momento mais produtivo e satisfatório ou, ao contrário, de ter de preencher artificialmente o tempo, quando a atividade programada acaba antes do sinal. O imperativo temporal do sinal parece indicar que nada é tão importante para valer a pena ser terminado.

A esse respeito, é relevante considerar as experiências e as teorias que estão sendo produzidas com o propósito de alterar substancialmente não só a distribuição dos horários e do calendário escolar, para orientá-lo e sintonizá-lo consistentemente com as necessidades dos projetos pedagógicos de cada escola e de cada sala de aula (ADELMAN; ENGLE; HARGREAVES, 2003), mas também a mesma concepção da vida temporal escolar, do ritmo de trabalho e do ritmo de vivências, de modo a permitir um desenvolvimento mais equilibrado de todas as qualidades humanas relacionadas com a ação e também com a contemplação e compreensão, em favor de uma *pedagogia com ritmo lento*, a *pedagogia do caracol* (DOMENECH, 2009, 2012; ZAVALLONI, 2011). Uma pedagogia que exige a necessidade de devolver o tempo às pessoas e especialmente aos aprendizes, não só para poder acessar a riqueza da contemplação e do trabalho bem feito que requeira parcimônia ("a pressa é inimiga da perfeição"), mas especialmente, a fim de respeitar os tempos e ritmos diferenciais de cada aprendiz, para defender uma vez mais os valores de uma pedagogia personalizada, humanizada (HONORÉ, 2005).

– Por outro lado, uma vez que a cada dia parece mais evidente que a inteligência emocional é tão importante quanto a inteligência racional clássica na determinação do sucesso acadêmico, social e profissional, é responsabilidade fundamental dos docentes criar um *clima de confiança, segurança afetiva, empatia e cooperação emocional*, que permita e garanta o processo aberto de experimentação sem resistências pessoais, sem medo do ridículo, em que o erro seja percebido por todos como uma oportunidade de aprendizagem. A aprendizagem cooperativa e o trabalho em grupos são básicos para criar cenários escolares de apoio, confiança, liberdade e criação (KEGAN, 2010; MEZIROW, 1996, 2000; NODDINGS, 1992). Os contextos e as interações que fomentam a autoestima dos alunos e situam as expectativas positivas em processos de aprendizagem são o melhor suporte para o aumento da aprendizagem relevante. Os contextos de aprendizagem que se configuram como contextos reais, vitais, de confiança e apoio mútuo são os que melhor estimulam a aprendizagem de competências fundamentais para o mundo complexo e incerto das sociedades contemporâneas. Por meio da experimentação e da vivência de mudanças e variações em nosso contexto e em nossas atividades de aprendizagem, podemos aprender a intervir em um futuro incerto e mutável. Neste sentido, é fundamental considerar e resolver os problemas em suas primeiras manifestações. Qualquer problema de aprendizagem ou de conduta importante antes era pequeno. No início, costuma ser fácil propor alternativas e reposicionar os comportamentos, mas, quando o problema se agrava, os comportamentos indesejáveis se arraigam, as consequências negativas se acumulam e, portanto, as alternativas se restringem e são mais difíceis. Apoiar e considerar as dificuldades quando começam a se manifestar, assim como reforçar a confiança dos aprendizes nos contextos incertos e complexos das situações reais, requer promover um clima de relações baseado na confiança, no carinho e no afeto.

– Da mesma forma, a pesquisa didática enfatiza a *importância da participação ativa e democrática* de docentes e alunos na construção dos contextos acadêmicos como comunidades de aprendizagem. A sensação de pertencimento, de estar comprometido com o que realmente é importante, de construção compartilhada é fundamental para o desenvolvimento de competências essenciais para o envolvimento voluntário do aprendiz no processo de aprendizagem e para que os alunos encontrem o sentido do que estão fazendo e do que estão aprendendo. Os contextos escolares que pretendem desenvolver o espírito democrático dos cidadãos contemporâneos terão de promover a experiência de participação democrática na vida cotidiana da escola. A democracia, como filosofia de vida e não apenas como uma estratégia eleitoral, exige a formação de conhecimentos, habilidades, emoções, atitudes e valores, que só se desenvolvem na prática em cenários onde os indivíduos se comprometem na construção coletiva das regras do jogo que governam os intercâmbios éticos e políticos da comunidade.

– Finalmente, parece-me imprescindível levar em consideração a abertura da escola à comunidade, não só para tirar proveito de seus recursos, riquezas e tesouros humanos, culturais e profissionais, mas para contribuir para o seu desenvolvimento, a melhoria de suas condições sociais e educativas, especialmente dos mais desfavorecidos. O ambiente escolar deve promover o compromisso ético, social e político de todos os aprendizes como cidadãos comprometidos na melhora de seu mundo, mas não como conteúdo de belos discursos ou lindas teorias proclamadas, mas como exercício concreto e situado da democracia, da justiça e da solidariedade. Em qualquer etapa formativa, os alunos podem desenvolver seu compromisso ético, social e político com a comunidade, aprendendo a aplicar o conhecimento acadêmico a uma melhor compreensão e atuação sobre os problemas da vida cotidiana da sua comunidade em todas as suas dimensões, artística, científica, técnica e ética, de forma muito especial, atendendo aos problemas das pessoas e dos grupos sociais mais desfavorecidos.

O programa denominado *Aprendizagem e Serviço*[3] é uma clara expressão dessa ideia pedagógica. É uma proposta para vincular de forma intencional e sistemática experiências ou serviços solidários na comunidade social a conteúdos e processos de aprendizagem e investigação incluídos no currículo de formação, em qualquer uma das etapas de formação dos cidadãos. Configura-se em torno de três princípios fundamentais: vincular aprendizagem acadêmica e serviços à comunidade em problemas reais e contextos complexos; considerar que os alunos são os protagonistas do processo, desde o diagnóstico e elaboração até a avaliação e reformulação; defender que o serviço não é uma atividade privada, mas um compromisso público, social (MARTINEZ, 2010; PUIG et al., 2007; PUIG; PALOS, 2006).

Pretende estabelecer um círculo virtuoso entre a aprendizagem e o serviço: as aprendizagens acadêmicas melhoram a qualidade do serviço oferecido à comunidade, e a atividade social dá sentido à aprendizagem acadêmica, provoca uma melhor formação integral e estimula a nova produção de conhecimentos. Pretende desenvolver os seguintes propósitos: excelência acadêmica, relevância das aprendizagens, eficácia na intervenção e excelência moral. Reconhecer a excelência e honrar a solidariedade são os dois pilares básicos que sustentam todo o programa.

Seguindo as propostas de Paulo Freire, o programa pretende vincular de maneira estreita a aprendizagem e a vida social, fazer o intercâmbio permanente de papéis: educador-aluno e aluno-educador, partindo do convencimento de que ninguém educa ninguém e que também ninguém se educa sozinho, que os seres humanos educam a si mesmos colaborando entre si, mediatizado no mundo e para o mundo.

Em suma, os contextos escolares que acreditamos educativos, ou seja, que ajudam e estimulam o processo de se construir de forma autônoma como pessoas cultas, inteligentes, criativas, solidárias e úteis para a comunidade, devem ser projetados para garantir experiências e interações formativas dos futuros cidadãos, de modo que, ao viver os cenários complexos de produção, criação, solução de problemas e intercâmbios democráticos e solidários, os futuros cidadãos aprendam na prática sua maneira singular, informada e empenhada de entender a bondade, a verdade e a beleza.

Práticas relevantes

Contextos educativos: escolas inovadoras

Proponho a seguinte seleção de experiências escolares inovadoras e bem-sucedidas, não como modelos a serem imitados, uma vez que estou convencido de que cada escola é única e tem de encontrar e desenvolver a sua própria e singular identidade, mas como manifestações e evidências palpáveis em contextos reais e, em sua maioria, complexos e desfavorecidos; e de que a inovação não é uma invenção teórica de iluminados, mas o resultado do esforço conjunto. O desafio não é adotar um modelo e copiá-lo, mas construir o próprio modelo singular para configurar os cenários de experiência e intercâmbio educativo, de modo que cada escola desenvolva sua própria maneira de enfrentar o desafio como uma comunidade de aprendizagem (ROBINSON, 2011).

Entre as muitas experiências nacionais e internacionais que podem exemplificar contextos escolares inovadores, preocupados em oferecer condições de práticas e experiências que ajudem a desenvolver as competências e qualidades humanas básicas, selecionei, entre as que conheço, aquelas que me produziram maior e mais satisfatório impacto ao longo do tempo, por representarem modelos flexíveis, inovadores, bem fundamentados e sustentáveis, que me ajudaram a configurar os meus pensamentos, os meus sentimentos e as minhas práticas e que tanto utilizei nas minhas tarefas docentes e de pesquisa. Podem representar uma oportunidade para pensar e apreciar não apenas teorias ou modelos, mas práticas reais construídas com esforço, sempre contra a corrente e, por vezes, por meio de uma luta titânica ao longo do tempo. Não há nenhuma pretensão de exaustividade, pelo contrário, é uma seleção muito reduzida com base na minha experiência pessoal e no uso que fiz dela na minha vida profissional. Peço desculpas pela enorme quantidade de outras experiências igualmente relevantes que não estão listadas aqui. Realmente sinto muito, mas não é a minha intenção oferecer um catálogo de experiências de inovação relevantes, é apenas mostrar o reflexo da relevância pessoal que tais experiências tiveram para mim, porque entendo que elas foram a companhia, o reflexo concreto do meu percurso teórico prático nesse território tão complexo quanto apaixonante. Peço também desculpas não só pelos esquecimentos e ausências injustificados, mas pelo viés peculiar de minhas interpretações ao descrever ou destacar os aspectos mais relevantes de cada experiência. Sempre que foi possível, recorri às descrições e às vozes dos próprios protagonistas ou de seus estudiosos, mas assumo, evidentemente, a responsabilidade pelos inevitáveis desvios que apareceram no meu modo de selecionar, destacar e relatar os aspectos que considero mais relevantes. O espaço dedicado à apresentação das experiências é também uma decisão pessoal, não responde de modo algum a critérios de valorização quanto à sua importância: as experiências mais conhecidas estão brevemente descritas e as experiências mais recentes ou que considero menos difundidas e me provocaram um impacto muito particular e pessoal estão mais amplamente tratadas. De qualquer modo, as experiências e projetos selecionados, ordenados por critério alfabético, representam experiências muito diferentes, ainda que possam compartilhar objetivos comuns. Mas em todas elas podemos rastrear a intenção de ajudar os aprendizes a educarem a si mesmos, com a ajuda próxima do professor e da comunidade.

A maioria delas não requer referências, porque é conhecida e é muito fácil encontrar a sua página no Google, assim como documentos que explicam sua filosofia e até mesmo artigos que comentam e criticam. O território virtual da rede evolui de modo tão vertiginoso que já não me parece tão útil indicar os *sites*, em transformação e efêmeros. As formas de busca, na atualidade, seguem alguns critérios e algumas pautas de natureza mais semânticas, de modo que, ao introduzir a frase adequada no Google ou no Google Schoolar, podemos encontrar as referências que buscamos. No entanto, para cada uma dessas experiências, oferecerei alguma referência que, na minha opinião, é bastante interessante.

Experiências na Espanha

Comunidades de aprendizagem

As comunidades de aprendizagem são um exemplo valioso de contextos "educativos". Promovem a participação ativa de toda a comunidade, com especial atenção à inclusão das famílias no projeto educativo dos centros escolares e estimulam a cooperação na aprendizagem de qualquer agente da comunidade que possa e queira fornecer novas ideias e experiências de trabalho, investigação, criação e inovação em qualquer âmbito do saber e do fazer. As comunidades de aprendizagem, ao estimular a cultura de participação e comunicação, ajudam a desenvolver capacidades humanas críticas para participar das sociedades democráticas: escutar, propor, defender, compreender, compartilhar e negociar.[4]

El Martinet

A escola *El Martinet* é uma instituição recém-criada, localizada em Ripollet (povoado próximo de Barcelona). A seguir algumas das ideias e descrições de Bonas Solá (2010a; 2010b), uma das professoras de educação infantil envolvidas no projeto, com alguns comentários pessoais meus, frutos das visitas que realizei em abril de 2011 e fevereiro de 2012 à escola e que deixaram em mim uma marca tão profunda e afetuosa. Na escola, respiram-se paz, respeito, trabalho, limpeza, colaboração, liberdade, beleza e criação. El Martinet, coletando sugestões e princípios pedagógicos de Reggio Emilia, El Pesta e Montessori, é, na minha opinião, uma das experiências de inovação educacional mais radicais, inspiradoras e sustentáveis. A sua proposta pedagógica aposta decididamente em um currículo personalizado, respeitoso com relação às diferenças e potencializador da singularidade.

A escola é concebida como um espaço privilegiado para o crescimento pessoal e social, um lugar amistoso, sereno, habitável e capaz de garantir uma melhora na qualidade de vida para todos os envolvidos. Construir a comunidade é o primeiro objetivo da escola, integrando as famílias e buscando o bem-estar de todos, por meio da criação de um espaço de convivência e um clima habitável para todos. O segundo propósito será fazer da escola um espaço de investigação, de confrontação, de discussão e de diálogo promovido por uma atitude de gratidão e respeito.

Entre os princípios pedagógicos que orientam a vida em Martinet, podemos destacar os seguintes:
- promover itinerários formativos únicos e singulares para cada um dos meninos e meninas, com base na tomada de decisões e na autonomia;
- entender esses itinerários formativos a partir da autogestão, da abertura e da permeabilidade da realidade mais contemporânea;
- construir pensamento e identidade dentro da escola por meio do diálogo entre as diferentes linguagens para orientar uma formação entendida a partir da pessoa;
- entender a ação direta e real da criança como uma maneira de construir o conhecimento;
- entender a aprendizagem compartilhada como um fato social indispensável para avançar no crescimento pessoal e comunitário.

Os espaços projetados com estilo e elegância têm a intenção de satisfazer, ao mesmo tempo, ambos os critérios: funcionalidade e estética. Eles foram concebidos para favorecer as relações: ecossistemas diversos onde cada pessoa está dentro da coletividade, mas também pode dispor de espaços privados de pausa dentro do ritmo geral. O ambiente e o espaço da escola deve ser flexível, transformável para o adulto e para a criança, disponível para favorecer as diferentes maneiras de utilizá-lo. A escola como espaço e como atividade deve ser capaz de mudar durante o dia e durante o ano, projetando a experimentação das crianças, dos professores e das famílias, gerando um conhecimento pessoal e coletivo. São espaços múltiplos, diversos, que sugerem múltiplas possibilidades.

A escola se divide em três comunidades: pequenos, de 3 a 5 anos; médios, de 6 a 8 anos; e grandes, de 9 a 11 anos. O projeto da escola se concretiza em alguns cenários que permitem traçar caminhos diversos:
- **O caminho dos ambientes.** Ambientes gerenciados a partir da tomada de decisões dos meninos e das meninas, onde eles decidem em qual ambiente querem estar naquela semana. São oferecidos diariamente, durante a primeira hora da manhã, e neles se encontram grupos de 8 e 14 crianças de todas as idades, da mesma comunidade, para trabalhar com as suas ferramentas e os recursos oferecidos pelo microespaço. Na comunidade dos médios, são oferecidos, por exemplo, 34 microespaços, para que a cada manhã cada menino e cada menina escolha onde, o que e com quem trabalhar.
- **Oficinas.** As oficinas tornam possível a construção de elementos que são e serão uma contribuição para a comunidade (construir uma cabana no pátio, fazer uma maquete, etc.); às vezes, tem um caráter de serviço (jardinagem, trabalhos manuais, etc.); outras vezes, mais artesanal (cerâmica, cestas que depois servirão para guardar utensílios, plantas, etc.). Os meninos e as meninas se encontram nas oficinas em grupos de 14 ou 15 das três idades com uma professora durante cerca de quatro meses.
- **O trabalho corporal.** O trabalho corporal é outro eixo dentro do Martinet. O conceito de corpo global, singular e único que se desdobra em suas máximas expressões e linguagens.

- **Os projetos em grupo.** Os projetos em grupo vinculam os meninos e as meninas da mesma idade e as suas famílias.
- **O projeto da escola.** O projeto da escola é aberto à comunidade e vincula seus membros em ambientes plurais de diálogo, colaboração e enriquecimento mútuo.
- **Os espaços familiares.** Outros espaços são exclusivos para as famílias que convivem dentro da escola participando e estando presentes em compromissos diversos: oficinas de culinária familiares, de expressão corporal, grupos de discussões, voluntariado com propostas mistas dos quais participam também as crianças é até mesmo pessoas idosas do bairro.

Você pode encontrar informações completas e detalhadas em Bonas et al. (2007).

Nuestra Señora de Gracia

A escola pública Nuestra Señora de Gracia, em Málaga, na Espanha, foi um dos importantes marcos na minha vida profissional na fase recente, porque, desde o início, estabeleci uma estreita, frutífera e entranhável colaboração com o grupo de professores que a transformaram, e a temos utilizado intensivamente como centro colaborador na formação de futuros docentes até o dia de hoje. O colégio se renovou substancialmente durante o ano letivo de 2003/2004, com a incorporação de um grupo de professoras e professores para implementar o projeto educacional que haviam elaborado, chamado *A ilusão de viver e crescer em companhia*. O colégio, único público na região, está situado na fronteira com um bairro periférico. A população escolar que ele abriga é a mais oprimida e marginal em seu ambiente: minorias raciais, famílias desempregadas e desestruturadas, ambiente de delinquência e drogas.

O projeto é baseado em quatro pilares básicos: *melhora da convivência* e do clima escolar, *desenvolvimento da autoestima* dos alunos, *adaptação do currículo* às necessidades dos alunos *e melhora das relações com o ambiente* em um clima de abertura, respeito e reconhecimento às famílias dos alunos.

A metodologia pedagógica se baseia nos seguintes programas ou eixos de atividades:

Salas de aula abertas: é uma proposta em que o horário escolar e os grupos de alunos se flexibilizam (5 anos como 6º ano, por exemplo) para colaborar em um projeto global e integrador em forma de oficinas. Propostas como: "Tudo serve, nada é jogado fora", "Culturas do mundo", "Sentir é viver", etc., são desenvolvidas nestas salas de aula a partir da riqueza da diversidade e da criatividade compartilhada. Abrange múltiplas atividades como teatros, relatórios, contação de histórias, peças musicais, cartazes, revistas, danças, pinturas, máscaras, jogos, pesquisas, etc. Este programa do qual podem participar todos os membros da comunidade escolar, incluindo as famílias, é desenvolvido durante todas as manhãs de sexta-feira.

Sala de arte: A "aula arte" tem um professor dedicado em tempo integral para reforçar os *projetos da sala de aula* desde o jardim de infância, a partir dos 3 anos até o 2º ano do ensino fundamental, promovendo o desenvolvimento da sensibilidade e da experiência artística em cada um dos alunos com exclusividade.

Conversas com café: As famílias, geralmente as mães, têm um encontro mensal no centro escolar, às 9h da manhã, em torno de um café e de alguns doces, para falar sobre o que as preocupa: o que está sendo feito na escola ou de qualquer outro assunto que possa ser motivo de preocupação e que decidam abordar como, por exemplo, a sexualidade, os conflitos que surgem nas relações entre pares...

Outro espaço de encontro do coletivo de mães é a **aula de teatro**. As mães encontram ali um espaço de reconhecimento e alívio que as condições de seu contexto familiar e social não lhes proporcionam.

Dentro do **trabalho por projetos**, talvez o programa central de sua transformação pedagógica e organizativa inicial tenham sido **as criações coletivas (Cc. Cc.)**: que são em princípio,[5] projetos de investigação que envolvem a totalidade ou parte da comunidade escolar como, por exemplo: "Pense em cores com Picasso", "O bosque da paz", "As palavras bonitas", "O contador de histórias", "As portas presenteadas", etc. Estes projetos de investigação englobam toda a escola tentando fazer desaparecer o isolamento dos anos escolares e ciclos ou a diferenciação entre educação infantil e ensino fundamental como elementos isolados na organização escolar.

Os princípios pedagógicos subjacentes a todos esses programas e atividades podem ser resumidos nos seguintes:
- criar espaços com capacidade para gerar processos valiosos;
- crescer em relação e criar relações;
- flexibilidade de processos: abertura para a novidade e para o imprevisto;
- produzir conhecimentos e provocar reflexão, a partir do compromisso e da responsabilidade;
- importância crucial da participação dos alunos, que são sempre coparticipantes de seu processo de aprendizagem;
- diálogo e reflexão como finalidade, mas também como procedimento de trabalho;
- conexão permanente e real com os desejos, interesses e necessidades das meninas e dos meninos, para conseguir que as atividades escolares tenham impacto em suas vidas.

Paideia

Outra experiência espanhola da escola educativa, já clássica, é a escola livre de Paideia, que está localizada ao redor da antiga vila romana de Mérida. Mais do que uma escola é um modo de vida que pretende integrar a liberdade individual e o interesse coletivo. Os alunos escolhem o seu próprio plano de trabalho e participam ativamente dos serviços e do governo da comunidade escolar. O respeito à liberdade e à identidade individuais é o eixo da vida e do trabalho na escola. A vida comunitária baseada na igualdade estabelece regras de convivência centradas no respeito das diferenças individuais. A filosofia última da vida na Paideia é ensinar a viver e conviver com respeito e compromisso solidário, não a competir.[6]

O Pelouro

Considerada também uma experiência clássica de inovação, *O Pelouro* pode ser um exemplo de escola que rompe com as limitações do espaço e do tempo convencionais, para poder desenvolver seu projeto educativo integral. No Pelouro, são criadas as condições para que os meninos e as meninas construam a si mesmos. O interesse e o desejo dos alunos marcam a agenda da escola. As matérias estão a serviço do processo de aprendizagem de cada aprendiz e de seus ritmos, desejos, interesses e expectativas. Estimula-se o desejo de aprender em um ambiente de liberdade e responsabilidade. Cada menino e cada menina crescem de forma livre e autônoma. Cada atividade pretende constituir uma experiência marcante com notável envolvimento pessoal e uma paixão compartilhada por todas as pessoas da comunidade educativa. Presta-se especial atenção ao clima de confiança, carinho e cuidado entre todos os componentes da comunidade educativa. Vincula-se o trabalho manual ao trabalho acadêmico. Dois princípios regem a vida escolar e o papel dos docentes: deixar que a própria vivência oriente o aluno e se retirar quando este começa a construir sua experiência. É uma escola sem horários, matérias, classes, grupos ou atividades predeterminados, frequentada por meninos e meninas entre 2 e 16 anos. A assembleia diária é o ponto de partida da dinâmica escolar diária.[7]

Totalán

O colégio Virgen del Rosario tem um significado especial para mim. Desde o final da década de 1980, tive o prazer e a satisfação de iniciar uma estreita colaboração com o centro que dura até os nossos dias. Como professor do departamento de Didática da Faculdade de Ciências da Educação da Universidade de Málaga, comecei uma modesta colaboração, as quartas-feiras à tarde, introduzindo uma oficina de informática, que as crianças usavam voluntariamente para processar textos e desenhar gráficos e cartazes. Nos anos seguintes, outros professores do mesmo departamento, especialmente o professor Javier Barquín, continuaram a oficina e ampliaram a colaboração a outras tarefas e programas.

O colégio público está localizado em uma pequena cidade rural perto da costa de Málaga, Totalán, um povoado de 600 habitantes.

A organização pedagógica do centro escolar é estabelecida com base nos seguintes princípios:
- favorecer a aprendizagem de comportamentos autoadministráveis;
- desenvolver tutorias personalizadas e responsabilidade comum;
- estar atento à diversidade e ao fomento da cooperação;
- substituir, se possível, as avaliações somativas por relatórios racionais e entrevistas com os alunos e os seus pais;
- aproveitar ao máximo a estrutura organizativa dos agrupamentos em ciclos e não em anos, permitindo, assim, intervalos temporais mais amplos para a realização dos propósitos pedagógicos;
- explorar as possibilidades pedagógicas dos ritmos pausados, mas exigentes e intensos;
- priorizar a qualidade sobre a quantidade, optando por se concentrar em temas específicos abordados em profundidade mais do que na tendência a desenvolver superficialmente um currículo de extensão inatingível;
- aproveitar o ensino em duplas e o apoio dos mais velhos no ensino dos pequenos.

Informação mais detalhada e completa, comentada por seus protagonistas, pode ser encontrada em Alcala (2000) e López Castro et al. (2004).

Trabenco: uma escola ativa e solidária que parte da comunidade

A escola Trabenco também tem um significado especial para mim, que começa no calor do trabalho solidário do querido padre Llanos no poço do Tio Raimundo, em Madri, nos anos em que eu colaborava com organizações sindicais clandestinas recebidas nas paróquias solidárias, nos primeiros anos da década de 1970. No ano 2000, fiz parte do tribunal que avaliou a tese de doutorado de Luis Pumares sobre os 25 anos de experiência da escola Trabenco.

A escola Trabenco foi fundada em 1971 sob o amparo da cooperativa habitacional de Trabenco, no andar térreo dos edifícios, nos locais inicialmente previstos para ser estabelecimentos comerciais.

Os objetivos gerais iniciais, formulados, debatidos e discutidos por todos, têm se mantido ao longo dos 35 anos da existência da cooperativa e se expressam de maneira simples:
- *Liberdade de expressão. (Plástica, linguística, numérica e dinâmica.)* O propósito da escola é garantir que o ambiente da aula ou da sala não seja repressivo, mas facilite a espontaneidade e a criatividade individual e coletiva. A metodologia proposta se concretiza em:
    a) observação e aquisição de informação por meio de excursões e visitas a centros culturais, trabalhistas, institucionais, etc.;
    b) investigação, transformação e utilização nos trabalhos pessoais da informação adquirida em livros, observações e experiências pessoais.
- *Exposição.* Apresentação pública, cuidadosa e plural dos trabalhos realizados.
- *Atitude crítica.* Que cada indivíduo construa sua própria visão do mundo que o cerca e de si mesmo com relação a seu contexto. Os métodos propostos se concretizam nos seguintes pontos:
    a) observação do meio ambiente;
    b) comentário sobre o observado;
    c) expressão livre da opinião de cada aluno;
    d) atuação de acordo com suas opiniões fundamentadas.

- *Autocontrole*. Manifesta-se nos seguintes aspectos:
    a) Liberdade para atuar, procurando fazer o aluno ser responsável por seus atos e não aja por repressão, nem por imposição, mas por convicção.
    b) Liberdade para opinar. Todo aluno tem o direito e o dever de propor ações que melhorem o funcionamento da aula em todos os aspectos e de apresentar sugestões para novas atividades. Essas propostas são refletidas por escrito nas pastas de "Assembleia de Classe", lidas semanalmente e submetidas a críticas e votação.
    c) Liberdade para trabalhar. Nos primeiros anos se leva mais em conta as motivações imediatas que as crianças trazem livremente para a sala de aula. Conforme os alunos vão crescendo, fazem planos de trabalho, que eles realizam livremente em grupo ou individualmente, na sala de aula.
    d) Liberdade para se autoavaliar. Pretende-se fazer que o aluno, progressivamente, adquira um critério de avaliação própria (autoavaliação) e dos demais, para chegar aos últimos anos e, juntamente com os professores e colegas, dar a sua própria nota.

Experiências em outros países

Coalition of Essential Schools (CES)

Outro movimento semelhante que compartilha muitos princípios e propostas pedagógicas é a **Coalition of Essential Schools (CES),** liderada por Ted Sizer. Ele divide as instituições extensas em pequenas comunidades de aprendizagem. Cada aluno tem um plano pessoal de aprendizagem. O importante não são os conteúdos e informações que eles acumulam, mas a personalidade que desenvolvem. Os conteúdos são instrumentos para o desenvolvimento das competências pessoais e profissionais consideradas valiosas. A sua pedagogia é sintetizada no seguinte decálogo:

1) aprender a usar bem a própria mente;
2) menos é mais, profundidade é melhor do que extensão;
3) os mesmos objetivos intelectuais ou competências são propostos para todos, sem discriminação nem exclusão;
4) personalização, pois os modos de desenvolver as competências são únicos e adaptados às diferenças individuais;
5) os alunos são considerados trabalhadores;
6) o domínio e o desenvolvimento devem ser demonstrados na prática e no desempenho;
7) clima de honestidade e confiança na comunidade escolar;
8) compromisso com a comunidade escolar;
9) importância dos recursos destinados ao ensino e à aprendizagem;
10) compromisso com a democracia e a equidade.

Creativity, Action, Service (Criatividade, Ação, Serviço – CAS)

Outra ideia notável e convergente são os **Creativity, Action, Service (CAS),** programas relacionados ao ensino médio internacional (Suíça, Estados Unidos), que integram o desenvolvimento de atividades artísticas (*creative*), atividades esportivas em projetos nacionais e internacionais (*action*) e projetos de assistência social ou comunitária (*service*).

"Ensina menos, aprende mais": a reforma educativa de Cingapura

Um programa fomentado pelo Ministério da Educação de Cingapura, denominado *Teach Less, Learn More* (TLLM), que aproveita tanto os pontos fortes da cultura ocidental como os da cultura oriental e propõe os seguintes objetivos: alimentar a mente dos alunos, para que aprendam e desejem investigar durante toda a vida e contribuir uma melhor sociedade; fazer cada aluno encontrar e desenvolver seus talentos, seus pontos fortes e deixar a escola com confiança em suas possibilidades e resiliência suficiente para lidar com os fracassos; o que significa respeitar todos os talentos e favorecer a diversidade, valorizando os pontos fortes pouco convencionais sem a necessidade de uniformizá-los; e valorizar a autonomia e a singularidade, incentivando a experimentação de novos caminhos.

Pretende reduzir gradualmente a ênfase nos exames e concentrar o foco em uma educação holística, promover a optatividade e a capacidade de escolha dos alunos e apoiar ao máximo a formação, o *status* social e o desenvolvimento profissional dos docentes, de modo que desenvolvam práticas inovadoras de qualidade nas salas de aula e nas escolas. O seu lema é fortalecer as escolas e os docentes, dando-lhes maior autonomia para o desenvolvimento de sua tarefa.

Escolas aceleradas

É um amplo movimento de escolas que visa reformar os processos de ensino e aprendizagem para que as crianças procedentes de ambientes desfavorecidos possam superar o déficit acumulado por sua história peculiar de socialização infantil. Propõe proporcionar atividades e projetos de aprendizagens poderosos, sugestivos, que permitam acelerar a aprendizagem das crianças desfavorecidas, para que possam lidar com dignidade e igualdade de oportunidades com os desafios da vida contemporânea. Desenvolve contextos e práticas com elevadas expectativas, nos quais prioriza o trabalho em grupo, as estratégias de investigação e os projetos de trabalho, em que todos os membros da comunidade escolar estão envolvidos e colaboram em seu processo de aprendizagem. Trata-se de promover o desenvolvimento de alunos autônomos em sua aprendizagem, que consigam aprender por si mesmos, que saibam descobrir, explorar e participar no mundo que os rodeia.

As escolas aceleradas espalhadas por todos os Estados Unidos têm desenvolvido relevantes protocolos de transformação institucional das escolas que se encontram em situações mais precárias.

Podemos encontrar informações mais detalhadas e completas em Levin (2000), Soto Gómez (2006) e Bernal e Gil (1999).

Finlândia

Desde os primeiros resultados das avaliações internacionais e, especialmente, desde a minha visita de trabalho no verão de 2003, com uma bolsa de estudos do Ministério da Educação do Governo da Andaluzia, o meu interesse pelas peculiaridades do sistema educativo finlandês e pelos modos de construir os contextos educativos se manteve sempre ativo.

A Finlândia é claramente um exemplo de como em 30 anos é possível mudar substancialmente o sistema educacional, para enfrentar os desafios da era digital. São muitos os aspectos que contribuem para o desenvolvimento de um dispositivo escolar tão satisfatório, entre os quais, vou destacar os seguintes:
– confiança nos professores, nos centros escolares, nos alunos e nas famílias;
– seleção e formação rigorosa de professores em todos os níveis, pois, como já indicamos no Capítulo 8, apenas 10% dos candidatos a docentes conseguem entrar nas faculdades de formação de docentes;
– elevado *status* e consideração social dos profissionais da educação;
– um currículo escolar aberto, flexível e especificado em cada centro e para cada aluno;
– uma clara finalidade de preparar para a vida mais do que preparar para os exames. Quase não existem provas de avaliação nem para alunos nem para docentes. A repetência de ano é de aproximadamente 1% da população de alunos (na Espanha fica em torno dos 50% na idade de 16 anos);

- ênfase no desenvolvimento de capacidades intelectuais de nível superior e escassa insistência na memorização de dados;
- ensino ativo, interdisciplinar, baseado em projetos, problemas autênticos em contextos reais;
- importância do desenvolvimento das competências necessárias na era digital, complexa, incerta, mutável e saturada de informações e possibilidades;
- ênfase no desenvolvimento da curiosidade e da imaginação, da criatividade e da inovação, pois é mais importante aprender a pensar e a criar do que a reproduzir;
- contextos escolares que na era digital, paradoxalmente, parecem incentivar o ritmo lento, (as crianças entram na escola com a idade de 7 anos, mais tarde do que a média dos países da OCDE, têm menos horas letivas ao dia e menos dias de escolaridade ao ano), o que não é nenhum obstáculo para liderar o *ranking* de países com melhores resultados em compreensão leitora, raciocínio matemático e científico de meninos e meninas de 15 anos;
- atenção prioritária à criação de um clima de confiança e cooperação;
- salas de aula de 20 alunos e centros escolares pequenos que não superam em nenhum caso os 500 alunos, o que permite o desenvolvimento de uma pedagogia personalizada e respeitosa com relação às diferenças;
- escolas públicas descentralizadas, com forte competência municipal em educação. E quase ausência de ensino privado;
- ligação estreita entre o trabalho manual e o intelectual desde os primeiros anos escolares; e
- a importância da utilização e domínio das ferramentas TICs para o desenvolvimento das capacidades comunicativas e expressivas de cada indivíduo.

Informações mais detalhadas podem ser encontradas em Wagner et al., (2011) e Sahlberg (2011).

High Teach High (HTH)

Outra experiência interessante a considerar são as **High Teach High (HTH)**, de San Diego. Trata-se de uma organização para o desenvolvimento escolar, uma rede de escolas públicas, *Charter*, ou seja, com acordos especiais, que atende a 3 mil alunos em uma região de San Diego. Todo o conteúdo acadêmico é trabalhado por meio de projetos interdisciplinares. Somente a matemática e as ciências estudadas da idade de 15 a 16 anos não são integradas em projetos interdisciplinares, mas, sim, trabalhadas por meio da aprendizagem baseada em projetos e não por meio de livros didáticos convencionais. Utiliza-se de forma generalizada os portfólios como ferramentas de aprendizagem e como evidências para a avaliação por parte dos docentes e adultos da comunidade e de outras escolas. O rigor, a investigação, a reflexão, a paixão por aprender e a cooperação em equipes de trabalho de distintas idades são as chaves de sua metodologia pedagógica.[8] A prática, a aprendizagem baseada em projetos grupais, a exibição e debate público dos trabalhos são os pilares do seu currículo. Uma das peculiaridades organizacionais e metodológicas que chama mais a atenção pela sua enorme potencialidade pedagógica é que os docentes trabalham em pares e se responsabilizam por 50 alunos.

Informações mais detalhadas podem ser encontradas em Wagner (2010).

A escola Pesta

Localizada no Equador, em uma zona rural, fundada por Mauricio e Rebeca Wild em 1977, (WILD, 1999), a escola Pesta desenvolveu-se ao longo de mais de 30 anos, experimentando uma filosofia pedagógica de liberdade e autogestão. "El Pesta" atende a crianças e a jovens com idade entre 3 e 18 anos em um ambiente aberto, em contato com a natureza e com amplas ofertas educativas. Os adultos não se responsabilizam por grupos de idades, mas por uma área, e as crianças escolhem o que fazer a cada momento de acordo com seu próprio ritmo de vida. Incentiva-se ao máximo a cooperação entre docentes, alunos e famílias, porque se considera que a filosofia educativa que a organização defende envolve uma filosofia de vida, que deve se estender além do espaço e do tempo da escola. Pode ser considerada uma escola não diretiva, próxima em muitos aspectos da proposta de Summerhill ou da Sudbury Valley School.

Estimular a curiosidade de cada indivíduo, respeitar suas diferenças e opções singulares, integrar a vida da escola e a vida na natureza, promover a segurança e confiança no desenvolvimento da criança, respeitar os ritmos individuais de desenvolvimento infantil, sem precipitar e tensionar o crescimento afetivo, intelectual, físico e social constituem os princípios pedagógicos da escola.

Por isso, proporcionam-se espaços e tempos abertos, flexíveis e atrativos, uma organização da vida que requer a participação ativa de todos os componentes – por exemplo, cada grupo definido pelas atividades escolhidas estabelece suas próprias regras de funcionamento e seleciona os tópicos concretos e a forma de trabalhá-los – e multiplicam-se as ofertas educativas sem impor um plano de estudo fixo e obrigatório. Assim, por exemplo, durante a manhã, as crianças escolhem o que querem fazer dentro de um amplo leque de possibilidades abertas. A única atividade em grupo obrigatória a partir dos 7 ou 8 anos é uma reunião semanal, na qual cada indivíduo leva as suas experiências, projetos e conflitos, para buscar consensos e estabelecer as consequências das possíveis violações das regras estabelecidas democraticamente.

Os seus gestores estão convencidos de que aprender respeito, solidariedade e democracia requer experiências de vida e não apenas discursos e normas. Portanto, os adultos, em vez de ensinar e guiar, acompanham, oferecem assistência, cuidado, confiança e segurança, ao mesmo tempo em que vivem e exemplificam formas de aprender, respeitar, propor, resolver e criar. A segurança do amor e do cuidado é a condição básica do desenvolvimento autônomo e criativo dos aprendizes.

La escuela de la señorita Olga

Conhecer esta experiência teve um impacto tão forte em mim que tem me acompanhado ao longo da minha vida profissional como formador de docentes até nossos dias. Em 1994, eu participava em um congresso de docentes argentinos organizado pelos sindicatos e, além de ter o enorme prazer e a honra de conhecer pessoalmente duas figuras imensas da vida cultural e educacional argentina: María Saleme y Javier Villafañe, participei da apresentação do filme *La escuela de la señorita Olga*, então, recém-lançado. Tal foi o impacto emocional do congresso e do filme que fiquei vinculado pessoal e profissionalmente a Córdoba (Argentina) e a seus professores para o resto da minha vida. Os meus alunos de graduação e pós-graduação conhecem bem a minha obsessão por esta experiência, que quanto mais vejo e a analiso mais sugestiva e mais provocadora se torna.

A história do filme conta a experiência da professora Olga Cossettini, diretora da escola primária Dr. Gabriel Carrasco, localizada no bairro Alberdi de Rosario, criada entre 1935 e 1950, a partir do testemunho de alguns ex-alunos e da irmã da fundadora, Letícia Cossettini, que foi colaboradora daquela extraordinária experiência educativa.

O filme que conta tal história é, em si mesmo, uma obra de arte, que recebeu inúmeros prêmios e reconhecimentos. Tomara que este breve resumo sirva para despertar a curiosidade e o interesse de desfrutá-la.

A escola em questão promove uma educação baseada e focada nas crianças, tornando-as protagonistas da aprendizagem e da vida escolar.

A maioria das propostas que sugerimos ao longo deste livro se reflete na pedagogia desenvolvida por Olga e pela sua equipe naquela escola que a ditadura suprimiu em 1950.

- Promover o desenvolvimento integral de todos e de cada um dos alunos.
- Experimentar e apreciar a cultura, não só aprendê-la por exigências acadêmicas. Por essa escola, passaram figuras importantes da cultura internacional, para o deleite e conhecimento de todos os alunos: Juan Ramón Jiménez,[9] Margarita Xirgu, Gabriela Mistral, Javier Villafañe.
- Abrir a escola à comunidade social e à natureza.
- Incentivar um clima de carinho, atenção e respeito.

- Experimentar a democracia como forma de vida, de intercâmbio, de cooperação ou de tomada de decisão.
- Rejeitar de qualquer forma de discriminação.
- Desenvolver o ensino como pesquisa em projetos interdisciplinares sobre problemas autênticos em situações reais.
- Promover o desenvolvimento artístico e criativo em todas e cada uma das crianças. A verdade, a beleza e a bondade constituíam o ar que respiravam os membros da comunidade escolar.
- Preparar para a vida mais do que se preparar para a escola e os exames.
- Reforçar os relacionamentos de carinho e apoio mútuo entre os professores e os alunos, a tal ponto que alguns ex-alunos se lembram de Olga como se fosse a sua verdadeira mãe adotiva.
- Incentivar a autonomia e a autodisciplina nascidas do íntimo dos alunos.
- Organizar o cenário e o contexto em função dos projetos pedagógicos: "Não havia filas, nem sinais, não se conhecia a formação em filas, nem se escutava o som estridente de um sinal" (testemunho de uma ex-aluna no filme *La escuela de la señorita Olga*).

O filme, altamente recomendado, é dirigido por Mario Piazza e estreou em 1991.

La main à la pâte

A prática é uma iniciativa de Georges Charpax, Prêmio Nobel de Física em 1992, Pierre Léna e Yves Quéré e da Academia Francesa de Ciências, para renovar substancialmente o ensino das ciências e da tecnologia nos primeiras anos do ensino fundamental em favor de um ensino baseado na pesquisa.

Apoia-se em 10 princípios pedagógicos que pretendem despertar a curiosidade e o espírito científico nos alunos. Por isso, priorizam a formulação de hipóteses que devem ser comprovadas por meio de experimentos ou da busca documental, ao mesmo tempo em que desenvolvem a expressão oral e escrita. Os alunos se engajam em projetos de pesquisa mais ou menos extensos, que têm de desenvolver em contextos reais, com autonomia, sob a tutela de professores.

Para uma informação mais detalhada, consulte: *Guide de découverte. Plaquette de présentation. Historique. Principes et enjeux.*

Magnet Schools

São escolas públicas conveniadas nos distritos municipais, cujo objetivo é cultivar as habilidades de cada aluno para promover a integração étnica e socioeconômica. A sua filosofia é que os alunos não estão na escola para aprender fatos e detalhes sem importância, mas para desenvolver padrões de comportamento e a curiosidade de responder às questões mais importantes da vida. Aprender significa entrar em um mundo de incertezas, em territórios desconhecidos, nos quais o aprendiz indaga, experimenta e, obviamente, equivoca-se, mas onde o erro não significa fracasso, e, sim, importantes oportunidades de aprender. A função do docente é exemplificar, liderar, estimular e inspirar.

São propostos os seguintes objetivos fundamentais:
- compreensão global das situações e das pessoas;
- desenvolvimento de trabalhadores devidamente equipados para as exigências do século XXI;
- formação de cidadãos responsáveis e colaboradores;
- formação de pensadores críticos capazes de planejar e resolver problemas; e
- educação do sujeito completo (intelectual, emocional e fisicamente).

Para atingir estes objetivos, aposta-se em um ensino claramente personalizado, significativo e desafiador, trabalhando problemas autênticos em contextos reais. Acredita-se que preparar para a vida real exige viver a vida real na escola (BROOKS et al., 1999; METZ; 2003).

Montessori

A recuperação das escolas Montessori está alicerçada nos seguintes princípios fundamentais:
a) As crianças estão inclinadas para a aprendizagem por um imperativo biológico do desenvolvimento do ser vivo.
b) Os adultos, frequentemente, impedem o desenvolvimento saudável, porque interpretam mal o caráter infantil e os modos como ocorre a aprendizagem.
c) O desenvolvimento em si mesmo é um processo construtivo baseado no ensaio e no erro e guiado, mas não ditado, pelos adultos que devem ser facilitadores no desenvolvimento ideal das qualidades humanas de cada um dos aprendizes. Mais informações em The Montessori Foundation (c2014), American Montessori Society (c2013) North American Regio Emilia Alliance (c2014) e Why Waldorf Works [20--].

Pixar

Outro exemplo de novos cenários educativos fora da escola e próximo da vida empresarial é forma de trabalhar e aprender em Pixar. Com base no relato feito por Robinson (2011), pode-se afirmar que Pixar é uma organização que, acima de tudo, estimula a liberdade de cada um para assumir riscos, desenvolvendo projetos relacionados com as capacidades singulares de cada pessoa, em um clima de respeito e estímulo à diversidade, à busca, em que não há perguntas estúpidas nem respostas corretas, com admiração pela originalidade, pela irreverência, pela surpresa e pelo jogo da descoberta.

A Pixar desenvolveu uma cultura fascinante, em que desempenha um papel-chave a Universidade de Pixar, um rico programa diário de seminários de trabalho, encontros de debate, conferências e comunicação de projetos e experiências que enriquecem o trabalho cotidiano de todos seus membros.

A Pixar se baseia no convencimento de que todos nós podemos aprender a ser criativos se nos desenvolvemos no meio adequado, com as condições, atividades e recursos necessários. Em suma, se uma pessoa vive em contextos epistêmicos que admiram e perseguem a criatividade, a singularidade, a diferença, o apoio mútuo e a inovação.

A reforma curricular proposta pela ASCD

A influente e prestigiada Association for Supervision and Curriculum Development (ASCD), fundada em 1943 nos Estados Unidos, propôs, em 2006, a reforma das escolas de ensino médio e superior, de acordo com cinco componentes básicos:
- Avaliações múltiplas: a medição da aprendizagem dos alunos tem de ser baseada não apenas em testes padronizados, mas também e principalmente em portfólios, demonstrações e projetos aplicados.
- Aprendizagem personalizada: os alunos devem trabalhar com tutores e preparadores para lidar com os problemas reais e se comprometer ativamente na aprendizagem relevante, a partir dos seus próprios interesses, possibilidades e pontos fortes.
- Utilização flexível do tempo, do espaço e das formas organizativas: criar contextos de aprendizagem atuais que atendam às necessidades dos alunos.
- Desenvolvimento profissional dos docentes: aprender, indagar e experimentar em grupos sobre a própria prática docente.
- Envolvimento da comunidade social (instituições, organizações, empresas e associações) para contribuir com o estabelecimento de uma ligação ativa entre a escola e o seu entorno.[10]

Reggio Emilia

A Reggio Emilia é, ao meu ver, uma forte aposta para ajudar cada indivíduo a se educar desde a infância. Para isso, ela está intensamente concentrada na criação de um espaço vital, de um contexto educativo que rodeie, acompanhe e estimule cada sujeito. Os seus modos de organização de trabalho e do governo do grupo social são claramente cooperativos; o intenso, relevante e permanente envolvimento das famílias e cidadãos fora do cenário escolar, bem como a importância que concede ao desenvolvimento singular de cada aprendiz, como evidencia a presença do "ateliê" (um espaço onde as crianças podem realizar, com liberdade, os seus talentos criativos e artísticos em todas as dimensões), é um expoente claro dessa preocupação por apoiar o crescimento autônomo dos indivíduos em todos os aspectos de sua personalidade. A maioria dos princípios pedagógicos que aqui temos defendido como imprescindíveis para a escola do século XXI está presente na teoria, nas práticas e nas estruturas organizativas das escolas infantis da Reggio Emilia.

As escolas da Reggio Emilia são tão conhecidas na atualidade que estão atraindo o interesse da pesquisa educacional mais prestigiada em muitos aspectos, como já vimos nos capítulos anteriores.

Informação mais detalhada e completa pode ser encontrada em: Reggio Emilia [20--] e em Malaguzzi (2001) e Hoyuelos (2003; 2004).

Ross School

Esta escola que, como vimos no Capítulo 5, distingue-se pelo currículo em espiral que recapitula a filogênese da humanidade, também pode ser considerada um contexto epistemológico de produção e aplicação do conhecimento. Ela zela e cultiva uma cultura organizativa de cuidado e atenção próximos entre docentes, estudantes e mentores. Estimula uma cultura que incentiva o envolvimento entusiástico dos aprendizes, que vivem no limite de suas possibilidades, com a ajuda de mentores próximos; apoia a interdisciplinaridade, o trabalho autônomo e um forte componente de serviço à comunidade e à sociedade; vislumbra o contexto da escola como um microcosmo da sociedade e um laboratório real onde são formadas as qualidades necessárias na vida cotidiana; estimula o amor pela arte e pela ciência; e incentiva e admira a magia de se educar.

Informações mais detalhadas podem ser encontradas no Capítulo 5 e em Suarez-Orozco e Sattin-Bajaj (2010).

Sudbury Valley School

Fundada em 1968 em Framingham, Massachusetts, é organizada em torno de dois princípios básicos: a liberdade educativa e o governo democrático. Propõe a liberdade e a autonomia dos alunos com relação aos processos de aprendizagem, ao conteúdo, ao método, ao ritmo e à organização. Acredita que todos os indivíduos são curiosos por natureza, por serem seres vivos, que a aprendizagem mais profunda e duradoura é aquela que é desejada e iniciada pelo próprio aprendiz, que todo mundo pode ser criativo se lhe forem fornecidas tais condições para que o seja e que a mistura de idades ajuda no desenvolvimento de cada indivíduo e na criação de comunidades solidárias. O propósito é que cada aluno se envolva nos assuntos de que gosta e desenvolva livremente os seus talentos e o seu projeto de vida. Pode ser considerada uma continuação da pedagogia libertária que rege a vida da escola Summerhill, criada por Neill em 1921.[11]

Informações detalhadas podem ser encontradas em Sudbury Valley School [20--].

Tensta Gymnasium

É uma escola secundária localizada em Estocolmo, que desenvolve a filosofia pedagógica do modelo Ross Scholl. Pode ser considerado um contexto epistêmico de produção e aplicação no ensino médio.

As principais características que definem a vida escolar em Ross School governam o ensino em Tensta Gymnasium: classes pequenas (20 alunos por sala), programa de saúde, acesso à tecnologia, integração corpo-mente, teoria e prática, formação de equipes docentes, interdisciplinaridade, currículo em espiral, relevância das boas práticas, importância e respeito ao meio ambiente.

O clima ético, considerado fundamental no modelo, inclui os seguintes valores: cooperação, coragem, gratidão, integridade, atenção e cuidado, responsabilidade e respeito. Os valores não são ensinados, mas praticados, e fazem parte do clima cultural que rege os intercâmbios cotidianos.

A investigação e o espírito científico presidem todos os processos de aprendizagem. Estimulam-se a observação, o contraste, a formulação de hipóteses, a crítica às soluções convencionais, a busca de alternativas, o desenvolvimento de projetos e a avaliação de processos e resultados.

Outro aspecto importante é a importância da atenção particular ou tutoria: cada tutor atende a 10 alunos e acompanha os seus estudos e as suas situações pessoais, estabelecendo a conexão entre a administração, os professores e as famílias. Entende-se e estimula-se a diversidade.

Atribui-se especial importância à dimensão artística e criativa na vida da escola e na formação dos alunos.

Informações mais detalhadas podem ser encontradas no próprio *site* do instituto. (STOCKHOLMS STAD, 20--).

Vittra School na Suécia

É um belo e diversificado cenário para facilitar as interações criativas dos aprendizes uns com os outros em um mundo de redes virtuais e possibilidades ilimitadas para se conectar com experiências e conhecimentos próximos e distantes para enriquecer o próprio projeto de vida. Não são simples escolas. São pontos de encontro de alunos e crianças em idade pré-escolar, onde não existem aulas nem salas, nem lições, nem matérias, nem lousas com giz, nem carteiras individuais. Considera-se que qualquer lugar pode ser um bom local para aprender, incentiva-se a aprendizagem baseada na experiência, na curiosidade e no prazer, bem como os ambientes de aprendizagem baseados na vida real e no respeito às diferenças e às singularidades de cada aprendiz.

Na atualidade, um dos espaços mais apaixonantes é a internet, por isso, são utilizados computadores pessoais como ferramenta pedagógica fundamental. Vittra tem experimentado durante duas décadas a potencialidade pedagógica do portfólio de cada criança. O plano individual de desenvolvimento (PID) é visto como uma ferramenta privilegiada para documentar e avaliar o desenvolvimento de cada aluno.

Whole Education na Inglaterra

O movimento denominado "educação integral" surge na Inglaterra a partir da Royal Society of Arts e argumenta que as escolas devem se concentrar no desenvolvimento de uma educação completa, ou seja, na formação das competências intelectuais, sociais e emocionais; que todos e cada um dos alunos devem desenvolver as suas habilidades, conhecimentos, atitudes, valores e emoções, para construir o próprio projeto de vida e contribuir positivamente para o desenvolvimento de sua comunidade social. Hoje em dia, o movimento se estende por mais de 5 mil escolas e *colleges*.

As suas crenças pedagógicas podem ser resumidas nas seguintes:
– adaptabilidade e criatividade;
– aprendizagem para e pela vida;
– desenvolvimento da paixão por aprender;

- educação personalizada para todos;
- mais do que conhecimentos;
- construção da resiliência;
- confiança nos docentes;
- altas expectativas de aprendizagem;
- aprendizagem ativa e envolvimento entusiástico;
- promoção do compromisso ético e social;
- responsabilidade e cooperação;
- reforço da aprendizagem fora da escola; e
- escola inclusiva para todos.

Mais informações podem ser encontradas em Robinson (2011) e John Dunford (2010): *Whole Education, What are school for?* e Whole Education (c2014).

NOTAS

[1] Pode-se consultar a respeito em uma análise mais detalhada destes contextos epistêmicos de Pérez Gómez (2007).

[2] Podem ser consultados a este respeito dois trabalhos de Dreyfus (2007) sobre os *personal learning environments* (PLE).

[3] EBERLY, D. National Service: a promise to keep. [S.l.]: John Alden Books, 1988.

[4] Uma síntese simples e completa dos princípios que orientam as comunidades de aprendizagem pode ser encontrada em Flecha García e Puigvert (2002). É válido consultar Stoll e Louis, (2007).

[5] Esta apresentação narra o processo de investigação desenvolvido por um grupo de docentes e alunos que tentaram aprofundar a análise e a definição das denominadas criações coletivas.

[6] Para obter mais informações, consultar Martín Luengo (1993). *Revista de Ensino* (1996) e Paideia Escuela Libre [20--].

[7] Podem ser encontradas mais informações em: Castro Sánchez e Herrero García (1998), e Contreras (2002).

[8] Eles usam os cinco propostas de Debora Mayer para orientar o desenvolvimento do conhecimento: o significado: por que é importante?; a perspectiva: qual é o ponto de vista?; as evidências: como posso conhecer?; a conexão: como se aplica?; a suposição: o que ocorreria se fosse de outra maneira?

[9] Está conservada e é apresentada no filme uma carta Juan Ramón Jiménez, considerando aquele dia, no qual viu as crianças representarem o conto *Platero y yo*, como um dos mais felizes de sua vida.

[10] Para mais informações sobre a ASCD, consulte *Educational Leardship*, v. 65, n. 8, p. 11-26, 2008.

[11] Apesar da enorme importância que Summerhill teve na minha trajetória pessoal e profissional, não incluí uma descrição dela, pois creio que a sua imensa fama e a sua extraordinária difusão tornam isso desnecessário.

Epílogo

A viagem longa e sinuosa, mas com muita frequência prazerosa, que constituiu a elaboração deste texto, conclui com algumas constatações e muitas dúvidas e desejos.

A primeira constatação diz respeito à necessidade cada dia mais urgente de uma mudança radical nas formas de realizar os processos de ensino e aprendizagem, se não quisermos morrer de irrelevância, tédio e desilusão, e oferecer ajuda aos cidadãos contemporâneos no complexo e rico processo de se educar-se, de se construir como pessoas sábias, solidárias e autônomas.

A segunda constatação diz respeito ao convencimento de que não existe uma única maneira de projetar e desenvolver o que chamamos de escola educativa, a escola que ajuda os indivíduos a se educarem e a se constituírem como sujeitos. Podemos identificar e, de fato, assim tem sido feito ao longo do texto, um conjunto de princípios, de condições irrenunciáveis, mas cuja concretização é sempre plural, polissêmica, indefinida e singular. Mais do que um modelo, o conceito de educação é, portanto, também o de escola educativa que tenho defendido, refere-se a uma atitude e a um processo complexo de busca, questionamento, experimentação e avaliação cooperativa, no qual todos nós que estamos envolvidos, aprendemos com a nossa experiência e a nossa reflexão, educamo-nos e ajudamos outros a se educarem.

Muitas dúvidas, surpresas, sugestões e desejos apareceram espalhados por todas as páginas deste texto. Talvez não traia a mim mesmo se as tentar condensar em um desejo hoje prioritário: ter contribuído para provocar em mim e em meus leitores a ilusão, a paixão pela profissão docente, hoje mais aberta, complexa, surpreendente e criativa do que nunca. Todo o nosso saber, o querer e o fazer estão focados em ajudar a fazer que cada indivíduo, cada aprendiz se construa como sujeito singular, inigualável, autônomo e, portanto, admirável, uma combinação original de sabedoria, solidariedade e beleza. A nossa criação se traduz em ajudar a criar, em incentivar, em apoiar e orientar a criação ilimitada das demais pessoas. Será que existe uma profissão mais aberta, digna, atraente e cativante?

Referências

ADELMAN, N.; ENGLE, K.; HARGREAVES, A. *Una carrera contra el reloj*. Madrid: Akal, 2003.

ALCALÁ, M. Totalán: cuando el pueblo entra en la escuela. *Cuadernos de Pedagogía*, v. 222, p. 62-66, 2000.

AMADO, G.; AMBROSE, A. The *transitional approach to change*. Londres: H. Karnac, 2001.

AMERICAN MONTESSORI SOCIETY. *Site*. New York: American Montessori Society, c2013. Disponível em: <www.amshq.org>. Acesso em: 27 jul. 2014.

ANDERSON, J.; REDER, M.; SIMON, H. Situated learning and education. *Educational Researcher*, v. 24, n. 4, p. 5-11, 1996.

ANDERSON, M. Crowdsourcing higher education: a design proposal for distributed learning. *MERLOT Journal of Online Learning and Teaching*, v. 7, n. 4, 2011.

ARIELY, D. *Predictably irrational*: the hidden forces that shape our decisions. USA: Harper Collins, 2011.

ARRIGHI, C.; FERRARIO, R. Abductive reasoning, interpretation and collaborative processes. *Foundations of Science*, v. 13, n. 1, p. 75-87, 2008.

BAIN, B. *Lo que hacen los mejores profesores universitarios*. Valencia: PUV, 2006.

BARGH, J. *Social phsychology and the unconscius*. New York: Psychology, 2007.

BARICCO, A. *Los bárbaros*: ensayo sobre la mutación. Barcelona: Anagrama, 2008.

BARNETT, R. *Realizing the university in an age of supercomplexity*. Buckingham: Open University Press, 2000.

BARRON, B.; DARLING-HAMMOND, L. *Teaching for meaning full learning*: a review of research on inquiry-based and cooperative learning. Stanford, CA: Stanford University; Book Excerpt, 2008.

BATESON, G. Men are grass: metaphor and the world of mental process. In: THOMPSON, W. *Gaia*: a way of knowing. Hudson, NY: Lindisfarne, 1987. p. 37-47.

BATESON, G. *Mind and nature*: a necessary unity. New York: E.P. Dutton, 1979.

BAUMEISTER, R.; TIERNEY, J. *Willpower*: rediscovering the greatest human strength. Nueva York: Penguin, 2011.

BEREITER, D.; SCARDAMALIA, M. Intentional learning as a goal of instruction. In: RESNICK, B. *Knowing, learning and instruction*. New Jersey: LEA, 1989. p. 361-393.

BERLIN, I. Dos conceptos de la libertad. In: QUINTON, A. *Filosofía política*. México: FCE, 1967.

BERNAL, J. L.; GIL, M. T. Escuelas aceleradas: un sueño que se hace realidad. *Cuadernos de Pedagogía*, v. 285, p. 33-38, 1999.

BERSTEIN, B. *Class, codes and control*: the structuring of pedagogic discourse. Madrid: Morata, 1990. V. 4.

BILTON, N. *Vivo en el futuro y esto es lo que veo*. Barcelona: Planeta, 2011.

BLAKEMORE, S.; FRITH, U. *Cómo aprende el cerebro*: claves para la educación. Barcelona: Planeta, 2007.

BLOOM, B. S. et al. *Taxonomy of educational objectives, the classification of educational goals*. New York: David McKay, 1956.

BONAS SOLÁ, M. B. *El martinet, una comnunidad en crecimiento*. [S.l.: s.n., 2010a]. Experiencias de aula Denominación de la experiencia. Disponível em: <caps.educacion.navarra.es/.../Escuela_Martinet.doc>. Acesso em: 24 jul. 2014.

BONAS SOLÁ, M. B. et al. *Entramados*. Barcelona: Grao, 2007.

BONAS SOLÁ, M. *El espacio vacío*: tiempos y espacios de posibilidades. *Aula de Innovación Educativa*, n. 193/194, p. 32-33, 2010b. Disponível em: <http://caps.educacion.navarra.es/infantil/attachments/article/65/espacio_vac%C3%ADo.pdf>. Acesso em: 24 jul. 2014.

BORMAN, G.; DOWLING. M. Schools and inequality: a multilevel analysis of coleman's equality of educational opportunity data. *Teachers College Record*, v. 112, n. 5, p. 1201-1246, 2010.

BOUD, D. *Enhancing learning through self assessment*. London: Kogan Page, 1995.

BOUD, D.; FELETTI, G. *The challenge of problem based learning*. London: Kogan Page, 1991.

BOURDIEU, P. *The logic of practice*. Stanford: Stanford University, 1990.

BOURDIEU, P.; FELETTI, J. *La reproducción*. Barcelona: Laia, 1990.

BOURDIEU, P.; PASSERON, J. *La reproducción*. Barcelona: Laia, 1977.

BROOKS, R. et al. *Definitive studies of magnet schools*: voices of public school choice. The Woodlands, Tex: Magnet Schools of America, 1999.

BROWN, J. S.; DUGUID, P. *The social life of information*. Boston: Hardvard Business School, 2000.

BROWN, J. S; COLLINS, A.; DUGUID, P. Situated cognition and the culture of learning. *Educational Researcher*, v. 18, n. 1, p. 32-42, 1989.

BRUNER, J. *Actual minds, possible worlds*. Cambridge, MA: Harvard University, 1986.

BRUNER, J. *The culture of education*. Cambridge, MA: Harvard University, 1996.

BURBULES, N. C. et al. (Coord.). *Globalización y educación: manual crítico*. Madrid: Popular, 2005.

BURBULES, N.; CALLISTER, T. J. *Educación*: riesgos y promesas de las nuevas tecnologías. Buenos Aires: Granica, 2001.

CALERO, J. O.; ESCARDÍBUL, J. Financiación y desigualdades en el sistema educativo y de formación profesional en España. In: NAVARRO, V. *La situación social de España*. Madrid: Biblioteca Nueva, 2005.

CARR, N. *The shallows*: what the internet is doing to our brains. New York: Norton & Company, 2010.

CASTELLS, M. *La era de la información*: economía, sociedad y cultura. Madrid: Alianza, 1994. 3 v.

CASTRO SÁNCHEZ, L.; HERRERO GARCÍA, P. El pelouro: una invitación a la reflexión crítica, a la formación dinámica y a la innovación práctica. *Revista Electrónica Interuniversitaria de Formación de Profesorado*, v. 1, n. 1, 1998.

CHARTER HIGH SCHOOL FOR ARCHITECTURE + DESIGN. Site. Philadelphia, PA: CHAD, [20--]. Disponível em: <http://www.chadphila.org/mission>. Acesso em: 27 jul. 2014.

CHOMSKY, N.; RAMONET, I. *Cómo nos venden la moto*: información, poder y concentración de medios. Barcelona: Icaria, 1995.

COALITION OF ESSENTIAL SCHOOLS. Site. Portland, ME: CES, c2014. Disponível em: <http://www.essentialschools.org/>. Acesso em: 27 jul. 2014.

COCHRAN-SMITH, M.; LYTLES, S. L. *Inquiry as stance*: practitioner research for the next generation. New York: Teachers College, 2009.

COLEMAN, J. S. *Education and health equality of educational opportunity*. Washington, DC: National Center for Educational Stadistic, 1966.

COLL, C.; ONRUBIA, J.; MAURI, T. Ayudar a aprender en contextos educativos: el ejercicio de la influencia educativa y el análisis de la enseñanza. *Revista de Educación*, v. 346, p. 33-70, 2008.

CONTRERAS, J. O pelouro: una escuela para toda la infancia. *Cuadernos de Pedagogía*, v. 313, p. 47-78, 2002.

CONTRERAS, J.; PÉREZ DE LARA, N. *Investigar la experiencia educativa*. Madrid: Morata, 2010.

CSIKSZENTMIHALY, M. *Creativity*: flow and the psychology of discovery and invention. New York: Harper Collins, 1997.

CSIKSZENTMIHALY, M. *Flow*: the psychology of optimal experience. New York: Harper Collins, 2008.

CUBAN, L. How high stakes corrupt performance on tests, other indicators. *The Washington Post*, 30 jan. 2012. Disponível em: <http://www.washingtonpost.com/blogs/answer-sheet/post/how-high-stakes-corrupt-performance-on-tests-other-indicators/2012/01/29/gIQAQrxAbQ_blog.html?wprss=answer-sheet>. Acesso em: 25 jul. 2014.

CUBAN, L. What schools can do in a democratic society. In: ELMORE, R.: *I used to think*: and now I think. Cambridge: Harvard Education, 2011.

CUTLER, D. M.; LLERAS-MUNEY, A. *Evaluate theories and evidence*. Cambridge: National Bureau of Economic Research, 2006.

DAMASIO, A. R. *Descartes error*: emotion, reason and the human brain. New York: Harper Collins, 2005.

DAMASIO, A. R. *El error de Descartes*. Barcelona: Destino, 2011.

DAMASIO, A. R. *Y el cerebro creó al hombre*. Barcelona: Destino, 2010.

DANIELS, H.; BIZAR, M. *Teaching the best practice way*: methods that matter, K-12. Portland, ME: Stenhouse, 2005.

DARLING-HAMMOND, L. et al. *Powerful learning*: what we know about teaching for understanding. San Francisco: Jossey Bass, 2008.

DARLING-HAMMOND, L. *The flat world and education*. United States: Teachers College Columbia University, 2010.

DARLING-HAMMOND, L.; LIBERMAN, A. (Ed.). *Teacher education around the world*: changing policies and practices: teacher quality and school development. New York: Routledge, 2012.

DAVIDSON, C. *Now you see it*: how the brain science of attention will transform the way we live, work, and learn. New York: Penguin Books, 2011.

DAVIS, B.; SUMARA, D. J. *Complexity and education*: inquiries into learning, teaching and research. Mahwah, NJ: Erlbaum, 2006.

DECI, E.; RYAN, R. M. *Handbook of self-determination research*. New York: University of Rochester, 2002.

DEDE, C. *Transforming education for the 21st century*. Cambridge: Harvard Education, 2007.

DEL RÍO, P.; ÁLVAREZ, A.; DEL RÍO, M. *Pigmalión*: informe sobre el impacto de la televisión en la infancia. Madrid: Fundación Infancia y Aprendizaje, 2004.

DOMENECH, F. J. *Elogio de la educación lenta*. Barcelona: Graó, 2009.

DOMENECH, F. J. La educación lenta. *Cuadernos de pedagogía*, v. 419, p. 59-62, 2012.

DOUEIHI, M. *La gran conversión digital*. Buenos Aires: Fondo de Cultura Económica, 2010.

DREYFUS, H. *Phil 185*: Heidegger's being & time. California: Regents of the University of California, c2007. Disponível em: <http://socrates.berkeley.edu/~hdreyfus/185_f07/html/Index.html>. Acesso em: 27 jul. 2014.

DUSSEL, I. *VII Foro latinoamericano de educación*: aprender y enseñar en la cultura digital. Buenos Aires: Fundación Santillana, 2011. Disponível em: <http://portal.educ.ar/noticias/documento%20basico%20dussel%20VII%20foro.pdf>. Acesso em: 25 jul. 2014.

DWECK, C. S. *Self theories*: their role in motivation, personality and development. Londres: Taylor & Francis, 2000.

EDUCATIONAL LEADERSHIP. Alexandria, VA: ASCD, v. 65, n. 8, p. 11-26, 2008. Disponível em: <http://www.ascd.org/publications/educational-leadership/may08/vol65/num08/toc.aspx>. Acesso em: 27 jul. 2014.

ELLIOT, T. S. *El primer coro de la Roca*. [S.l: s.n], 1939.

ELMORE, R. F. *I used to think and now I think*. Cambridge: Harvard Education, 2011.

ELZO, J. Jóvenes en llamas. *El Periódico*, 14 ago. 2011.

ERICSSON, K. *The road to excellence*: the acquisition of expert performance in the arts and sciences, sports, and games. Mahwah, NJ: Lawrence Erlbaum, 1996.

ETCHEVERRY, G. *La tragedia educativa*. Buenos Aires: Fondo de Cultura Económica, 1999.

EUROPEAN CENTRE FOR THE DEVELOPMENT OF VOCATIONAL TRAINING (CEDEFOP). *Terminology of European education and training policy*: a selection of 100 key terms. Luxembourg: Office for Official Publications of the European Communities, 2008. Disponível em: <http://www.cedefop.europa.eu/en/Files/4064_EN.PDF>. Acesso em: 28 jul. 2014.

FEIMAN-NEMSER, S. *Teachers as learners*. Cambridge: Harvard Educational, 2012.

FEITO, R. *La ley orgánica de educación*: los límites y los logros del talante socialdemócrata. In: Convergencia con Europa y cambio en la universidad: Conferencia de Sociología de la Educación, 11., Santander, sep. 2005. Anais... Espanha: Fundación Dialnet, 2006.

FENWICK, T. J.; PARSONS, J. *The art of evaluation*: a handbook for educators and trainers. Toronto: Thomson Educational, 2009.

FERNÁNDEZ ENGUITA, M. El aprendizaje difuso y el declive de la institución escolar. *Revista de la Asociación de Sociología de la Educación*, v. 6, n. 2, p. 150-168, 2013. Disponível em: <http://blog.enguita.info/>. Acesso em: 25 jul. 2014.

FERNANDEZ NAVAS, M.; PÉREZ GÓMEZ, A. I. Principios básicos del portafolios educativo. In: PÉREZ GÓMEZ, A. I. et al. *La función pedagógica del portafolios educativo*. Madrid: Akal, 2012.

FERRAROTTI, F. *Leer, leerse*: la agonía del libro en el cambio de milenio. Barcelona: Península, 2002.

FERRES, J. *Televisión y educación*. Barcelona: Paidós, 1994.

FIELDS, J. *Uncertainty*: turning fear and doubt into fuel to brilliance. New York: Portfolio; Penguin, 2011.

FISCHER, K. Mind, brain, and education: building a scientific groundwork for learning and teaching. *Mind, Brain, and Education Journal*, v. 3, n. 1, p. 3-16, 2009.

FLECHA GARCÍA, R.; PUIGVERT, L. *Las comunidades de aprendizaje*: una apuesta por la igualdad. Barcelona: Universidad de Barcelona, 2002.

FONTCUBERTA, J. *La cámara de Pandora*: la fotografía después de la fotografía. Barcelona: Gustavo Gilli, 2010.

GADAMER, H. G. *Truth and method*. 2. ed. New York: Crossroad, 1990.

GAGNÉ, R. M.; BRIGGS, J. L. *Principles of instructional design*. New York: Holt, Rinehart y Winston, 1974.

GALLIMORE, R. et al. *Moving the learning of teaching closer to practice*: teacher education implications of school-based inquiry teams. Chicago: University of Chicago, 2009.

GARCÍA, S.; de la TORRE, M. A; GUTIÉRREZ VALENTÍN, M. A. Cambio curricular y culturas profesionales docentes: a propósito del Real Decreto de Enseñanzas Mínimas de la ESO. *Suplemento Escuela*. 12 abr. 2011. p. 23-25.

GARDNER, H. *5 Minds for the future*. Massachusets: Harvard Business, 2008.

GARDNER, H. *La educación de la mente y el conocimiento de las disciplinas*: lo que todos los estudiantes deberían comprender. Barcelona: Paidós, 2000.

GARDNER, H. *Multiple intelligences*: new horizons. New York: Basic Books, 2006.

GARZÓN VALDÉS, E. Lo íntimo, lo privado y lo público. *Revista Claves de Razón Práctica*, v. 137, 2003.

GATTO, J. T. *Dumbing us down*: the hidden curriculum of compulsory schooling. Canadá: New Society, 2005.

GEAKE, J. G. Motivations, methodologies, and practical implications of educational neuroscience research: FMRI studies of the neural correlates of creative intelligence. *Educational Philosophy and Theory*, v. 43, n. 1, p. 43-47, 2011.

GEARY, J. P. *I is an other*: the secret life of metaphor and how it shapes the way we see the world. New York: Harper Collins, 2012.

GEE, J. P. *Good video games + good learning*: collected essays on video games, learning and literacy. New York: Peter Lang, 2007.

GERGEN, K. J. *El yo saturado*: dilemas de identidad en el mundo contemporáneo. Buenos Aires: Paidós, 1992.

GERGEN, K. J. *Representaciones y realidades*. Buenos Aires: Paidós Ibérica, 1998.

GERGEN, K. J. *Social constructions in context*. Londres: Sage, 2001.

GIMENO SACRISTÁN, J. *La pedagogía por objetivos*. Madrid: Morata, 1982.

GLASERSFELD, E. *The incommensurability of scientific and poetic knowledge*: Scientific Reasoning Research Institute. Massachusetts: University of Massachusetts, 2003.

GOLEMAN, D. *La inteligencia emocional*. Madrid: Kairós, 1996.

GOLEMAN, D. *The brain and emotional intelligence*. Northampton, MA: More than Sound, 2011.

GÓMEZ LLORENTE, L.; MAYORAL, V. *La escuela pública comunitaria*. Barcelona: Laia, 1981.

GOODSON, A. C. *Verbal imagination*: coleridge and the language of modern criticism. Oxford: Oxford University, 1988.

GRAELLS, P. M. *Hacia un desarrollo curricular bimodal*. [S.l.]: Peres Marques & Tecnologia Educativa, 2011.

GRAUE, S. *Small schools, very big gains*: a white paper. Minnesota: University of Minnesota, 2001.

GREENO, J. G.; COLLINS, A. M.; RESNICK, L. B. Cognition and learning. In: GREENO, J.; COLLINS, A.; RESNICK, L. *Handbook of research in educational psychology*. New York: Macmillan, 1996.

GROSSMAN, P.; LOEB, S. *Taking stock*: an examination of alternative certification. Cambridge, MA: Harvard Education, 2008.

GUTIERREZ, K. Developing sociocultural literacy in the third space. *Reading Research Quarterly*, v. 43, p. 148-164, 2008.

HANSEN, D. T.; DRISCOLL, M. E.; ARCILLA, R. V. *A life in classrooms*: Philip W. Jackson and the practice on education. New York: Teacher College, 2003.

HANUSHEK. E.; LINDSETH, A. *Schoolhouses, courthouses, and statehouses*: solving the funding-achievement puzzle in America's public schools. New Jersey: Princeton University, 2009.

HARGREAVES, A. Mixed emotions: teachers perceptions of their interactions with students. *Teaching and teacher education*, v. 16, p. 811-826, 2000.

HARVARD GRADUATE SCHOOL OF EDUCATION. *Project Zero*. Harvard: Harvard Graduate School of Education, c2014. Disponível em: <http://www.pz.harvard.edu/>. Acesso em: 27 jul. 2014.

HINTON, C.; FISHER, K. Research schools: grounding research in educational practice. *Mind, Brain and Education*, v. 2, n. 4, p. 157-160, 2008.

HIPKINS, R. *The nature of the key competencies*: a background paper. Wellington: New Zealand Council for Educational Research, 2006.

HOLMES GROUP. Tomorrow's teachers. Michigan: East Lansing, 1990.

HONORÉ, C. *Elogio de la lentitud*. Barcelona: RBA, 2005.

HOYUELOS, A. *La complejidad en el pensamiento y obra pedagógica de Loris Malaguzzi*. México: Multimedia, 2003.

HOYUELOS, A. *La ética en el pensamiento y obra pedagógica de Loris Malaguzzi*. Barcelona: Rosa Sensat-Octedro, 2004.

IMMORDINO-YANG, H. Implications of affective and social neuroscience for educational theory Mary Helen Immordino-Yang. *Educational Philosophy and Theory*, v. 43, n. 1, p. 98-103, 2011.

INSTITUTO NACIONAL DE CALIDAD Y EVALUACIÓN. *La evaluación del rendimiento escolar al final de la E. G. B*. Madrid: Ministerio de Educación y Cultura, 1997.

ITO, M. *Hanging out, messing around, ang geeking out*: kids living and learning with New Media. Cambridge: MIT, 2010.

JAMES, M. *Learning how to learn*. London: Routledge, 2007.

JASMAN, A.; BARRERA, S. *Teacher career structure*: level 3 classroom teachers. Western Australia: Education Department of Western Australia, 1998.

JENKINS, H. *A new culture of learning*: an interview with John Seely Brown and Douglas Thomas. [S.l.]: Blog Confession of an Aca-Fan, 2011. Disponível em: <http://henryjenkins.org/2011/01/>. Acesso em: 25 jul. 2014.

JOHNSON, L. *Teaching outside the box*: how to grab your students by their brains. San Francisco: Jossey Bass, 2011.

JOHNSTON, P. *Choice words*: how our language affects children's learning. Portland: Stenhouse, 2004.

JUARRERO, A. *Dynamics in action*: intentional behavior as a complex system. Cambridge, MA: MIT, 1999.

KAGAN, S. Breve historia de las estructuras Kagan. *Kagan Online Magazine*, 2003.

KAGAN, S. *Kagan cooperative learning*. San Clemente, CA: Kagan, 2009.

KARMON, A. *Institutional organization of knowledge*. New York: Metaphors & Analogies: Power Tools for Teaching Any Subject , 2007.

KEGAN, R.; LAHEY, L. L. *Immunity to change*: how to unlock the potential in yourself and your organization. Harvard: Harvard Business School, 2009.

KORTHAGEN, F. et al. *Linking practice and theory*. New York, Routledge, 2001.

KORTHAGEN, F. In search of the essence of a good teacher: towards a more holistic approach in teacher education. *Teaching and Teacher Education*, v. 20, n. 1, p. 77-97, 2004.

KORTHAGEN, F.; LOUGHRAN, J.; RUSSELL, T. Developing fundamental principles for teacher education programs and practices. *Teaching and Teacher Education*, v. 22, n. 8, p. 1020-1041, 2006.

LABAREE, D. *The trouble with ed schools*. New Haven, CT: Yale University, 2006.

LAKOFF, G. *The political mind*. New York: Wiking, 2011.

LAMPERT, M. Learning teaching in, from, and for practice: what do we mean? *Journal of Teacher Education*, v. 61, n. 1-2, p. 21-34, 2010.

LANZON, J. La gran piñata. *El País*, 30 dez. 2011.

LARSEN, M.; LOCK, C.; LEE, M. *Professional certification and entry-to- practice assessments*: a report for the teaching policy and standards. Ontario: Branch Ontario Ministry of Education, 2005.

LAVE, J.; WENGER, E. *Situated learning*: legitimate peripheral participation. Cambridge: Cambridge University, 1991.

LÁZARUS, R. S. Why we should think of stress as a subset of emotion. In: GOLDBERGER, L.; BREZNITZ, S. *Handbook of stress*: theoretical and clinical aspects. New York: Free: 1993. p. 21-39.

LENA, P. J. *The educated brain*: essays in neuroeducation. Cambridge: Cambridge University, 2008.

LEVIN, H. *Las escuelas aceleradas*: una década de evolución. Chile: PREAL, 2000.

LEVINE, A. *Educating school teachers*. Washington, DC: Education Schools Project, 2006.

LEVY, F.; MURNANE, R. *The new division of labor*: how computers are creating the next job Market. Nueva York: Princeton University, 2004.

LEWIS, C. *Lesson study*: a handbook of teacher-led instructional change. Philadelphia: Research for Better Schools, 2002.

LEWIS, C.; PERRY, R.; HURD, J. A deeper look at lesson study. *Educational Leadership*, v. 61, n. 5, p. 18-23, 2004.

LEWIS, C.; PERRY, R.; HURD, J. Lesson study: a theoretical model and a north American case. *Journal of Mathematics Teacher Education*, v. 12, p. 285-304, 2009.

LINN, M.; DAVIS, E.; BELL, P. *Knowledge integration perspective on learning:* internet environments for science education. Mahwah, NJ: Lawrence Erlbaum Associates, 2004.

LITTKY, D.; GRABELLE, S. *The big picture*: education is everyone's business. Alexandria: USA ASCD, 2004.

LOMBARDI, M. M. *Authentic learning for the 21st century*: an overview. Boulder, CO: Educause Learning Iniciative, 2007. Disponível em: <http://www.educause.edu/ir/library/pdf/ELI3009.pdf>. Acesso em: 26 jul. 2014.

LÓPEZ CASTRO, et al. *Totalán*: un modelo cooperativo de escuela. Andalucía: Junta de Andalucía; Consejería de Educación, 2004.

LORTIE, D. *School teachers*: a sociological study. Chicago: University of Chicago, 1975.

LOUGHRAN, J. J.; BERRY, A. (Ed.). *Looking into practice*: cases of science teaching and learning. Melbourne: Monash University and The Catholic Education Office, 2006. V. 1.

MADDEN, M. *Teens social networks sites and mobile pones*: what the research is telling us. [S.l.]: Pew Research Internet Project, 2011. Disponível em: <http://www.pewinternet.org/2011/12/05/teens-social-network-sites-

mobile-phones-what-the-research-is-telling-us-slides/>. Acesso em: 26 jul. 2014.

MALAGUZZI, L. *La educación infantil en Reggio Emilia*. Barcelona: Rosa Sensat-Octaedro, 2001.

MANYIKA, J.; ROXBURGH, C. *The great transformer*: the impact of the internet on economic growth and prosperity. [S.l.]: McKinsey Global Institute, 2011. Disponível em: <http://www.arkansased.org/public/userfiles/Legislative_Services/Quality%20Digital%20Learning%20Study/Facts/McKinsey_Global_Institute-Impact_of_Internet_on_economic_growth.pdf>. Acesso em: 26 jul. 2014.

MARINA, J. A. *Anatomía del miedo*. Anagrama: Barcelona, 2006.

MARTÍN LUENGO, J. *La escuela de la anarquía*. Madrid: Madre Tierra, 1993.

MARTÍNEZ, M. *Aprendizaje servicio y responsabilidad social de las universidades*. Barcelon: Octaedro, 2010.

MARTON, F.; TSUI, A. *Classroom discourse and the space of learning*. Mahwah, NJ: Lawrence Erlbaum, 2004.

MAYER, D. *Conceptualising a voluntary certification system for highly accomplished teachers*. Deakin University, 2009.

MCCOMBS, B. L.; MILLER, L. *Learner-centered classroom practices and assesment*. Thousand Oaks, CA: Sage, 2007.

MCGEE, K. Enactive cognitive science: part 1: background and research themes. *Constructivist Foundations*, v. 1, n. 1, 2005.

MCLUHAN, M. *Understanding media*: the extensions of man. California: Gingko, 1964.

MCLUHAN, M.; FIORE, Q. *The medium is the massage*. Nueva York: Bantam Books, 1967.

MEADOWS, D. *Thinking in systems*: a primer. United States: Chelsea Green, 2008.

MEGHIR, C.; PALME, M. Educational reform, ability, and family background. *American Economic Review*, v. 95, n. 1, 2005.

MERCER, N. *Palabras y mentes*: cómo usamos el lenguaje para pensar juntos. Barcelona: Paidós Ibérica, 2001.

MERLEAU-PONTY, M. *Phénoménologie de la perception*. Paris: Gallimard, 1945.

MERRELL, K. W.; GUELDNER, B. A. *Social and emotional learning in the classroom*: promoting mental health and academic success. New York: The Guilford, 2010.

METZ, M. H. *Different by design*: the context and character of three magnet schools. New York: Teachers College, 2003.

MEZIROW, J. Contemporary paradigms of learning. *Adult Education Quarterly*, v. 46, p. 158-172, 1996.

MEZIROW, J. *Learning as transformation*: critical perspectives on a theory in progress. San Francisco: Jossey-Bass, 2000.

MONTESSORIAMI. *Site*. [S.l.: s.n., 20--]. Disponível em: <www.montessoriami.org>. Acesso em: 27 jul. 2014.

MORIN, E. *Les sept savoirs nécessaires à l'éducation du future*. Paris: Seuil, 2000.

MOYA, J. Las competencias básicas en el diseño y el desarrollo del currículo. *Qurriculum*, v. 21, 2008.

MYERS, J. P. Educating the whole child for the whole world: the ross school model and education for the global era. *Teacher College Record*, 2011.

NIAS, J. Primary teaching as a culture of care. In: PROSSER, J. *School culture*. London: Paul Chapman, 1999. p. 66-81.

NODDINGS, N. *Philosophy of education*. Boulder: Westview, 2012.

NODDINGS, N. *The challenge to care in schools*. New York: Teachers College, 1992.

NORTH AMERICAN REGGIO EMILIA ALLIANCE. *Site*. Roswell, GA: NAREA, c2014. Disponível em: <www.reggioalliance.org>. Acesso em: 27 jul. 2014.

NUTHALL, G. The cultural myths and realities of classroom teaching and learning: a personal journey. *Teachers College Record*, v. 107, n. 5, p. 895-934, 2005.

OAKES, J.; SAUNDERS, M. *Beyond tracking*: multiple pathways to college, career, and civic participation. Cambridge, MA: Harvard Education, 2008.

ORGANIZACIÓN PARA LA COOPERACIÓN Y EL DESARROLLO ECONÓMICO. *Equity and quality in education*: supporting disadvantaged students and schools. [S.l.]: OCDE, 2012.

ORGANIZACIÓN PARA LA COOPERACIÓN Y EL DESARROLLO ECONÓMICO. *La definición y selección de competencias clave*: resumen ejecutivo. DESECO, [20--]. Disponível em: <http://www.deseco.admin.ch/bfs/deseco/en/index/03/02.parsys.78532.downloadList.94248.DownloadFile.tmp/2005.dscexecutivesummary.sp.pdf>. Acesso em: 28 jul. 2014.

ORGANIZACIÓN PARA LA COOPERACIÓN Y EL DESARROLLO ECONÓMICO; PROGRAMME FOR INTERNATIONAL STUDENT ASSESSMENT. *Informe PISA 2009*: lo que los estudiantes saben y pueden hacer rendimiento de los estudiantes en lectura, matemáticas y ciencias. Madrid. Santillana, 2011.

PAAVOLA, S.; LIPPONEN, L.; HAKKARAINEN, K. *Epistemological foundations for CSCL*: a comparison of three models of innovate knowledge communities. Helsinky: University of Helsinki, 2009.

PAIDEIA ESCUELA LIBRE. *Site*. [S.l.: s.n., 20--]. Disponível em: <http://www.paideiaescuelalibre.org/>. Acesso em: 27 jul. 2014.

PATTEN, K. The somatic appraisal model of affect: paradigm for educational neuroscience and neuropedagogy. *Educational Philosophy and Theory*, v.4, n. 1, p. 87-97, 2011.

PAULSON, L.; PAULSON, P.; MEYER, C. *What makes a portfolio a portolio?* Birmingham: Ebesco, 1991.

PÉREZ GÓMEZ, Á. I. ¿Competencias o pensamiento práctico?: la construcción de los significados de representación y de acción. In: GIMENO SACRISTÓN, J. *Educar por competencias, ¿qué hay de nuevo?* Madrid: Morata, 2009.

PÉREZ GÓMEZ, Á. I. *Aprender a enseñar en la práctica*. Barcelona: GRAO, 2010a.

PÉREZ GÓMEZ, Á. I. *La cultura escolar en la sociedad neoliberal*. Madrid: Morata, 1998.

PÉREZ GÓMEZ, Á. I. *La naturaleza de las competencias básicas y sus aplicaciones pedagógicas*. Cantabria, Gobierno de Cantabria, 2007. (Cuadernos de Educación, 1).

PÉREZ GÓMEZ, Á. I. La naturaleza del conocimiento práctico y sus implicaciones en la formación de docentes. *Revista Infancia y Aprendizaje*, v. 33, n. 2, p. 171-177, 2010d.

PÉREZ GÓMEZ, Á. I. *Mas allá del academicismo*: los desafíos de la escuela en la era de la información y de la perplejidad. Málaga: Universidad de Málaga; SPICUM, 2003.

PÉREZ GÓMEZ, Á. I. Nuevas exigencias y escenarios para la profesión docente en la era de la información y de la incertidumbre. *Revista Interuniversitaria de Formación del Profesorado*, v. 68, n. 24-2, p. 17-36, 2010b.

PÉREZ GÓMEZ, Á. I. Reinventar la profesión docente: nuevas exigencias y nuevos escenarios en la era de la información y de la perplejidad. *Revista Interuniversitaria de Formación del Profesorado,* 2010c.

PÉREZ GÓMEZ, Á. I.; GIMENO SACRISTÁN, J. *Evaluación de experiencias de reformas educativas en España*: el caso de Andalucía: premios nacionales de investigación e innovación educativas 1992. [Espanha]: Ministerio de Educación y Ciencia, 1993. p. 59-96.

PÉREZ GÓMEZ. Á. I. Aprender a enseñar: la construcción del conocimiento en la formación del profesorado. In: PÉREZ GÓMEZ, Á. I. et al. *Profesorado y otros profesionales de la educación*. Barcelona: Octaedro, 2007.

PETERS, M. A.; BURBULES, N.; SMEYERS, P. *Showing and doing*: Wittgenstein as a pedagogical philosopher. London: Paradigm, 2008.

PETERS, M. A.; ROBERTS, P. *The virtues of openness*: education, sciencie and scholarship in the digital age. London: Paradigm, 2011.

PILLARS, W. Teachers as brain-changers: neuroscience and learning. *Education Week*, 2011. Disponível em: <http://www.edweek.org/tm/articles/2011/12/20/tln_pillars.html?tkn=MNWFw>. Acesso em: 26 jul. 2014.

PINK, D. *A whole new mind*: moving from the information age to the conceptual age. New York: Riverhead Books, 2005.

PINK, D. *Drive*: the surprising truth about what motivates us. London: Penguin Books, 2009.

PINKER, S. *The stuff of thought*: language as a window into human nature. New York: Viking, 2007.

PLSEK, P. *Some emerging principles for managers of complex adaptive systems (CAS)*. [S.l.]: Site Direct Creativity, 1997. Disponível em: <http://www.directedcreativity.com/pages/ComplexityWP.html>. Acesso em: 26 jul. 2014.

POLANYI, M. *The tacit dimension*. Garden City, NY: Doubleday, 1966.

POSTMAN, N. *El fin de la educación*: una nueva definición del valor de la escuela. Barcelona: Octaedro, 1999.
PROULX, J. Some differences between Maturana and Varela's theory of cognition and constructivism. *Complicity*: An International Journal of Complexity and Education, v. 5, p. 11-26, 2008.
PUIG, J. Aprender a confiar. *Revista APD*, v. 241, p. 1-45, 2009.
PUIG, J. M. et al. *Aprendizaje servicio*: educar para la ciudadanía. Barcelona: Octaedro, 2007.
PUIG, J.; PALOS, J. Rasgos pedagógicos del aprendizaje-servicio. *Cuadernos de pedagogía*, v. 357, p. 59-64, 2006.
PUNSET, E. *El viaje al poder de la mente*: los enigmas más fascinantes de nuestro cerebro y del mundo de las emociones. Barcelona: Destino, 2010.
PUNSET, E. *Excusas para no pensar*. Barcelona: Destino, 2011.
RAELIN, R. Toward an epistemology of practice. *Academy of Management Learning & Education*, v. 6, n. 4, p. 495-519, 2007.
RAINIE, L. *The internet as a diversion and destination*. [S.l.]: Pew Research Internet Project, 2011. Disponível: <http://www.pewinternet.org/2011/12/02/the-internet-as-a-diversion-and-destination/>. Acesso em: 24 jul. 2014.
RALSTON, P. *The book of not knowing*: exploring the true nature of self, mind, and consciousness. Berkeley, CA: North Atlantic Books, 2010.
RAMSDEN, P. *Learning to teach in higher education*. 2. ed. London: Routledge-Falmer, 2003.
RAVITCH, D. *The death and life of the great american school system*: how testing and choice are undermining education. New York: Basic Books, 2010.
REGGIO EMILIA. *Site*. [S.l.]: Fondazione Reggio Children Centro Loris Malaguzzi, [20--]. Disponível em: <http://zerosei.comune.re.it>. Acesso em: 27 jul. 2014.
RESNICK, L. B.; LEVINE, J. M.; TASLEY, S. D. *Perspectives on social shared cognition*. Washington: APA, 1991.
RESNICK, L. B.; MATSUMURA, L. C. Academic proficiency: bright hopes, blurry vision. *Voices in education*, n. 14, p. 9-21, 2007.

RIEGLE, R. *Education in the information age*. [S.l.:s.n.], 2007.
RIST, R. On the relations among educational research paradigms: from disdain to detente. *Anthropology and Education Quarterly*, v. 8, p. 42-49, 1977.
ROBINSON, K. *El elemento*. Barcelona: Grijalbo, 2008.
ROBINSON, K. *Out of our minds*: learning to be creative. United Kingdom: Capstone, 2011.
RODRIGO, M.; RODRIGUEZ, A.; MARRERO, J. *Las teorías implícitas*: una aproximación al conocimiento cotidiano. Madrid: Antonio Machado, 1993.
ROGOFF, B. *Aprendices del pensamiento*: el desarrollo cognitivo en el contexto social: cognición y desarrollo humano. Barcelona: Paidós, 1990.
ROSS INSTITUTE. *Site*. [S.l.]: Ross Institute, c2014. Disponível em: <http://rossinstitute.org/>. Acesso em: 26 jul. 2014.
ROSS SCHOOL. *Site*. [S.l.]: Ross Institute, [20--]. Disponível em: <http://www.ross.org/>. Acesso em: 26 jul. 2014.
RUSSELL, T.; MCPHERSON, S. Indicators of success in teacher education: a review and analysis of recent research. In: SYMPOSIUM ON TEACHER EDUCATION/ EDUCATOR TRAINING, 2001, Quebec City. *Anais...* Quebec: PCERA, 2001.
SAHLBERG, P. *Finnish lessons*: ¿what can the world learn from educational change in Finland? New York: Teachers College, 2011.
SALTHOUSE, T. A. Aging and skilled performance. In: COLLEY, A. M.; BEECH, J. R. (Ed.). *Acquisition and performance of cognitive skills*. Chichester, UK: John Wiley & Sons, 1989. p. 247-263.
SARTORI, G. *Homo videns*: la sociedad teledirigida. Madrid: Taurus, 1999.
SCARDAMALIA, M.; BEREITER, C. Knowledge building: theory, pedagogy, and technology. In: SAWYER, K. *Cambridge handbook of the learning sciences*. New York: Cambridge University, 2006. p. 97-118.
SCHANK, R. *From subject-based education to cognition-based education*: what cognitive science tells us about what we really need to

learn. [S.l.: s.n.], 2010. Disponível em: <http://www.rogerschank.com/docs/The%20premise.pdf>. Acesso em: 25 jul. 2014.

SCHANK, R. *Lessons in learning, e-learning and training*: perspectives and guidance for the enlightened trainer. San Francisco: Pfeiffer, 2005.

SCHANK, R. *Teaching minds*: how cognitive science can save our schools. New York: Teachers College, 2011.

SCHLEICHER, A. *Building a high-quality teaching profession*. [S.l.]: OECD, 2011.

SCHÖN, D. *The reflective practitioner*: toward a new design for teaching and learning in the professions. San Francisco: Jossey-Bass, 1987.

SCHWARTZ, D.; BRANSFORD, J.; SEARS, D. Efficiency and innovation in transfer. In: MESTRE, J. *Transfer of learning*: research and perspectives. Greenwich: Information Age, 2005. p. 1-25.

SELIGMAN, M. *Authentic happiness*. New York: Free, 2002.

SELIGMAN, M. *Flourish*: a visionary new understanding of happiness and well-being. New York: Free, 2011.

SERVÁN, M.; PÉREZ GÓMEZ, A. I. Naturaleza y sentido del portafolios educativo. In: PÉREZ GÓMEZ, Á. I. et al. *El portafolios educativo*. Madrid: Akal, 2012.

SHAFFER, D. *How computer games help children learn*. New York: Palgrave Macmillan, 2006.

SIEMENS, G. Connectivism: a learning theory for the digital age. *International Journal of Instruction Technology and Distance Learning*, v. 2, n. 1, p. 3-10, 2005.

SNYDER, C. R.; LOPEZ, S. J. *Positive psychology*: the scientific and practical explorations of human strengths. Thousand Oaks: Sage, 2007.

SOTO GÓMEZ, E. La reflexión corazón y alma del portafolios educativo. In: PÉREZ GÓMEZ, Á. L. *La función pedagógica del portafolios educativo*. Madrid: Akal, 2012.

SOTO GÓMEZ, E. Las escuelas aceleradas: relevancia, intensidad y experimentación como ejes de una escuela para todos. *Cooperación Educativa*, v. 80, p. 40-49, 2006.

SOUSA, D. *Mind, brain, and education*: neuroscience implications for the classroom. Bloomington: Solution Tree, 2010.

STIGLER, J.; THOMPSON, B. Thoughts on creating, accumulating, and utilizing shareable knowledge to improve teaching. *Elementary School Journal*, v. 109, n. 5, p. 442-457, 2009.

STOCKHOLMS STAD. *Site*. [Suécia: s.n.], [20--]. Disponível em: <http://www.tea.edu.stockholm.se>. Acesso em: 27 jul. 2014.

STODDARD, L. *Educating for human Greatness*. 2 nd ed. Florida: Peppertree, 2010.

STODDARD, L. *Educating for human Greatness*. Brandon, VT: Holistic Education, 2004.

STOLL, L.; LOUIS, K. S. *Professional learning communities*: divergentes, depth and dilemas. NewYork: Open University, 2007.

STRATI, A. Sensible knowledge and practice-based learning. *Management Learning*, v. 38, n. 1, p. 61-77, 2007.

SUAREZ OROZCO, M.; SATTIN-BAJAJ, C. *Educating the whole child for the whole world*: the Ross school model and education for the global era. New York: New York University, 2010.

SUDBURY VALLEY SCHOOL. *Site*. Framingham, MA: Sudbury Valley School, [20--]. Disponível em: <http://www.sudval.org/>. Acesso em: 27 jul. 2014.

TABER, K. S. Beyond constructivism: the progressive research programme into learning science. *Studies in Science Education*, v. 42, p. 125-184, 2006.

TEDESCO, J. C. *Educar en la sociedad del conocimiento*. Buenos Aires: Fondo de cultura académica, 2000.

TEDESCO, J. C. *El nuevo pacto educativo*. Madrid: Anaya, 1995.

THE MONTESSORI FOUNDATION. *Site*. [S.l.]: The Montessori Foundation, c2014. Disponível em: <www.montessori.org>. Acesso em: 27 jul. 2014.

THIERER, K. *Imagine a school where all kids have individual lesson plans*. [S.l.]: Site Big Picture Learning, 2010. Disponível em: <http://www.bigpicture.org/2010/10/imagine-a-school-where-all-kids-have-individual-lesson-plans/>. Acesso em: 26 jul. 2014.

THOMAS, D.; BROWN, J. S. *A new culture of learning*: cultivanting the imagination for a world of constant change. New York: Soulellis Studio, 2011.

TIZON, J. *El poder del miedo*. Lleida: Milenio, 2011.

TOFFLER, A.; TOFFLER, H. *Revolutionary wealth*. New York: Alfred A. Knopf, 2006.

TOMASELLO, M. et al. Understanding and sharing intentions: the origins of cultural cognition. *Behavioral and Brain Sciences*, v. 28, N. 5, p. 675-735, 2005.

TOUMELA, R. ¿Qué es cooperación? In: GONZALEZ, W. J. *Acción e historia*. Coruña: Universidades da Coruña, 1996. p. 295-307.

TREVARTHEN, C.; KOKKINAKI, T.; FIAMENGHI, J. What infants' imitations communicate: with mothers, with fathers and with peers. In: NADEL, J.; BUTTERWORTH, G. *Imitation in infancy*. Cambridge: Cambridge University, 1999. p. 129-185.

TYLER, R. W. *Basic principles of currículum and instruction*. Chicago: University of Chicago, 1949.

URBAN TEACHER RESIDENCY UNITED. *Site*. [S.l: s.n], c2014. Disponível em: <http://www.utrunited.org/>. Acesso em: 02 set. 2014.

VALLVERDÚ, J. *Uma ética de las emociones*. Barcelona: Anthropos, 2007.

VAN ECK, R. *Gaming & cognition*: theories and perspectives from the learning sciences. Hershey: IGI Global, 2010.

VAN MANEN, M. *El tacto en la enseñanza*: el significado de la sensibilidad pedagógica. Barcelona: Paidós, 1998.

VAN MANEN, M. *El tono de la enseñanza*: el lenguaje de la pedagogía. Barcelona: Paidós, 2004.

VARELA, F. J. *Ethical know-how*: action, wisdom and cognition. Stanford, CA: Stanford University, 1999.

VARELA, F. J.; THOMPSON, E.; ROSCH, E. *The embodied mind*: cognitive science and human experience. Cambridge, MA: MIT, 1991.

VERGNAUD, G. ¿En qué sentido la teoría de los campos conceptuales puede ayudarnos para facilitar aprendizaje significativo? In: ENCUENTRO INTERNACIONAL SOBRE APRENDIZAJE SIGNIFICATIVO, 5., 2007, Madrid. *Actas...* Madrid, La Salle: SM, Centro Superior de Estudios Universitarios, 2007. p. 47-64. Monografía 7.

VERHAGEN, P. *Connectivism*: a new learning theory? Enschede, Netherlands: University of Twente, 2006.

VITTRA. *Site*. [S.l.: s.n., 20--]. Disponível em: <http://www.vittra.se/english/AboutVittra/AboutVittra.aspx>. Acesso em: 27 jul. 2014.

VYGOTSKY, L. S. *Mind in society*: the development of higherpsychological processes. Cambridge, MA: Harvard University, 1978.

WAGNER, T. et al. *The Finland phenomenon*: inside the world's most surprising school system. [United States]: 2mminutes, 2011. Filme.

WAGNER, T. *The global achievement gap*. New York: Basic Books, 2010.

WALDROP, M. M. *Complexity*: the emerging science at the edge of order and chaos. New York: Simon & Schuster, 1992.

WELLS, G.; CLAXTON, G. *Learning for life in the 21st century*. Oxford: Blackwell, 2002.

WENGER, E. *Communities of practice*: learning, meaning, and identity. Cambridge: Cambridge University, 1998.

WENGER, E.; WHITE, N.; SMITH, J. D. *Digital habitats*: stewarding technologies for communities. Portland: CPsquare, 2009.

WENGER, E.; WHITE, N.; SMITH, J. *Digital hábitats*: stewarding technology for communities. Portland: CPsquare, 2010.

WESTEN, D. *Political brain*. New York: Public Affairs, 2008.

WHOLE EDUCATION. *Site*. [S.l.]: Whole Education, c2014.Disponível em: <http://www.wholeeducation.org/>. Acesso em: 27 jul. 2014.

WHY WALDORF WORKS *Site*. [S.l.]: AWSNA, [20--]. Disponível em: <www.whywaldorfworks.org>. Acesso em: 27 jul. 2014.

WIGGINS, G.; MCTIGHE, J. Put understanding first. *Reshaping High Schools*, v. 65, n. 8, p. 36-41, 2008.

WIGGINS, G.; MCTIGHE, J. *Schooling by design*. Alexandría: ASCD, 2007.

WILD, R. *Educar para ser*. Barcelona: Herder, 1999.

WILSON, M. Six views of embodied cognition. *Psychonomic Bulletin & Review*, v. 9, n. 4, p. 625-636, 2006.